AVALIANDO O
DIREITO DO TRABALHO

GEORGENOR DE SOUSA FRANCO FILHO

Juiz Togado do Tribunal Regional do Trabalho da 8ª Região. Doutor em Direito pela Faculdade de Direito da Universidade de São Paulo. Professor Titular de Direito Internacional e de Direito do Trabalho da Universidade da Amazônia. Presidente Honorário da Academia Nacional de Direito do Trabalho. Membro da Academia Paraense de Letras da Sociedade Brasileira de Direito Internacional e da International Law Association.

Avaliando o Direito do Trabalho

Editora LTr
SÃO PAULO

Dados Internacionais de Catalogação na Publicação (CIP)
(Câmara Brasileira do Livro, SP, Brasil)

Franco Filho, Georgenor de Sousa

    Avaliando o direito do trabalho / Georgenor de Sousa Franco Filho. — São Paulo : LTr, 2010.

Bibliografia

ISBN 978-85-361-1551-1

1. Direito do trabalho 2. Direito do trabalho — Brasil I. Título.

10-04003   CDU-34:331(81)

Índice para catálogo sistemático:

1. Brasil : Direito do trabalho   34:331(81)

Produção Gráfica e Editoração Eletrônica: **R. P. TIEZZI**
Design de Capa: **FABIO GIGLIO**
Impressão: **COMETA GRÁFICA E EDITORA**

© Todos os direitos reservados

EDITORA LTDA.

Rua Jaguaribe, 571 — CEP 01224-001— Fone (11) 2167-1101
São Paulo, SP — Brasil — www.ltr.com.br

*À família, meu mundo, Elza, a sua dona,
Carolina e Georgenor Neto, os herdeiros.
Aos meus ex-alunos da Turma 10 DIN 12, de Direito,
da Universidade da Amazônia, de janeiro de 2010,
meus paraninfados, e, agora, meus colegas.*

SUMÁRIO

Explicação necessária 11

PARTE I — DIREITO MATERIAL
(INDIVIDUAL E COLETIVO) DO TRABALHO

Capítulo 1. Os tratados sobre direitos humanos e a regra do art. 5º, § 3º, da Constituição do Brasil 15

Capítulo 2. Atuação da OIT no meio ambiente do trabalho: a Convenção n. 155 22

Capítulo 3. Trabalho decente e suas implicações jurídicas 29

Capítulo 4. Critérios para distinguir o estagiário e o falso estagiário 36

Capítulo 5. A nova lei do estágio: natureza jurídica e efeitos do recesso 40

Capítulo 6. A terceirização nos serviços públicos de energia elétrica e de telecomunicações 46

Capítulo 7. Contratos de trabalho por prazo determinado e garantia de emprego da gestante ... 51

Capítulo 8. Do sonho imaginado à realidade conseguida (avaliando o Direito do Trabalho) 59

Capítulo 9. O trabalho intelectual na era da informatização: pejotização, *blogs* de consultas e contratos de imagem 69

Capítulo 10. Estado atual da reforma sindical 75

Capítulo 11. O triênio de atividade jurídica exigido pela EC n. 45 80

Capítulo 12. Mudanças na relação de trabalho doméstico 87

Capítulo 13. A legislação trabalhista e os convênios coletivos 90

Capítulo 14. Transferência de empresa no Direito do Trabalho do Brasil 96

Capítulo 15. A empreitada no Direito Brasileiro do Trabalho 100

PARTE II — DIREITO PROCESSUAL DO TRABALHO

Capítulo 1. Preposto sempre empregado 105

Capítulo 2. Das imunidades de jurisdição e de execução nas questões trabalhistas 107

Capítulo 3. Prisão de depositário infiel na Justiça do Trabalho 116

Capítulo 4. Ação cautelar: o problema do requerente pelas medidas infundadas 124

Capítulo 5. Reengenharia do processo: produtividade e celeridade 127

Capítulo 6. A prescrição do dano moral trabalhista 136

Capítulo 7. Relações de trabalho passíveis de apreciação pela Justiça do Trabalho 146

Capítulo 8. A atual dimensão do debate sobre o ajuizamento do dissídio coletivo de comum acordo 154

Capítulo 9. Dos recursos trabalhistas 157

Capítulo 10. Um curso de formação para a informação do magistrado 168

Índice geral 175

Principais obras do autor 181

Antes de julgar, procura ser justo;
antes de falar, aprende.

Ecli., 18, 19.

Explicação Necessária

Ao longo dos últimos anos, tenho andado por aqui e por além fronteiras, expondo, quando me solicitam, as minhas modestas opiniões sobre Direito de Trabalho e temas correlatos.

A cada período de atividade dessa natureza, tenho reunido algumas das minhas exposições e, juntando-as, as transformo em um único volume. Dessa forma, as ideias que defendo não se perdem em periódicos isolados, ou ficam apenas no ar, e na lembrança dos que tiveram a paciência de me ouvir.

Assim foi em 1998, com *Globalização & desemprego:* mudanças as relações de trabalho, em 2001, com *Globalização do trabalho:* rua sem saída, em 2004, com *Ética, direito e justiça,* todos merecedores do selo da LTr Editora, de São Paulo.

Agora, reuni 25 artigos desses últimos anos, nominando a este conjunto de *Avaliando o Direito do Trabalho,* porque, ao cabo, estou tentando dar minha visão crítica e, do meu ponto de vista, tecer considerações acerca das tantas mudanças constitucionais que ocorreram e ocorrem e as perspectivas para esse ramo do Direito.

São conferencias proferidas em eventos no Brasil e no exterior, e artigos que escrevi para periódicos especializados ou para obras coletivas. Estão reunidos em duas partes. Na primeira, Direito material, estão os temas específicos de direito individual e coletivo do trabalho. Na segunda, cuido apenas de Direito processual, abordando temas que, a meu juízo, são altamente polêmicos e merecem reflexão.

Em alguns textos, fiz alterações, atualizações ou ajustes, mas, sempre, preservei a data da sua elaboração original de modo a situar temporalmente o leitor.

Almejo que o *sonho imaginado* no passado, que ainda não foi a *realidade conseguida* no presente, venha a se concretizar no futuro. Imagino que o Direito do Trabalho ganhará mais força e será mais respeitado. Penso que a Justiça do Trabalho terá, real e verdadeiramente, fortalecida e ampliada sua competência. Desejo que essas esperanças se materializem rapidamente, na consciência de cada um, na vocação do nosso povo, na busca constante pela verdadeira Justiça Social.

Agradeço, novamente, a Armando Casimiro Costa, o *Mecenas* da LTr Editora, pela acolhida mais uma vez. Homenageio, com profunda admiração e particular estima, meu amigo Amauri Mascaro Nascimento, mestre diário de todos nós. Penitencio-me com minha família, Elza, a minha *santa*, e Carolina e Georgenor Neto, os *mestres* (em Educação e em

Direito, respectivamente) do meu amor maior pela ausência frequente. Finalmente, dedico uma palavra especial de incentivo aos meus diletos ex-alunos da turma 10DIN12, concluintes do Curso de Direito da Universidade de Amazônia (UNAMA) de dezembro de 2009, que me escolheram para seu Paraninfo, na certeza de que irão aplicar o que aprenderam com ética, dignidade e respeito pelo ser humano. O mundo, afinal, é bom, na medida em que existem pessoas boas nele.

Belém, janeiro de 2010.

Georgenor de Sousa Franco Filho

Parte I

DIREITO MATERIAL
(INDIVIDUAL E COLETIVO)
DO TRABALHO

Capítulo 1

Os Tratados sobre Direitos Humanos e a Regra do art. 5º, § 3º, da Constituição do Brasil[*]

Introdução

Dentre tantas reformas pelas quais tem passado a Constituição de 1988, mais de meia centena em menos de 10 anos de vigência, uma delas, considerada de grande porte, foi a decorrente da Emenda Constitucional n. 45/04, pelo menos em dois grandes aspectos: primeiro, no que respeita ao Poder Judiciário, inclusive no que, a meu ver, significou limitar a competência da Justiça do Trabalho (art. 114); segundo, ao elevar tratado sobre direitos humanos ratificado pelo Brasil a nível de Emenda Constitucional (art. 5º, § 3º).

Quanto àquela, já teci considerações a respeito alhures, assinalando que mais se trata de redução do que, ao contrário do apregoado pela maioria, ampliação de competência.[1]

Este estudo destina-se, especificamente, a comentar o que, no meu entendimento, representa o novo § 3º acrescentado ao art. 5º do Texto Maior.

1.1. Buscando reidentificar direitos humanos

Anos atrás, homenageando o eminente constitucionalista brasileiro Paulo Bonavides, escrevi sobre a identificação dos direitos humanos, tentando resolver o grave problema de encontrá-los e separá-los no mundo do Direito.[2]

Distingui, então, direitos humanos de direitos fundamentais. Aqueles são os básicos do ser humano, reconhecidos internacionalmente, como o direito à vida, sendo o gênero do qual derivam os demais, que são os direitos humanos reconhecidos e garantidos pelas Constituições.

Nessa linha, situei as diversas gerações de direitos fundamentais, que alguns combatem e outros acolhem. Adoto como forma de identificar cronologicamente o surgimento do

---

(*) Estudo elaborado para a obra coletiva em homenagem ao prof. Adherbal Meira Mattos, de Belém do Pará.
(1) V. meu artigo Ampliação da competência da Justiça do Trabalho? In: *Revista do TRT da 8ª Região*, 41:80(59-67), jan./jun. 2008.
(2) V. o meu Identificação dos direitos humanos. In: SOARES, José Ronald Cavalcante. *Estudos de direito constitucional* (homenagem a Paulo Bonavides). São Paulo: LTr, 2001. p. 119-26.

Direito como tal, jamais como meio de classificá-los quanto à importância. Sendo, como são, direitos humanos, todos, indistintamente, têm, conforme a hipótese examinada, a mesma ou até maior importância.

No estudo que referi acima, mencionava quatro gerações de direitos humanos, a quarta, inclusive, dividida em duas vertentes, o que não significa dizer que tenham a mesma origem, o que seria de todo uma incoerência, porque são direitos completamente diversos. Mas, ao contrário, duas vertentes no sentido de surgimento praticamente simultâneo no mundo do Direito.[3]

Assim, podem ser encontradas as seguintes gerações:

Primeira geração: direitos de liberdade, no Estado liberal, com uma postura negativa deste, sendo, dentre outros, direitos à vida e à liberdade;

Segunda geração: direitos de igualdade, no Estado social, que tem a missão positiva de fazer, garantindo, *v. g.*, direito à saúde, à educação, ao emprego;

Terceira geração: direitos de solidariedade ou de fraternidade, que são direitos difusos, dentre os quais direitos à paz, ao desenvolvimento, ao meio ambiente;

Quarta geração: nas suas duas versões: direito à democracia, à informação e ao pluralismo; e direito à manipulação genética, à mudança de sexo, à clonagem, à genética, surgidos em momentos próximos, embora de origens absolutamente distintas.

Hodiernamente, pode-se falar de uma novíssima *quinta geração*. A ela, chamarei de direitos subjetivos, que são os direitos a ter sentimentos. Esses sentimentos são, dentre outros, direito ao respeito, direito ao amor, direito à dignidade. Tais valores representam um *plus* para a Humanidade. Não se trata de respeitar por temor, mas respeitar por querer bem. Não se quer amor, como o amor carnal, senão aquele amor de caridade. Não se imagina dignidade com tratamento especial de reverências, mas sim como garantia de um *standard minimum* para a vida humana.

Essa geração tem ganhado força nos últimos tempos. De um lado, as pessoas têm acorrido às igrejas de todos os matizes para curar os males da alma; organizações não governamentais (ONGs) surgem a cada dia, destinadas a prestar serviços beneficentes de ajuda ao próximo; os homens começam a ser mais solidários e preocupados com os outros homens. De outro, perde-se a vergonha de ter fé, as pessoas se sentem mais humanas, pouco a pouco o ódio e as disputas dão lugar ao amor e às divisões.

Reconquista-se o sentimento maior da humanidade, tão bem demonstrado por S. Paulo, na Epístola aos Colossenses: *amor é o vínculo da perfeição* (Cl. 3, 14).

Penso que essa novíssima geração é a síntese de todas as outras e a maior e mais importante de todas elas. Surge (re-surge) agora, com mais força e vigor do que antes, porque a humanidade passou a sentir-se necessária a ela própria.

---

(3) O eminente jurista carioca Arion Sayão Romita, que denomina as gerações de "famílias" ou "naipes" demonstra que, a seu ver, seria uma contradição minha essas duas *versões*, apontando "o que não apresenta consistência lógica, porém, é a reunião, na mesma família, de duas 'versões' ou 'vertentes' que não apresentam entre si elementos de conexão que recomendem esse procedimento" (in: *Direitos fundamentais nas relações de trabalho*. 2. ed. São Paulo: LTr, 2007. p. 115-6). Penso que está esclarecida a divisão que fiz, para fins exclusivamente cronológicos, de identificação temporal, e que mantenho.

1.2. A regra constitucional e seus efeitos

Situados esses aspectos, como está a Constituição brasileira?

Em 8 de dezembro de 2004, foi aprovada a Emenda Constitucional n. 45, que, publicada a 31 seguinte, começou a viger em 1º de janeiro de 2005 (a data de fato de vigência). Dois parágrafos foram incluídos no art. 5º, que cuida de direitos e deveres individuais e coletivos. Assim, aos dois primitivos somaram-se mais dois. Os textos constitucionais dos quatro parágrafos são os seguintes:

§ 1º As normas definidoras dos direitos e garantias fundamentais têm aplicação imediata.

§ 2º Os direitos e garantias expressos nesta Constituição não excluem outros decorrentes do regime e dos princípios por ela adotados, ou dos tratados internacionais em que a República Federativa do Brasil seja parte.

§ 3º Os tratados e convenções internacionais sobre direitos humanos que forem aprovados, em cada Casa do Congresso Nacional, em dois turnos, por três quintos dos votos dos respectivos membros, serão equivalentes às emendas constitucionais.

§ 4º O Brasil se submete à jurisdição de Tribunal Penal Internacional a cuja criação tenha manifestado adesão.

Para o tema que se está abordando, não carecem ser feitas maiores considerações acerca dos §§ 1º, 2º e 4º.

O primeiro trata da aplicação temporária de normas em geral que cuidem de direitos e garantias fundamentais. Observo, por necessário, que a imediatidade referida no dispositivo não afasta a observância das regras pertinentes à regular ratificação de tratados internacionais e sua incorporação ao ordenamento jurídico brasileiro.

Acerca do § 2º, escrevi comentários apontando a correção da emenda apresentada pelo Constituinte paraense Aloysio da Costa Chaves que corrigiu as imperfeições do projeto que era examinado no Parlamento de então.[4]

O derradeiro cuida do acesso ao Tribunal Penal Internacional, do qual o Brasil também faz parte, tema específico, não importando para o objeto deste estudo.

Irei deter-me, exclusivamente, ao § 3º e a ele farei diversas considerações, e, *data venia*, algumas objeções.

Uma objeção inicial fica à conta da sinonímia. O texto escorreito do § 2º, referindo apenas a *tratados internacionais*, deu lugar a *tratados e convenções*, que são expressões sinônimas, levando a equivocada desconfiança de que seriam figuras jurídicas diversas. Aliás, nossa Constituição permite uma dificuldade de entendimento aos leigos pelo menos. É que existe o art. 49, I, tratando da competência do Parlamento sobre *tratados, acordos e atos internacionais*. O art 84, VIII, cuida da competência presidencial para celebrar *tratados, convenções e atos internacionais*. E o art. 102, III, *b*, determina que cabe ao Supremo Tribunal Federal, via recurso extraordinário, "declarar a inconstitucionalidade de *tratado...*". Só aí constata-se o sofrimento da interpretação: tratado, convenção, acordo e ato internacional

---

(4) V. o meu artigo Os tratados internacionais nas constituições brasileiras. In: *Revista do Tribunal Regional do Trabalho da 8ª Região*, Belém, 21(40):99-117, jan./jun. 1988.

são expressões que devem ser consideradas sinônimas, mas que podem ensejar embaraço para o povo simples, o leigo, destinatário da Norma Fundamental.

Ponto positivo é, sem dúvida, o fato de elevar os tratados sobre direitos humanos a nível de Emenda Constitucional, colocando tais documentos acima de leis federais (complementares e/ou ordinárias), como era o entendimento sedimentado do Excelso Pretório.[5]

Afora isso, no meu pensamento, dois pontos são passíveis de dúvidas, irão gerar conflito, estão ensejando manifestação do Supremo Tribunal Federal e merecem ter cuidadoso exame doutrinário, desapaixonado, mas isento, e criteriosa apreciação do Judiciário ao se tratar da aplicação desses tratados.

O primeiro refere-se à aplicação temporal do dispositivo. A regra dominante no Direito brasileiro é da vigência imediata da norma constitucional e da sua irretroatividade, inclusive em respeito ao princípio do direito adquirido. Em se tratando de Direito Penal, a lei retroage para beneficiar, mas nunca para prejudicar, o réu. *Nullum crimen nulla poena sine praevia lege* (art. 2º do Código Penal de 1940).

Nessa linha, a própria Declaração Universal dos Direitos do Homem de 1948 consagra o princípio da irretroatividade (art. XI, 2).

Sendo assim, tenho que os tratados de que cuida o § 3º do art. 5º somente serão aqueles que, a partir da vigência da Emenda Constitucional n. 45/04, passaram a ser aprovados com o *quorum* especial e nas condições indicadas no preceito. Todos os aprovados anteriormente, sem exceção, têm aplicação restrita, ou seja, podem ter seu destino afastado se contrariar lei federal.

Claro que pode ser excepcionada a regra. A condição extraordinária é submeter o texto novamente ao exame do Parlamento brasileiro. E por quê? Porque a resolução congressual primeira, a que ocorreu antes da Emenda Constitucional n. 45/04, ainda que tenha sido pela unanimidade das duas Casas, não ocorreu em dois turnos, nem os parlamentares sabiam que estariam adotando uma Emenda Constitucional.

Logo, qualquer tratado acolhido pelo Congresso Nacional anteriormente à Emenda Constitucional n. 45/04, que se pretender enquadrar no § 3º, necessitará retornar ao Parlamento.

Nesse caso, um tratado internacional suscita, de plano, grande dúvida. Encontra-se em exame na Suprema Corte a aplicação da Convenção Americana sobre Direitos Humanos, conhecida como Pacto de São José da Costa Rica no que refere à prisão civil por dívidas, inclusive do depositário infiel.[6] Decisão anterior afastara a aplicação do tratado, prevalecendo a regra constitucional permissiva da prisão civil, inclusive de devedor

---

(5) V. nesse particular, as decisões do STF sobre a Convenção n. 158 da OIT e as do Pacto de São José da Costa Rica. Em especial: ADIn n. 1.480-3-DF, de 26.6.2001 (Confederação Nacional dos Transportes e Confederação Nacional da Indústria — CNI *vs.* Presidente da República e Congresso Nacional). Rel.: Min. Celso de Mello (DJ n. 140-E, Seção 1, de 8.8.2001. p. 2-3). As decisões, na íntegra, estão nos meus *Direito do trabalho no STF (2 e 5)*. São Paulo: LTr, 1999 e 2002. p. 59-63 e 15-22, respectivamente).

(6) V. algumas decisões do STF a respeito no meu *Direito do trabalho no STF (11)*. São Paulo: LTr, 2008. p. 127-38.

fiduciante.⁽⁷⁾ Agora, tudo leva a crer que a posição será modificada e não será mais possível a prisão do depositário infiel no Brasil.

O outro ponto, e que é, a meu ver, o que mais cuidadoso exame merecerá do aplicador da norma constitucional, é saber o que *não* é um direito humano. Identificar o que são os direitos humanos é tarefa menos difícil. Dizer quais os direitos que não são humanos é problemático.

É certo que podemos invocar, de plano, a condição de que o dispositivo cuida de direitos humanos *stricto sensu*, tais como direito à vida, direito à liberdade, direito à educação, direito ao trabalho, aqueles mínimos, que se enquadrariam, considerando as gerações, dentre os direitos de primeira e segunda. Com algum esforço, poderíamos estender até a terceira geração, e, com mais sacrifício, à quarta.

Assim, estariam contentes o Constituinte derivado e os defensores intransigentes dos direitos humanos,

> Parece que estaria fazendo a defesa dos direitos *não humanos*, mas não é disso que se trata. A questão é a dificuldade mesma em se distinguir o que é do que não é direito humano. Poder-se-ia argumentar, *v. g.*, que a Convenção de Montego Bay sobre Direito do Mar, de 1982⁽⁸⁾, é um tratado que cuida de tema específico, nada a ver diretamente com direitos humanos. Mas, incorreríamos no sério problema de desconsiderar que o documento aborda, *inter alia*, justamente a conservação do espaço equóreo (art. 146, *passim*) e estamos então diante de uma questão de meio ambiente, que é direito humano de terceira geração. Ou quando esse tratado proíbe o transporte de escravos (art. 99), garantindo o direito de liberdade.

Por outro lado, o que poderia ser dito da prática de crime em aeronaves, severamente punido pela Convenção para a Repressão aos Atos Ilícitos contra a Segurança da Aviação Civil (Montreal, 1971)?⁽⁹⁾

Afora isso, enfrentamos a problemática das Convenções Internacionais do Trabalho. Das quase duas centenas aprovadas desde 1919, no âmbito da Organização Internacional do Trabalho (OIT), o Brasil ratificou 80 e denunciou treze convenções, até agosto de 2008.⁽¹⁰⁾ Se a denúncia da Convenção n. 158 foi a que maior tumulto causou no país, a meu ver, a Convenção n. 96, que proíbe agências de colocação de mão de obra com fins lucrativos, teve maior reflexo negativo no seio da classe trabalhadora, mas, nem por isso, suscitou tanta controvérsia. Sua denúncia gerou a sanção da Lei n. 6.019, de 3 de janeiro de 1974, que criou inúmeras empresas prestadoras de serviço que, a rigor, são meras *locadoras* de mão de obra humana.

---

(7) RE 372.436-3-SP, de 19.2.2003 (Banco BRADESCO S/A *vs*. Comércio de Tratores, Peças e Implementos Agrícolas Catanduva Ltda.). Rel.: Min. Celso de Mello (DJ n. 59, Seção 1, de 27.3.2003. p. 58). No mesmo sentido: RE 400.512-3-RJ, de 17.9.2003 (Aliança Administradora de Consórcios S/C Ltda. *vs*. Andréa Vieira Catharino Muniz). Rel. Min. Celso de Mello (DJ n. 219, Seção 1, de 12.11.2003. p. 115) e HC 83.416-3-SP, de 14.10.2003 (Associação Paulista de Transporte S/A *vs*. Augusto Vieira de Mello). Rel. orig.: Min. Carlos Britto. Red. p/Acórdão: Min. Cezar Peluso (Informativo n. 203, de 22.10.2003. p. 2). V., na íntegra, no meu *Direito do trabalho no STF (7)*. São Paulo: LTr, 2004. p. 183-90).
(8) A Convenção encontra-se em vigor no Brasil, conforme o Decreto n. 1.530, de 22.6.1995.
(9) A Convenção está vigendo no Brasil desde 23.1.1973, tendo sido promulgada pelo Decreto n. 72.383, de 20.6.1973.
(10) Disponível em: <http://www.ilo.org/ilolex/spanish/newratframeS.htm> Acesso em: 28.8.2008.

É porque fizeram da Convenção n. 158, arma de defesa do emprego, como se, àquela época, antes da Emenda Constitucional n. 45/04, um tratado internacional pudesse resolver a regulação de preceito constitucional sujeito à reserva legal, que é o caso do inciso I do art. 7º da Constituição de 1988.

Ao interpretar sua denúncia, o Excelso Pretório sinalizou perfeitamente que o conflito entre leis (Constituição e Tratado, lei anterior e posterior e lei genérica e específica) resolve-se pela prevalência da Constituição, e pela adoção de dois critérios que vêm do Direito romano: *lex posterior derrogat priori* e *lex specialis derrogat generalis*.[11]

Demais disso, todos — a quase totalidade — os tratados — inclusive as Convenções Internacionais do Trabalho — que o Brasil ratificou foram antes da Emenda Constitucional n. 45/04, ou seja, sem a observância do rito previsto no § 3º do art. 5º. Sendo assim, e se, ninguém disso tem a menor dúvida, todas as convenções internacionais do trabalho cuidam de direitos humanos, como agir com relação às incorporadas à ordem jurídica interna antes de janeiro de 2005, quando a Emenda Constitucional n. 45/04 começou a produzir seus efeitos? Se não são *emendas constitucionais*, serão tratados singelos, e a sua aplicação poderá ser afastada, se conflitar com lei federal.

Querer assimilar a expressão *aplicação imediata* do § 1º do art. 5º de tratado ratificado sem o *quorum* específico do § 3º, com equivalência à Constituição, e, com isso, pretender despiciendo aquele *quorum* especialíssimo é, *data venia*, criar uma situação que o constituinte não pretendeu.

Conclusão

Insisto! Não sou contra a defesa dos direitos humanos e a garantia da sua proteção pelo Estado e pela sociedade. O que, no entanto, defendo é a imperiosa necessidade de uma ordem jurídica onde sejam observadas regras mínimas. Por exemplo, a prisão do depositário infiel, conquanto viole o direito de liberdade do infrator, ao mesmo tempo é forma garantidora do cumprimento de uma obrigação. Se estivermos, como acontece muito, em ação em trâmite na Justiça do Trabalho, o trabalhador e sua família dependem da venda de um bem penhorado e entregue aos cuidados de um depositário, para ter recebido seus créditos trabalhistas. Descumprindo sua missão de depositário, manda-se prender o infiel. Com isso, geralmente, é efetuado o depósito do valor correspondente, liquida-se o processo e expede-se o competente alvará de soltura. Para o trabalhador e sua família, aquele *quantum* é necessário para comprar alimento, e alimento é vida, e o direito à vida é o primeiro e maior de todos os direitos humanos.

Aliás, Norberto Bobbio escreveu, tempos atrás, afirmando que não devemos nos preocupar em *justificar* os direitos humanos, mas em *proteger e garantir os que existem*.[12]

---

(11) V. ADIn n. 1.480-3-DF, de 26.6.2001 (Confederação Nacional dos Transportes e Confederação Nacional da Indústria — CNI *vs.* Presidente da República e Congresso Nacional). Rel.: Min. Celso de Mello (DJ n. 140-E, Seção 1, de 8.8.2001. p. 2-3). na íntegra, no meu *Direito do trabalho no STF (5)*. São Paulo: LTr, 2002. p. 15-22).
(12) BOBBIO, Norberto. *A era dos direitos*. Trad. Carlos Nelson Coutinho. Rio de Janeiro: Campus, 1992. p. 24.

Penso ser esta a grande questão dos homens e dos Estados: garantir o que existe e não ficar criando outros sem sequer preservar aqueles...

A expectativa em torno da aplicação efetiva do § 3º do art. 5º da Constituição brasileira é grande e, a meu juízo, vai deixar muito a desejar, afora as dúvidas que, talvez pela forma açodada de emendar, possa proporcionar ao jurisdicionado e, sobretudo, ao Judiciário que deverá aplicar a norma internacional invocada.

De qualquer forma, trata-se de um passo importante, sem dúvida, para essa consagração real, mas que deve ser concluído com o necessário zelo e o indispensável cuidado para não resultar em exageros e desmandos.

Capítulo 2

ATUAÇÃO DA OIT NO MEIO AMBIENTE DO TRABALHO: A CONVENÇÃO N. 155[*]

2.1. A atuação da OIT

Uma tema profundamente preocupante, e que tem chamado a atenção da Organização Internacional do Trabalho (OIT) nos últimos tempos, refere-se ao meio ambiente, e, especificamente, ao do trabalho.

Trata-se de um direito que costumo enquadrar na terceira geração dos direitos fundamentais, os de solidariedade, e são diversos os tipos de meio ambiente (artificial, cultural, natural, arqueológico e do trabalho, dentre outros), todos a merecer atenção e preocupação da comunidade.

No Brasil, quando cuidamos de meio ambiente do trabalho, nota-se que se trata do local onde é desenvolvida atividade laboral, e protegido pela Constituição de 1988, arts. 200, VIII, e 7º, XXXIII.

A partir de 1972, com a I Conferência das Nações sobre o Meio Ambiente Humano, passou-se a ter expressa preocupação com o desenvolvimento sustentável e equilibrado, ainda que, àquela altura e um pouco mais além, mediante preferencialmente normas de *soft-law*, sem força obrigatória, com a pioneira Declaração de Estocolmo, de 16.6.1972, que, para o meio ambiente, equivale à Declaração Universal dos Direitos do Homem de 1948.

Em Nova Iorque, a 9 de maio de 1992, foi aprovada a Convenção — Quadro das Nações Unidas sobre Mudança do Clima, e, por ocasião da II Conferência das Nações Unidas para o Meio Ambiente e o Desenvolvimento (CNUMAD) (Rio de Janeiro, 1992), registrou--se a aprovação da Convenção sobre Diversidade Biológica (5 de junho de 1992), ambas ratificadas pelo Brasil, não sendo, todavia, nenhuma direcionada a meio ambiente do trabalho, embora sejam normas de *hard-law*, e, portanto, de grande significado.

A atuação da OIT, como organização internacional que visa buscar a melhoria de condições de trabalho para os seres humanos, tem sido acentuada e relevante, exercendo papel preponderante na elaboração de normas gerais protetoras dos trabalhadores,

---

(*) Texto elaborado para a obra coletiva *Meio ambiente do trabalho*, coordenada pela Dra. Elida Séguin.

especialmente no que refere a combate ao trabalho infantil, adoção de normas de garantia de acesso ao mercado de trabalho pelas mulheres, eliminação de todas as formas de trabalho forçado, e pertinentes ao meio ambiente do trabalho.

Neste particular, a par da Resolução de 24 de junho de 1975, cuidando de melhoria do meio ambiente do trabalho, dezenove convenções internacionais foram adotadas ao longo de sua profícua existência, que são as seguintes:

— N. 103 — proteção à maternidade;

— N. 115 — proteção dos trabalhadores contra as radiações ionizantes;

— N. 136 — proteção contra os riscos de intoxicação pelo benzeno;

— N. 139 — prevenção e controle dos riscos profissionais causados por substâncias ou agentes cancerígenos;

— N. 148 — proteção dos trabalhadores contra os riscos profissionais devidos à contaminação do ar, o ruído e a vibração no local de trabalho;

— N. 152 — segurança e higiene nos trabalhos portuários;

— N. 155 — segurança e saúde dos trabalhadores e meio ambiente do trabalho;

— N. 159 — reabilitação profissional e emprego de pessoas deficientes;

— N. 161 — serviço de saúde no trabalho;

— N. 162 — utilização de asbesto com segurança;

— N. 167 — segurança e saúde na construção;

— N. 170 — segurança nos produtos químicos no trabalho;

— N. 171 — trabalho noturno;

— N. 174 — prevenção dos grandes acidentes industriais;

— N. 176 — saúde e segurança nas minas;

— N. 182 — piores formas de trabalho infantil;

— N. 183 — proteção da maternidade;

— N. 184 — segurança e saúde na agricultura; e,

— N. 187 — marco promocional para a segurança e saúde no trabalho.

O Brasil ratificou, praticamente, a totalidade das convenções relacionadas, exceto as Convenções ns. 183, 184 e 187.[1]

2.2. A Convenção n. 155 da OIT

A Convenção n. 155[2], aprovada em Genebra, por ocasião da 67ª Conferência Internacional do Trabalho, a 22 de junho de 1981, é a mais específica dentre todas, com seus 30 artigos abrangendo todos os ramos da atividade econômica (art. 1º, 1), podendo

---

(1) Disponível em: <http://www.ilo.org/ilolex/spanish/newratframeS.htm> Acesso em: 8.1.2009.
(2) Há registro de cinquenta e duas ratificações, tendo o Brasil efetuado o depósito dos seus instrumentos a 18.5.1992. Disponível em: <http://www.ilo.org/ilolex/spanish/newratframeS.htm> Acesso em: 8.1.2009.

cada Estado-membro, consoante entendimentos com os sindicatos correspondentes, excluir transportes marítimos e de pesca (art. 1º, 2).

De acordo com essa norma, meio ambiente de trabalho não é apenas o local exclusivo do trabalho, mas todos aqueles que estão sobre controle direto e indireto do empregador (art. 3º, c), demonstrando profunda preocupação com a sua higidez física, tanto que, com relação ao trabalho, saúde abrange a ausência de doença ou de enfermidade, os elementos físicos e mentais que afetam a saúde diretamente relacionados com a segurança e a higiene no trabalho (art. 3º, e).

Importantíssimo ressaltar que a Convenção n. 155 destina-se a empregados públicos e privados (art. 3º, b), reforçando o papel dos sindicatos, sempre chamados a opinar em questões relevantes do tema (art. 4º, 1), propondo uma política de segurança e saúde do trabalho e do meio ambiente específico (art. 4º, 2). A tanto, deve precisar as funções e responsabilidades respectivas, em matéria de segurança, saúde dos trabalhadores e meio ambiente de trabalho, das autoridades públicas, dos empregadores, dos trabalhadores e de outras pessoas interessadas, tendo em conta o caráter complementar dessas responsabilidades, assim como as condições e a prática nacionais (art. 6º).

Esta política ambiental trabalhista com cinco grandes esferas:

a) A concepção, a experimentação, a escolha, a substituição, a instalação, a organização, a utilização e a manutenção dos componentes materiais do trabalho (locais de trabalho, ambiente de trabalho, ferramentas, máquinas e materiais, substâncias e agentes químicos, físicos e biológicos e processos de trabalho);

b) As relações que existem entre os componentes materiais do trabalho e as pessoas que executam ou supervisionam o trabalho, assim como a adaptação das máquinas, dos materiais, do tempo de trabalho, da organização do trabalho e dos processos de trabalho às capacidades físicas e mentais dos trabalhadores;

c) A formação e a formação complementar necessária, as qualificações e a motivação das pessoas que intervêm, a qualquer título, no sentido de serem alcançados níveis de segurança e higiene suficientes;

d) A comunicação e a cooperação ao nível do grupo de trabalho e da empresa e a todos os outros níveis apropriados, incluindo a nível nacional;

e) A proteção dos trabalhadores e dos seus representantes contra todas as medidas disciplinares decorrentes de ações por eles devidamente efetuadas, em conformidade com a política de segurança prevista no art. 4º.

Cautelas com o meio ambiente do trabalho ensejam a realização de exames periódicos do conjunto ou de um exame que incida sobre setores particulares, a fim de identificar grandes problemas, deduzir meios eficazes para resolvê-los, ordem de prioridade das medidas a tomar e avaliação dos resultados obtidos (art. 7º).

A Convenção, a partir do art. 8º, regulamenta o tema em dois tipos básicos de ação, em dois níveis: nacional e de empresa.

No primeiro, cada Estado deve implementar as normas legislativas necessárias à efetivação da norma internacional (art. 8º), fazendo a publicidade anual de todas as medidas que vierem a ser adotadas (art. 11, *e*).

A preocupação com as garantias mínimas de um meio ambiente do trabalho adequado ensejou a que a norma internacional viesse a prever que "a fiscalização da aplicação das leis e das prescrições relativas à segurança, à higiene e ao ambiente de trabalho deverá ser assegurada por um sistema de inspeção apropriado e suficiente" (art. 9º, 1), e esse "sistema de fiscalização deverá prever sanções apropriadas em caso de infração das leis ou das prescrições" (art. 9º, 2), inclusive devendo "ser tomadas medidas para aconselhar os empregadores e os trabalhadores, a fim de os ajudar no cumprimento das suas obrigações legais" (art. 10).

Como concretizar a política ambiental preconizada no art. 4 da Convenção n. 155? O próprio diploma recomenda, no art. 11, a adoção progressiva das seguintes funções:

a) A determinação, onde a natureza e o grau dos riscos o exigirem, das condições que regem a concepção, a construção e a organização das empresas, a sua exploração, as transformações importantes que lhes forem sendo introduzidas ou qualquer alteração do seu destino primitivo, assim como a segurança dos materiais técnicos utilizados no trabalho e a aplicação de processos definidos pelas autoridades competentes;

b) A determinação dos processos de trabalho que devam ser proibidos, limitados ou sujeitos à autorização ou à fiscalização da autoridade ou autoridades competentes, assim como a determinação das substâncias e dos agentes aos quais qualquer exposição deva ser proibida, limitada ou submetida à autorização ou à fiscalização da autoridade ou autoridades competentes; devem ser tomados em consideração os riscos para a saúde provocados por exposições simultâneas a várias substâncias ou agentes;

c) O estabelecimento e a aplicação de processos que visem à declaração dos acidentes de trabalho e dos casos de doenças profissionais pelos empregadores e, quando tal for julgado apropriado, pelas instituições de seguros e outros organismos ou pessoas diretamente interessados e o estabelecimento de estatísticas anuais sobre os acidentes de trabalho e as doenças profissionais;

d) A realização de inquéritos, quando um acidente de trabalho, uma doença profissional ou qualquer dano para a saúde ocorrido durante o trabalho ou com este relacionado pareça refletir uma situação particularmente grave;

e) A publicação anual de informações sobre as medidas tomadas em cumprimento da política mencionada no art. 4º, assim como sobre os acidentes de trabalho, doenças profissionais e outros danos para a saúde ocorridos durante o trabalho ou com este relacionados;

f) A introdução ou o desenvolvimento, tendo em conta as condições e as possibilidades nacionais, de sistemas de investigação sobre o perigo para a saúde dos trabalhadores de agentes químicos, físicos ou biológicos.

Ademais, todas as pessoas físicas ou jurídicas que criam, fabricam, importam, fazem circular ou cedem, a qualquer título, máquinas, materiais ou substâncias de utilização profissional, devem ser submetidas às medidas sugeridas no art. 12, e tomadas por via legal ou de acordo com a prática nacional, que são as seguintes:

> a) assegurar "que, na medida em que isso for razoável e praticamente realizável, as máquinas, os materiais ou as substâncias em questão não apresentem perigo para a segurança e a saúde das pessoas que as utilizarem corretamente";
>
> b) fornecer "informações sobre a instalação e a correta utilização das máquinas e dos materiais, assim como sobre o uso correto das substâncias, os riscos que apresentam as máquinas e os materiais e as características perigosas das substâncias químicas, dos agentes ou produtos físicos e biológicos, bem como instruções sobre a maneira de os utilizadores se prevenirem contra os riscos conhecidos";
>
> c) proceder "a estudos e a investigações ou acompanhem por qualquer outra forma a evolução dos conhecimentos científicos e técnicos, tendo em vista o cumprimento das obrigações que lhes incumbem" em virtude das medidas já mencionadas.

Ademais, tem o empregado garantia de interromper o trabalho quando estiver havendo dano ao meio ambiente (art. 13), não podendo sofrer nenhuma espécie de prejuízo. O dispositivo reza:

> **Art. 13.** Um trabalhador que se tenha retirado de uma situação de trabalho relativamente à qual tivesse um motivo razoável para a considerar como representando um perigo iminente e grave para a sua vida ou para a sua saúde deverá ser protegido contra consequências injustificadas por motivo dessa decisão, em conformidade com as condições e a prática nacionais.

Altamente relevante é a previsão do art. 14, referente ao ensino de técnicas de segurança, higiene e ambiente do trabalho em programas de educação e formação em todos os níveis, inclusive superior técnico, médio e profissional, destinado à satisfação das necessidades de formação dos trabalhadores. No Brasil, já existem alguns cursos específicos, inclusive de pós-graduação *lato sensu*, embora não exclusivos sobre meio ambiente do trabalho.

Essas medidas devem ser ordenadas e aplicadas de forma a atender às efetivas necessidades da sociedade, do trabalhador e da empresa. A esse fim, a Convenção prevê que cada Estado (por seu poder competente) deverá ouvir as entidades representativas de trabalhadores e empregadores e outras entidades interessadas para implementar tais medidas (art. 15, 1), inclusive criando um órgão específico para esse fim (art. 15, 2), que pode ser assemelhado às Comissões Internas de Prevenção de Acidentes (CIPA) existentes no Brasil.

Em nível de empresa, prevê-se que os empregadores adotem as medidas necessárias, nos locais de trabalho, a fim de que as máquinas, os materiais e os processos de trabalho sujeitos à sua fiscalização não apresentem risco para a segurança e saúde dos trabalhadores (art. 16,1) e são obrigados "a fazer com que as substâncias e os agentes químicos, físicos e biológicos sujeitos à sua fiscalização não apresentem risco para a saúde, desde que se encontre assegurada uma proteção correta" (art. 16, 2), bem como devem, "em caso de necessidade, os empregadores deverão fornecer vestuário e equipamento de proteção apropriados, a fim de prevenir, na medida em que isso for razoável e praticamente realizável, os riscos de acidentes ou de efeitos prejudiciais à saúde" (art. 16, 3), observando-se que essas medidas todas podem ser exercidas em conjunto, quando as empresas atuem simultaneamente na mesma atividade (art. 17), e, no meu ponto de vista, quando se tratar de grupo econômico.

Abrange, igualmente, medidas para fazer face a situações de urgência e a acidentes, incluindo meios suficientes para a administração de primeiros socorros (art. 18), algo semelhante aos serviços médicos existentes em grandes empresas brasileiras.

Interessantes as regras do art. 19. Ali se consagra a mais ampla integração empresa x empregados, de modo a uma participação efetiva destes na segurança, saúde e higiene no trabalho. Essas regras são:

    a) Os trabalhadores, no âmbito do seu trabalho, deem o seu contributo no cumprimento das obrigações que incumbem ao empregador;

    b) Os representantes dos trabalhadores na empresa cooperem com o empregador no domínio da segurança e da higiene no trabalho;

    c) Os representantes dos trabalhadores na empresa recebam uma informação suficiente sobre as medidas tomadas pelo empregador para garantir a segurança e a saúde, podendo consultar as suas organizações representativas sobre essa mesma informação, desde que não divulguem segredos comerciais;

    d) Os trabalhadores e os seus representantes na empresa recebam uma formação apropriada no domínio da segurança e da higiene no trabalho;

    e) Os trabalhadores ou os seus representantes e, nesse caso, as suas organizações representativas na empresa fiquem habilitados, em conformidade com a legislação e a prática nacionais, a examinar todos os aspectos da segurança e da saúde relacionados com o seu trabalho e sobre os mesmos sejam consultados pelo empregador; com esse objetivo poder-se-á recorrer, por acordo mútuo, a conselheiros técnicos escolhidos fora da empresa;

    f) Os trabalhadores assinalem imediatamente aos seus superiores hierárquicos diretos qualquer situação relativamente à qual tenham um motivo razoável para considerar que ela representa um perigo iminente e grave para a sua vida ou para a sua saúde, não podendo o empregador pedir aos trabalhadores que retomem ao trabalho numa situação em que persista tal perigo iminente, enquanto não forem tomadas medidas que visem a sua correção, se tal for necessário.

Todas as providências previstas para serem aplicadas nas empresas devem contar com a cooperação de empregadores e trabalhadores ou de representantes destes na empresa (art. 20), não podendo nenhuma dessas medidas importar em encargo de qualquer natureza para os trabalhadores (art. 21), ou seja, os empregados não podem sofrer qualquer prejuízo pecuniário aquando da implantação de mecanismos para essa proteção ambiental (art. 21).

Os arts. 22 a 30, integrando a Parte V, cuidam das diversas disposições relativas a revisão (arts. 22, 28 e 29), ratificação (art. 23), vigência (art. 24), denúncia (art. 25), registro (arts. 26 e 27), versões oficiais (art. 30), regras constantes e, geralmente idênticas, em todas as convenções internacionais do trabalho.

Essa é, em síntese, a Convenção n. 155.

2.3. Uma nova preocupação

Embora não efetivamente ligado ao tema a que me propus abordar neste texto, que é a Convenção n. 155, permito-me cuidar de um assunto que ganha, rapidamente, a ordem do dia em todos os grandes *fori* de discussão em todo o planeta: o desenvolvimento sustentável para garantir o meio ambiente às gerações futuras.

Há pouco, a OIT passou a cuidar de um tema interessante e inovador: os empregos verdes. É porque agora a preocupação com o meio ambiente do trabalho passou a ter uma visão ampliativa.

O Programa das Nações Unidas para o Meio Ambiente — PNUMA, juntamente com a OIT, demonstrou a necessidade de uma economia mais sustentável com redução de emissão de dióxido de carbono. É que as indicações para o futuro não muito distante revelam-se preocupantes: 262 milhões de pessoas serão afetadas por desastres climáticos; até 2035, 1.800 milhões de pessoas terão escassez de água; em breve, 50 milhões de pessoas serão refugiados climáticos; 330 milhões de desabrigados em decorrência dessas mudanças do clima.

E no mundo do trabalho, o quadro não é menos assustador: 1.300 milhões de pobres, com salário/dia de US$ 2,00, o que representa mais de 43% da força mundial de trabalho; 190 milhões de pessoas estão desempregados; e, nos 10 anos vindouros, mais de 500 milhões de jovens buscarão emprego.

Esses empregos que necessitam ser criados encaminham-se para um novo rumo, mas indispensável, pena de prejudicar as gerações futuras. É que começa a surgir outra mentalidade e igualmente outras preocupações: proteger o ecossistema, a biodiversidade, mediante a adoção de formas de reduzir consumo de energia, de minerais não renováveis, de água, evitando a contaminação.[3] São empregos onde haja o uso adequado desses recursos ou a substituição deles por outros que realizem o mesmo papel com menos danos ambientais.

O que é induvidoso, no mundo moderno, ou pós-moderno como tantos chamam, é que os empregos verdes precisam ser incentivados para que se alcance níveis sustentáveis de desenvolvimento.

Assim, a importância da Convenção n. 155, como o estatuto principal com vistas a um meio ambiente do trabalho sustentável, ganha também novos contornos à medida em que deve igualmente servir de incentivo a criação de técnicas inovadoras de trabalho. Tudo, todavia, poderá ser conquistado mediante certas concessões recíprocas entre Estados desenvolvidos e periféricos. Necessariamente, passa-se pela repetição de velhos temas: transferência de tecnologia não poluente; redistribuição de renda; eliminação de desigualdades raciais e sociais; superação da xenofobia. Somente mediante intenso diálogo entre grandes e pequenos países sobre essas dificuldades, que emperram o mundo do trabalho, poderemos falar em melhores dias para a sociedade.

---

(3) Informações complementares sobre esse importante tema, podem ser encontradas no *site* da OIT, na rede mundial de computadores. Disponível em: <http://www.ilo.org/wcmsp5/groups/public/—dgreports/—dcomm/—webdev/documents/publication/wcms_098489.pdf>, do qual recolhi esses subsídios (Acesso em: 5.2.2009).

Capítulo 3

Trabalho Decente e suas Implicações Jurídicas(*)

3.1. Sentido de decência no trabalho

Quando me atribuíram este tema, pensei que teria que discorrer sobre o trabalho *indecente*. É verdade! Tratar de decência no mundo do trabalho importa em dizer da indecência de certas práticas.

Em muitos países, e no nosso também, há trabalho *indecente*: explora-se o trabalhador, retira-lhe a dignidade de ser humano, suprime-se, muita vez, o acesso à civilização, e, neste aspecto, surge a figura do *aviamento*, tão lamentavelmente típica na região amazônica, e que muitos, por equívoco, chamam de *trabalho escravo*.

Opondo-se a essas indecências, o trabalho decente é o produtivo e adequadamente remunerado, com o qual se propugna superar a pobreza, reduzir as diferenças sociais, sustentar a democracia, promover desenvolvimento sustentável, oferecer qualidade e segurança, respeitar os direitos fundamentais. Ao cabo, garante-se vida digna ao trabalhador e a sua família. Garante-se, igualmente, proteção social, que abrange combate ao desemprego, adequados sistemas de saúde, inclusive preventivos, incremento da educação, com a hoje indispensável inserção no mundo virtual. Nos países anglo-saxões, chama-se *decent work*. Em Portugal, chamam de *trabalho digno*. Aqui, chamamos *trabalho decente*. O nome não importa. O que interessa é seu alcance e sua intenção.

O trabalho decente encontra-se naquele fundamento que, a meu ver, é o mais expressivo da República brasileira: o da dignidade da pessoa humana (art. 1º, III, da Constituição). Demais disso, os princípios fundamentais constitucionais indicam claramente esse objetivo maior: o de *erradicar a pobreza e a marginalização e reduzir as desigualdades sociais e regionais* (art. 3º, III), e de *promover o bem de todos, sem preconceitos de origem, raça, sexo, cor, idade e quaisquer outras formas de discriminação* (art. 3º, IV).

Essa luta, que toda a sociedade mundial propugna, objetiva, basicamente, quatro resultados, que podem ser obtidos a médio prazo:

1. a superação da pobreza

• importa, no mínimo, em rigorosa redistribuição de renda e adoção de mecanismos que envolvem obtenção de alimentação adequada, acesso à educação técnico-profissionalizante, direito a serviços de saúde eficientes;

(*) Palestra proferida no Fórum de Responsabilidade Social: Justiça e Cidadania, realizado pelo TRT da 9ª Região, em Curitiba (PR), a 20 de outubro de 2009.

2. a redução das desigualdades sociais

- corolário do primeiro, aqui também identifico a necessidade de superar todos os focos de discriminação, inclusive a xenofobia, tanto aquela verificada com os estrangeiros, como as que decorrem das migrações internas;

3. a garantia da governabilidade democrática

- esse tema envolve honestidade da classe política, fortalecimento das instituições, respeito pelos governantes que, a seu turno, devem respeitar a população;

4. o desenvolvimento sustentável

- significa que devemos desenvolver, mas não devemos destruir, e envolve, necessariamente, a participação dos países tecnologicamente desenvolvidos a fim de dotar os demais de mecanismos antipoluentes, sobretudo no que diz respeito à emissão de dióxido de carbono à atmosfera, com vistas a minimizar os efeitos do aquecimento global iminente. Também abrange meio ambiente sadio, inclusive meio ambiente do trabalho, objeto da Convenção n. 155 da OIT, ratificada pelo Brasil.

3.2. Um problema sério: a Ásia indecente

Penso que, de todos os continentes, a Ásia é o que apresenta os mais graves problemas de trabalho *indecente*. É que lá estão presentes milhares de empresas transnacionais e as garantias dos trabalhadores são cada vez menores. Valho-me de dados colhidos na rede mundial de computadores, a partir de estudos efetuados pela OIT.[1]

Existem um bilhão de trabalhadores da Ásia (mais de cinco vezes a população inteira do Brasil) abaixo da linha da pobreza, recebendo menos de US$ 2,00/dia, o que equivale ao preço de um frango no Brasil. E, desse bilhão, 330 milhões ganham menos de US$ 1,00/dia, ou o correspondente a uma única passagem de ônibus na cidade de Belém do Pará (R$ 1,70).

A situação agrava-se: o forte crescimento do comércio, dos investimentos e da produção registrado não foi suficiente para responder ao aumento da força de trabalho e enfrentar o crescente desemprego, tanto que, a partir de 2010, 250 milhões de pessoas estarão à procura de emprego.

Os números assustam. Hoje, 1,9 bilhão de mulheres e homens trabalham na Ásia, mas, em 2005, 48% (41,6 milhões) dos jovens desempregados do mundo estavam ali, e o risco da juventude ficar desempregada é três vezes maior que o dos adultos.

Outros problemas identificados pela OIT, de cujos dados estou a me valer:

- produtividade cresceu, mas salários não aumentaram. Exemplos:

    China — produtividade industrial = + 170% (1990/1999)

---

(1) Disponível em: <http://meusalario.uol.com.br/main/emprego/desafio-asiatico-criar-emprego-e-promover-trabalho-decente> Acesso em: 19.7.2009.

— salários = + 80%

Paquistão — redução salarial — 8,5% (desde 1990)

Índia — redução salarial — 22% (desde 1990)

• Jornada semanal de 50 h ou mais: Bangladesh, Honk Kong, Malásia, República da Coreia, Sri Lanka e Tailândia.

• Discriminação em razão de sexo:

Cingapura — mulheres ganham 61% menos do que recebem os homens.

• Aumento da migração: 2,6 a 2,9 milhões foram para o exterior.

• Redução inexpressiva do trabalho infantil = continuidade de 2000 a 2004: redução de crianças de 5 e 15 anos em 5 milhões.

Hoje: 122,3 milhões de crianças trabalhando, 64% do total mundial.

• Saúde e segurança do trabalho ruins: 1 milhão morrem anualmente em face de acidentes e doenças do trabalho.

• Sindicalização reduzida:

3% e 8% em Bangladesh, Tailândia, Malásia e Coreia.

16% e 19% na Nova Zelândia, Austrália e Cingapura.

3.3. O problema no Brasil

Um dos primeiros graves problemas brasileiros é o trabalho informal. As estatísticas revelam:

53,4% em 1992

53,8% em 1996

55,9% em 1999

queda a partir de 2002

51,8% em 2006

Essa redução inexpressiva do trabalho informal no Brasil aumentou o acesso à Previdência Social, em 46% entre 1992 e 2002, chegando, em 2006, a 50,5%, justamente porque cresceu o emprego formal.[2]

Da mesma forma, constatou-se que houve recuperação do poder aquisitivo do salário mínimo, a partir de 1996. De setembro de 1994, quando era de R$ 70,00, até abril de 2007, quando atingiu R$ 380,00, a inflação calculada pelo INPC-IBGE foi de 182,4%, o reajuste salarial foi de 442,9%, resultando em ganho real de R$ 92,2%. É incrível, mas são os números.

---

(2) Disponível em: <http://www.ecodebate.com.br/2008/09/12/estudo-da-onu-diz-que-o-trabalho-decente-melhorou-no-brasil/> Acesso em: 19.7.2009.

Tendência semelhante ocorreu com o rendimento. "O rendimento médio do trabalho subiu após o Plano Real, mas caiu de forma sistemática entre 1996 e 2003, e começou a recuperar-se somente a partir de 2005".

Podem ser apontados como causas do aumento da renda média do trabalho os seguintes pontos:

1. diminuição do desemprego;

2. recuperação do poder de compra do salário mínimo;

3. melhores negociações coletivas diretas;

4. melhorias do trabalho da mulher;

5. acesso da população negra ao mercado de trabalho.

Pontos de discriminação

Trabalho da mulher

Tem sido identificada tendência de redução da jornada de 44 horas prevista na Constituição. Há, inclusive, PEC pugnando pela redução para 40 horas semanais.

Nesse tema, constata-se que os homens (42,4%) têm jornada mais extensa que as mulheres (24,5%). Isto, porém, é apenas um *detalhe*, porque há profunda inversão quando se considera também os serviços domésticos, o velho argumento de que *lugar de mulher é no tanque...*

Pois bem! Existem no Brasil 109,2 milhões de pessoas de 10 anos ou mais de idade que são domésticos. São 71,5 milhões (65,4%) de mulheres e 37,7 milhões (34,6%) de homens, trabalhando, respectivamente, 21,8 h/semanais e 9,1 h/semanais.

Se for considerado o somatório do trabalho externo e do doméstico, as mulheres trabalham 11,5 h/dia e os homens, 10,6 h/dia.

As taxas de desemprego são maiores para as mulheres. Em 2006, 11% das mulheres acima de 16 anos estavam desempregadas, contra apenas 6,3% dos homens. Nesse aspecto, de 1992 e 2006, aumentou o desemprego feminino (41%), praticamente do dobro do masculino (21%).

Trabalho infantil

De acordo com a Pesquisa Nacional por Amostra de Domicílios (PNAD) de 2006, 37,9 milhões de pessoas tinham entre 5 a 15 anos; delas, 2,4 milhões trabalhavam. Esse número é menor que o verificado em 1992: 5 milhões. Importa, com isso, que houve uma diminuição do trabalho infantil de 13,6% para 6,2% entre 1992 e 2006, sendo de 3,7% para 1,3% entre crianças de 5 a 9 anos, e de 21,9% para 10,0% entre 10 a 15 anos.

São números expressivos, mas ainda existem menores trabalhando na informalidade, nas carvoarias, na zona rural, em jornadas e horários incompatíveis com sua condição física e psíquica.

3.4. O que tem feito o Brasil

No Brasil, o tema passou a ser tratado a partir de compromisso entre o Poder Executivo e a OIT, em junho de 2003, através de Memorando de Entendimento, estabelecendo um Programa Especial de Cooperação Técnica para a Promoção de uma Agenda Nacional de Trabalho Decente, que foi elaborada em maio de 2006.

As prioridades da Agenda são:

1. gerar mais e melhores empregos, com igualdade de tratamento;

2. erradicar trabalho forçado e eliminar trabalho infantil;

3. fortalecer as entidades sindicais;

4. incentivar o diálogo com o Governo.[3]

O que tenciona essa Agenda é proporcionar igualdade de oportunidades e combate às formas de discriminação, nomeadamente de gênero, raça/cor, etnia, idade, orientação sexual, portadores de deficiência, vivendo com HIV e Aids etc.

No restante do mundo, e no Brasil também, os quatro eixos centrais dessa Agenda são:

1. a criação de emprego de qualidade para homens e mulheres;

2. a extensão da proteção social;

3. a promoção e fortalecimento do diálogo social;

4. o respeito aos princípios e direitos fundamentais do trabalho, expressos na Declaração dos Direitos e Princípios Fundamentais no Trabalho da OIT, adotada em 1998, com ênfase nas convenções internacionais do trabalho sobre liberdade de associação e de organização sindical e reconhecimento efetivo do direito de negociação coletiva (Convenções ns. 87 e 98); eliminação de todas as formas de trabalho forçado ou obrigatório (Convenções ns. 29 e 105); abolição efetiva do trabalho infantil (Convenções ns. 138 e 182); e eliminação da discriminação em matéria de emprego e ocupação (Convenções ns. 100 e 111).

Este é, hodiernamente, o passo mais expressivo que nosso país tem dado em busca da efetiva eliminação do trabalho *indecente* e o incentivo ao trabalho decente e digno.

3.5. Minhas preocupações

Desejo expor, brevemente, as preocupações que me assaltam com este tema:

• trabalho ou emprego?

  • precisamos combater o trabalho informal, necessitamos dar garantias mínimas aos trabalhadores; o próprio conceito de emprego precisa ser revisto e adaptado à realidade.

---

(3) Disponível em: <http://www.mte.gov.br/antd/programa_nacional.asp> Acesso em: 21.9.2009.

- Profissão ou ocupação?

    - quando se cuida de criar ou manter normas mínimas, penso na necessidade de se evitar excesso de regras. Há *profissões* que não são mais que *ocupações*: guardador e lavador autônomo de veículos automotores, *v.g.*, é *profissão regulamentada* há quase 35 anos: Lei n. 6.242, de 23 de setembro de 1975, a incrível *lei do flanelinha*.

- Discurso e prática?

    - devemos evitar os discursos eruditos, amplos de *juridiquês*, de promessas utópicas, e ser objetivos e práticos, enfrentando a realidade brasileira e mundial.

- A verdade e a ficção?

    - a ficção é dizer que os trabalhadores estão bem, que há melhoria de vida. A realidade é outra. A recuperação do poder aquisitivo tem sido significativa, mas precisa ser aperfeiçoada; a ampliação dos empregos formais necessita ser incrementada.

- Redução da jornada

    - verifica-se tendência mundial de redução da jornada de trabalho. Tramita no Congresso Nacional a PEC n. 231-A, de 1995, de autoria do Deputado Inácio Arruda, para reduzir a 40 horas semanais e ampliar a percentagem para as horas extras para 75%, alterando os incisos XIII e XVI do art. 7º da Constituição. Em junho de 2009, foi aprovado na Comissão Especial da Câmara dos Deputados.

- Sindicalização

    - é necessário incentivar a sindicalização e uma forma é o sindicato deixar de ser apenas uma entidade que reivindica melhorias salariais, que também promova, entre outras, cursos de atualização com a realidade mundial, Na área da informática por exemplo. Da mesma forma, precisamos rever o art. 8º da Constituição, acabar com a unicidade sindical, ratificar a Convenção n. 87 da OIT, evitar a pulverização incontrolável e enfraquecedora dos sindicatos, sobretudo de trabalhadores.

- Negociação coletiva

    - imperioso o fortalecimento dos sindicatos brasileiros, especialmente de trabalhadores, a fim de que as negociações coletivas diretas reflitam o resultado do atendimento das necessidades das categorias profissionais. E, na impossibilidade, a garantia da manutenção do poder normativo da Justiça do Trabalho, com a indispensável revisão da exigência do *de comum acordo* previsto no art. 114, § 2º, da Constituição, para ajuizamento de dissídios coletivos de natureza econômica, cuja inconstitucionalidade é clara e deve, sempre que necessário, ser proclamada.

- Eliminação de discriminação, inclusive a xenofobia

    - penso que, quanto ao trabalhador estrangeiro, é indispensável que todos os países adotem a Convenção de Nova York sobre a proteção ao trabalhador migrante e seus familiares, certamente o mais expressivo passo para a redução dos índices de xenofobia. Igualmente acredito ser indispensável a mudança de consciência da humanidade para aceitar as diferenças e *os diferentes*. Quanto ao trabalho da mulher, entendo que a única discriminação admissível é a proteção à maternidade e nenhuma outra, pela necessidade mesma de preservação da raça humana.

Capítulo 4

CRITÉRIOS PARA DISTINGUIR O ESTAGIÁRIO E O FALSO ESTAGIÁRIO[*]

Inicialmente, devo renovar agradecimentos aos eminentes confrades Armando Casimiro Costa, o mecenas que dirige a LTr Editora, e Amauri Mascaro Nascimento, mestre de todos nós. Sem a boa vontade de ambos, este Congresso não estaria sendo realizado, já próximo da primeira meia centena, momento singular no Direito brasileiro. Mais que isso: não fosse a generosidade de ambos, eu é que não estaria aqui... E aí, confesso-lhes, estaria duplamente frustrado: distante de São Paulo, terra que quero tanto quanto a minha tribo, e do convívio com os eminentes participantes deste evento, com os quais sempre haurimos conhecimentos novos.

Introdução

O tema que irei desenvolver neste painel versa sobre os critérios distintivos entre o estagiário e o falso estagiário. Prefereria chamar de distinções entre o estagiário e o não estagiário, porquanto constatei que o *falso* estagiário é, a rigor, o *não* estagiário, senão um empregado comum.

Historicamente, foi a Lei n. 6.494, de 7 de dezembro de 1977, que introduziu a figura do estagiário no Direito brasileiro, atualizado pela Lei n. 8.859, de 23.3.1994, e pela Medida Provisória n. 1.952-24, de 26.5.2000, regulamentada pelo Decreto n. 87.497, de 18.8.1982, atualizado pelos Decretos ns. 89.467, de 21.3.1984, e 2.080, de 26.11.1996.

4.1. As regras existentes

A Lei n. 6.494, de 7.12.1977, autorizava estágios somente para estudantes universitários ou técnicos profissionalizantes. A Medida Provisória n. 2.164-41, de 24.8.2001, estendeu a prerrogativa de estágios também para estudantes do ensino médio regular (colegial).

De breve exame dessas normas, verifica-se que o estágio regular deve observar pelo menos sete requisitos: (1) empresas públicas ou privadas, aptas a proporcionar experiência prática a estudante, podem contratar, como (2) estagiários, a partir de 16 anos, aqueles que

---

[*] Palestra proferida no 48º Congresso Brasileiro de Direito do Trabalho, realizado pela LTr Editora, em São Paulo (SP), a 23 de junho de 2007.

(3) estiverem regularmente matriculados e frequentando cursos de educação superior, de ensino médio, de educação profissional de nível médio ou superior ou escolas de educação especial (art. 1º, Lei n. 6.494/77); (4) não cria vínculo empregatício de qualquer natureza (art. 4º, 1ª parte, Lei n. 6.494/77), mas dá ao estudante a possibilidade de, ao final do estágio, ser admitido como empregado; (5) o estagiário recebe bolsa de estágio mensal ou outra forma de contraprestação de serviços previamente acordada (art. 4º, 2ª parte, Lei n. 6.494/77); (6) por liberalidade, as empresas podem conceder aos estagiários os benefícios assegurados aos demais funcionários; e (7) o estagiário fará jus, obrigatoriamente, ao Seguro de Acidentes Pessoais oferecido pela Empresa, durante o período em que estiver estagiando (art. 4º, *in fine*, Lei n. 6.494/77).

Há ainda pelo menos uma dezena de traços característicos. O contrato de estágio, por não ter vínculo empregatício, pode ser rescindido a qualquer momento por qualquer das partes, a sua duração total não poderá ser inferior a um semestre letivo (art. 4º, *b*, Decreto n. 87.497/82); a jornada de trabalho é livremente fixada, mas deve ser sempre compatível com a atividade escolar (art. 5º, Lei n. 6.494/77); a empresa não é obrigada a liberar o estagiário nem reduzir sua carga horária no período de provas na escola; as contratações de estagiários não são regidas pela CLT; sobre elas não incide nenhum encargo trabalhista; o estagiário não figura na folha de pagamento da empresa; a contratação é formalizada e regulamentada exclusivamente pelo Termo de Compromisso, conhecido como *contrato de estágio*, que deverá ser assinado pela Empresa, pelo Aluno e pela Instituição de Ensino (art. 3º, da Lei n. 6.494/77); não existe um piso de remuneração preestabelecido e o valor da bolsa-estágio é definido por livre acordo entre as partes; e o estagiário deverá assinar mensalmente o Recibo de Bolsa-estágio.

Incumbe às Delegacias Regionais do Trabalho a fiscalização do estágio regular. E aí está a grande tarefa do Ministério do Trabalho e Emprego, qual a verificação do acordo de cooperação entre a empresa e a instituição de ensino, a fim de constatar a compatibilização entre as atividades desenvolvidas pelo estagiário e as condições acordadas; o termo de compromisso de estágio entre a empresa, o estudante e a instituição, o eventual convênio entre a empresa e o agente de integração, quando este participar do processo, e a CTPS do estagiário, onde pode estar feito, em *anotações gerais*, o registro adequado do estágio.

Nesse particular, segundo instrução do Ministério do Trabalho e Emprego (Ofício Circular n. 2/CIRP/SPES/MET, de 8.1.1999), é facultativo o registro na CTPS, o que, a meu ver, deveria ser obrigatório.

4.2. Mudanças propostas

Em novembro de 2007, o Projeto de Lei n. 473/03[**] foi votado no Senado e retornou à Câmara dos Deputados, propondo algumas alterações.

As principais mudanças propostas são:

(**) Nota de atualização: a 25 de setembro de 2008, o Projeto de Lei, aprovado nas duas Casas do Parlamento, foi sancionado, transformando-se na Lei n. 11.788, vigente a partir de 26 seguinte. As considerações que formulei *de lege ferenda* não se alteraram.

1. limitação da jornada de trabalho a seis horas diárias/trinta horas semanais;

2. os estagiários terão direito a férias remuneradas de trinta dias, após doze meses de estágio na mesma empresa;

3. o tempo máximo de estágio na mesma Empresa será de dois anos, salvo para os portadores de deficiência;

4. a remuneração e a cessão do vale-transporte serão compulsórias, exceto nos casos de estágios obrigatórios;

5. os profissionais liberais, advogados *v. g.*, com registro nos seus respectivos Órgãos de Classe, poderão contratar estagiários;

6. obrigatoriedade da contratação de Seguro de Acidentes Pessoais, cuja Apólice constante do Contrato de Estágio seja compatível com os valores de mercado.

Por fim, a norma será aplicada aos contratos renovados ou prorrogados após sua entrada em vigor, que ocorrerá na data de sua publicação.

Todavia, essas são regras futuras e, *data venia*, pouco adequadas. Penso que, ao buscar assemelhar profundamente o estagiário ao empregado regular, atribuindo-lhe teóricas vantagens, termina por retirar-lhes as verdadeiras prerrogativas de que é detentor, passando a ser um estagiário falsificado, ou seja, um empregado travestido de estagiário.

4.3. Realidade constatada

Os estagiários são, na verdade, mão de obra barata. Pouco aprendem, raros se tornam empregados regulares, têm sua atividade desvalorizada, o que lhes remunera é baixo, não há um treinamento específico, muitas das atividades nada têm a ver com o curso de onde são oriundos.

Pesquisa divulgada há pouco demonstra que a maioria dos estagiários cursa Administração, Engenharia, Direito e Tecnologia da Informação. Boa parte está em vias de concluir sua graduação; a quase totalidade submete-se a processo seletivo e a maioria participa de até quatro seleções. De acordo com essa pesquisa, para os estagiários o mais importante é o aprendizado. Depois, agregar conhecimento, integração com a equipe de trabalho, acompanhamento das atividades e efetivação, mas, para eles, as empresas deveriam oferecer não somente a efetivação, mas igualmente benefícios equivalentes aos dos empregados regulares e treinamento e cursos.[1]

De tudo, o que se tem é que o estágio mais leva à exploração que ao aprendizado. Um barateamento da mão de obra e a temporariedade da contratação são dois traços da realidade.

E o falso estagiário ou o *não* estagiário? Penso que alguns critérios podem ser colocados para identificação:

---

(1) Disponível em: <http://www2.uol.com.br/aprendiz/guiadeempregos/estagios/noticias/ge180205.htm#1> Acesso em: 21.3.2008.

— cumprimento de jornada superior à destinada a estagiário;

— realizar serviços fora do curso de origem que lhes proporciona o estágio, divorciado da finalidade de complementar estudo e aprendizagem;

— ser impedido de cumprir as tarefas regulares de estudante;

— inexistência de seguro contra acidentes pessoais; e,

— ausência de controle indireto da instituição de ensino.

Permito reiterar que a adoção do projeto de Lei n. 473/03, em trâmite no Congresso Nacional, transformará o estagiário, o verdadeiro, que poderia ser *falso*, no estagiário *falsificado*, o que, a meu ver, é de todo nada recomendável, pelas razões que apontei acima.

Ademais, penso que incumbe aos Auditores do Trabalho a tarefa de, com rigor, observar o cumprimento das atividades dos estagiários, e, seria adequado que os órgãos de controle do exercício profissional, tipo OAB, CREA e similares, procedessem à fiscalização, paralelamente às instituições de ensino, da realização dos estágios nas entidades concedentes. Dessa maneira, imagino teríamos mais controle para evitar os *não* estagiários, que, lamentavelmente, existem. Entre si, os próprios estagiários costumam chamar-se de *escraviários*, fazendo a junção das palavras *escravo* e *estagiário*, o que bem revela a realidade da atividade desenvolvida, devendo ser acrescentado que muitos, quiçá a maioria, recorrem a esse tipo de atividade para obter pequena melhora na renda familiar.

Espero, como de resto esperam especialmente os estudantes brasileiros, que o instituto do estágio, cuja finalidade criadora é louvável em todos os aspectos, embora seja, algumas vezes, mal aplicado, sirva verdadeiramente a seu objetivo, qual o de proporcionar melhoria na formação profissional dos jovens responsáveis pelo futuro de nosso país.

Capítulo 5

A NOVA LEI DO ESTÁGIO: NATUREZA JURÍDICA E EFEITOS DO RECESSO[*]

Iniciando como em junho de 2008: inaugura-se mais um ano novo dos debates em torno do Direito do Trabalho no Brasil. Começa mais um Congresso LTr. Agradecendo a Armando Casimiro Costa, esse Mecenas do Direito em nosso país, e a Amauri Mascaro Nascimento, mestre de todos, por terem me chamado para também aqui estar, desejo a todos: feliz ano novo de estudos...

O tema que me foi atribuído pelos organizadores deste 49º Congresso é acerca da nova lei do estágio, quanto a sua natureza jurídica e os efeitos do recesso, e disso pretendo tratar.

Introdução

A Lei n. 6.494, de 7 de dezembro de 1977, introduziu a figura do estagiário no Direito brasileiro, autorizando estágios somente para estudantes universitários ou técnicos profissionalizantes, regulamentada pelo Decreto n. 87.497, de 18.8.1982, atualizado pelos Decretos ns. 89.467, de 21.3.1984, e 2.080, de 26.11.1996. Após, foi atualizada pela Lei n. 8.859, de 23.3.1994, e pela Medida Provisória n. 1.952-24, de 26.5.2000, e a Medida Provisória n. 2.164-41, de 24.8.2001, estendeu a prerrogativa de estágios também para estudantes do ensino médio regular (colegial). Esse o razoavelmente longo emaranhado legislado da história passada do estágio no Brasil: duas leis ordinárias, três decretos, duas medidas provisórias reeditadas ao todo 65 vezes. Em apertada síntese: setenta diplomas legais. E, em rima pobre: muita legislação para pouca solução, remédio brasileiro para não resolver problema.

Agora, a Lei n. 11.788, de 25 de setembro de 2008, é o diploma que cuida da matéria, e revoga todos os anteriores. Pelo menos, nesse ponto, os principais destinatários da norma, os *estagiários*, especialmente os que não forem alunos de Direito, terão menos dificuldade de entender o que lhes cabe.

Ano passado, por ocasião do 48º Congresso, tocou-me o tema *Critérios para distinguir o estagiário e o falso estagiário*. Apontei, então, a cruel realidade que atinge os estudantes brasileiros que, sob o pálio do estágio, são os *escraviários*, explorados e sem proteção porque verdadeiros trabalhadores subordinados, logo empregados irregulares, e à Justiça do Trabalho é dado o dever de corrigir essa lamentável fraude.

(*) Palestra proferida no 49º Congresso Brasileiro de Direito do Trabalho, realizado pela LTr Editora, em São Paulo (SP), a 23 de junho de 2009.

A nova lei não me parece trazer melhorias verdadeiras. Preferirin dizer que se trata de um discurso novo para um tema velho. Reportei-me, ano passado, ao Projeto de Lei n. 473/03 que lhe deu origem e acentuei, então, que "essas são regras futuras e, *data venia*, pouco adequadas. Penso que, ao buscar assemelhar profundamente o estagiário do empregado regular, atribuindo-lhe teóricas vantagens, termina por retirar-lhes as verdadeiras prerrogativas de que é detentor, passando a ser um estagiário falsificado, ou seja, um empregado travestido de estagiário".

Desta feita, abordarei dois aspectos específicos do estágio, à luz da nova legislação: natureza jurídica e efeitos do recesso.

5.1. Natureza jurídica

Amauri Mascaro Nascimento, certamente um dos nossos maiores juslaboralistas, ensina que é uma modalidade especial de contrato de qualificação profissional com objetivos pedagógico e de formação de profissional em diferentes áreas do conhecimento (*Curso de direito do trabalho*. 24. ed. São Paulo: Saraiva, 2009. p. 788). Logo é diferente do contrato de trabalho, onde o traço de subordinação é a principal nota caracterizadora.

O contrato de estágio não possui natureza salarial e, quando verdadeiro, não gera vínculo de emprego, devendo ser firmado mediante termo de compromisso entre o estudante-estagiário, a entidade concedente e a instituição de ensino de origem do aluno (art. 3º, II).

A nota principal é o fato de o estágio proporcionar *preparação para o trabalho produtivo* (art. 1º), fazer *parte do projeto pedagógico do curso* e *integrar o itinerário de formação* do estudante (§ 1º), preparando para o trabalho (§ 2º).

Em outros termos, esses traços peculiares importam em que o estudante de Direito não poderá fazer estágio no serviço ambulatorial de uma empresa, nem o estudante de engenharia civil dentro um centro de montagem de automóveis, nem o estudante de medicina nuclear prestando estágio na sala de audiências de uma Vara da Justiça do Trabalho. Haverá absoluta incompatibilidade com o seu curso de origem, motivo principal do estágio, para aperfeiçoar-lhe o conhecimento.

É a identificação da natureza jurídica do contrato, que será examinada, que revelará tratar-se ou não de estágio, ser ou não um simples contrato comum de emprego.

5.2. Efeitos do recesso

O recesso é regulado no art. 13 da Lei n. 11.788/08. Lá está dito:

Art. 13. É assegurado ao estagiário, sempre que o estágio tenha duração igual ou superior a 1 (um) ano, período de recesso de 30 (trinta) dias, a ser gozado preferencialmente durante suas férias escolares.

§ 1º O recesso de que trata este artigo deverá ser remunerado quando o estagiário receber bolsa ou outra forma de contraprestação.

§ 2º Os dias de recesso previstos neste artigo serão concedidos de maneira proporcional, nos casos de o estágio ter duração inferior a 1 (um) ano.

Recesso é o nome das *férias do estagiário*. Para não chamar *férias*, que seria assemelhar demais ao trabalhador comum, o legislador usou um eufemismo: *recesso*. Isto não é novidade. No México, *v. g.*, chama-se de *setor não estruturado* para o trabalho informal.

Do próprio preceito, podem ser extraídos os principais requisitos para o recesso:

— trinta dias de recesso a cada período de um ano ou mais de estágio;

— gozo preferencialmente (não necessariamente) com as férias escolares;

— remuneração mantida no recesso como se prestando estágio estivesse;

— se inferior a um ano, direito a recesso proporcional.

5.3. Alguns questionamentos

Algumas questões podem ser propostas acerca dos recesso e seus efeitos, de acordo com a Lei n. 11.788/08. Vejamos:

1. Se o estagiário tiver concluído o estágio com, v. g., um ano e oito meses completos, sem ter gozado o recesso, terá direito a apenas trinta dias?

A meu juízo, o estagiário terá direito a trinta dias, mas deverá ser remunerado com o valor correspondente a um mês (correspondente a um ano), mais 8/12 (proporcionalidade dos oito meses). Note-se que a lei trata da proporcionalidade para fim de gozo, e não para fim de remuneração.

2. Se o estágio não alcançar um ano de duração, terá direito ao recesso?

Caso o estágio seja de nove meses, *v. g.*, menos que um ano, portanto, o valor do recesso, que não existirá como ausência ao trabalho no estágio, será remunerado proporcionalmente em 9/12 (art. 13, *in fine*).

3. Se o valor não for pago na época própria, caberá pagamento em dobro?

Penso que deva ser aplicada a mesma regra das férias do trabalhador comum. Vencido o período aquisitivo (um ano), expirado o ano seguinte para gozo do recesso, deve a concedente pagar em dobro o valor das férias com os duodécimos se houver igualmente dobrados.

4. Poderá o recesso ser superior a 30 dias?

Entendo que não, eis que o diploma legal é expresso. Menor poderá ser (proporcional), mas o período de recesso não poderá exceder a trinta dias.

5. Não sendo remunerado o estágio, poderá ser remunerado o recesso?

Igualmente imagino que não. O § 1º do art. 13 da Lei expressamente prevê que somente será remunerado o estagiário que receber bolsa ou outra forma de contraprestação.

6. *Se a entidade tomadora do estágio não conceder recesso em época própria, além do pagamento em dobro da remuneração, será configurada a ruptura do estágio e a responsabilização da tomadora e da cedente?*

Dispõe o art. 15 da Lei n. 11.788/08, *verbis*:

Art. 15. A manutenção de estagiários em desconformidade com esta Lei caracteriza vínculo de emprego do educando com a parte concedente do estágio para todos os fins da legislação trabalhista e previdenciária.

§ 1º A instituição privada ou pública que reincidir na irregularidade de que trata este artigo ficará impedida de receber estagiários por 2 (dois) anos, contados da data da decisão definitiva do processo administrativo correspondente.

§ 2º A penalidade de que trata o § 1º deste artigo limita-se à filial ou agência em que for cometida a irregularidade.

A meu ver, não estaremos mais diante de um contrato (compromisso) de estagiário, mas sim diante de um simples contrato de trabalho subordinado. É a previsão do *caput* do dispositivo. Assim, caberá à tomadora o pagamento dobrado da remuneração do recesso (agora férias normais), bem como as parcelas trabalhistas devidas a um empregado comum, nos termos do art. 3º da CLT.

7. *E se o contrato de estágio for rescindido antes do vencimento de seu prazo, sem que o estagiário tenha usufruído do recesso, como deve proceder a instituição cedente?*

Se o estágio for rompido antes do prazo, por motivo causado pelo estagiário, perde ele direito ao recesso; se a causa for dada pelo tomador, deverá indenizar *in pecunia* pelo período de estágio realizado. Caso a tomadora não proceda dessa forma, estará rompido o estágio por falta do tomador e caracterizada relação de trabalho normal.

8. *O pagamento deve ser até o momento da saída, da rescisão?*

O pagamento deverá ser imediatamente após o encerramento do compromisso.

9. *Poderá haver responsabilização solidária ou subsidiária da instituição cedente?*

Não vejo como responsabilizar solidaria ou subsidiariamente a instituição cedente. Afinal, o termo de compromisso foi assinado por três partes, e o estagiário ou seu representante legal são igualmente responsáveis. Ademais, a punição da instituição cedente está na lei: reincidência importa em vedação de estágios (§ 1º do art. 15). Havendo violação do ajustado, o ônus é do tomador, como prevê expressamente o art. 15 da Lei.

10. *Quanto à concessão do recesso, há possibilidade de ser quanto tempo após o período aquisitivo?*

Deverá ser concedido o mais breve possível, preferencialmente coincidindo com as férias escolares do estagiário.

11. *É possível a concessão de folgas para compensação de eventual excesso de horas?*

A jornada prevista é prevista no art. 10 da Lei n. 11.788/08, nos seguintes termos:

Art. 10. A jornada de atividade em estágio será definida de comum acordo entre a instituição de ensino, a parte concedente e o aluno estagiário ou seu representante legal, devendo constar do termo de compromisso ser compatível com as atividades escolares e não ultrapassar:

I — 4 (quatro) horas diárias e 20 (vinte) horas semanais, no caso de estudantes de educação especial e dos anos finais do ensino fundamental, na modalidade profissional de educação de jovens e adultos;

II — 6 (seis) horas diárias e 30 (trinta) horas semanais, no caso de estudantes do ensino superior, da educação profissional de nível médio e do ensino médio regular.

§ 1º O estágio relativo a cursos que alternam teoria e prática, nos períodos em que não estão programadas aulas presenciais, poderá ter jornada de até 40 (quarenta) horas semanais, desde que isso esteja previsto no projeto pedagógico do curso e da instituição de ensino.

Se houver excessos, ainda que eventuais, o compromisso vai ganhando contornos diversos e transforma o estagiário em empregado, conforme prevê o art. 15 da Lei.

12. E, havendo faltas ao estágio, poderão ser descontadas no recesso?

Na ocorrência de faltas, se injustificadas, penso que podem ser compensadas no recesso, sem que, com isso, ocorra transformação do compromisso, mas, ao contrário, assinala a responsabilidade do futuro profissional.

13. Quanto ao período de liberação para período de provas, deve ser remunerado e poderá ser abatido no recesso?

Período de provas não se confunde com recesso. A Lei, no art. 9º, VIII, prevê que o horário de provas é avisado, antecipadamente, pela entidade de onde o estagiário é oriundo. Por corolário, nos dias aludidos, haverá liberação do trabalho, mantida a remuneração. Ademais, não pode haver compensação nos dias de recesso. Não se trata de falta injustificada, mas de ausência expressamente prevista em lei.

14. Os trinta dias do recesso devem ser gozados obrigatoriamente em dias corridos ou poderão ser divididos, v. g., em dois períodos de quinze dias, a cada seis meses?

Embora assemelhado às férias, o recesso do estagiário tem dois objetivos: dar-lhe repouso para recuperar-se para nova etapa de labor e coincidir com as suas férias escolares. Se houver uma divisão dos dias de recesso, como costuma ser feitos com férias normais, ou se vier a se cogitar da venda de 1/3 do período, estaremos fazendo incidir o art. 15 da Lei, e o termo de compromisso estará viciado.

A possível concessão do recesso fracionado, ou seja, a cada seis meses, quinze dias, não é expressamente proibida pela lei, porém, a intenção é coincidir com as férias escolares, logo não deve ocorrer o fracionamento.

15. De que forma deve ser formalizado o pagamento do recesso?

Dá-se por meio de recibo formal, como o termo de compromisso é formal; deve ser na saída para gozar ou no momento em que o estágio for concluído.

Conclusão

São esses os pontos que deveria abordar. Permito-me, todavia, ao encerrar minha participação, renovar o que disse na outra oportunidade em que tratei desse tema: continua cabendo à Justiça do Trabalho detectar as fraudes, e não são poucas, que se praticam, utilizando uma lei bem intencionada, para enganar o trabalhador e tirar-lhe os poucos direitos, chamando de *estagiário* apenas um subordinado igual aos demais.

Um dia, espera-se, os estagiários serão realmente *estagiários* de verdade, e almejo que esse dia não tarde...

Capítulo 6

A TERCEIRIZAÇÃO NOS SERVIÇOS PÚBLICOS DE ENERGIA ELÉTRICA E DE TELECOMUNICAÇÕES[*]

6.1. Sentido de terceirização

O tema desta exposição é especificamente destinado a cuidar de terceirização nos serviços de energia elétrica e de telecomunicações. Entretanto, torna-se indispensável breve preâmbulo acerca das origens e do significado efetivo do que seja esse fenômeno que ficou conhecido como "terceirização".

Seu surgimento ocorreu com o moderno capitalismo, ao final da Segunda Grande Guerra mundial, nas indústrias bélicas dos Estados Unidos, quando apenas a produção de armas e munições ficou atribuída a elas porque sua atividade-fim. As demais atividades, chamadas atividades-meio, passaram a ser desempenhadas por empresas contratadas.

Por "terceirização", devemos entender a contratação feita por uma empresa de serviços prestados por uma pessoa física (profissional autônomo) ou jurídica (empresa especializada), para realizar determinados atividades de que necessite, sem que possua os elementos naturais de relação de emprego, tais como subordinação, habitualidade, horário, pessoalidade e salário, e não sejam relacionados às suas atividades-fim.

Por atividade-fim, entenda-se a atividade principal de uma empresa a que, geralmente, está descrita na cláusula objeto de seu contrato social. Já as atividades-meio são aquelas não essenciais da empresa, secundárias, complementares, as que objetivam completar as atividades principais constantes em seus objetivos sociais, mas, note-se, sem as quais o fim não será adequadamente alcançado.

Não se deve confundir duas figuras distintas: terceirização e pejotização. Na hipótese desta, estamos diante de clara fraude aos direitos do trabalhador. Cria-se uma falsa pessoa jurídica, na verdade um ex-empregado, e o chamado PJ é contratado, como empresa, no lugar do ser humano, o verdadeiro empregado, que, na realidade (nunca esqueçamos de Mario de La Cueva), continuará, a rigor, nessa condição. Ao cabo, é o trabalho intelectual pessoal prestado por pessoa jurídica, e o art. 3º, parágrafo único, da CLT não distingue trabalho intelectual, técnico, manual e outros. Observe-se que é bem possível que o art. 129 da Lei n. 11.196 de 21.11.2005, ao prever a prestação de serviços intelectuais sujeitos à

---

[*] Conferência proferida no XIII Congresso Brasileiro de Direito Processual Civil e Trabalhista, em Natal, a 12.9.2009.

legislação das pessoas jurídicas, ainda que personalíssimo, para fins previdenciários e fiscais, tenha proporcionado essa opção para empresário e trabalhador, que, ao cabo, culmina na fraude à realidade trabalhista.

Fixados esses parâmetros, vejamos a situação específica das empresas de energia elétrica e de telecomunicações.

6.2. Terceirização em empresas de energia elétrica e de telecomunicações

A Lei n. 9.472, de 16.7.1997, é o diploma legal que "dispõe sobre a organização dos serviços de telecomunicações, a criação e funcionamento de um órgão regulador e outros aspectos institucionais, nos termos da Emenda Constitucional n. 8, de 1995".

Segundo o art. 60, § 1º, *telecomunicação é a transmissão, emissão ou recepção, por fio, radioeletricidade, meios ópticos ou qualquer outro processo eletromagnético, de símbolos, caracteres, sinais, escritos, imagens, sons ou informações de qualquer natureza.* Essa é a atividade principal, a atividade-fim, de empresas dessa espécie.

A mesma Lei n. 9.472/97, no inciso II do art. 94, prevê que a concessionária desses serviços poderá, no cumprimento de seus misteres, *contratar com terceiros o desenvolvimento de atividades inerentes, acessórias ou complementares ao serviço, bem como a implementação de projetos associados.*

A Lei n. 8.987, de 13.2.1995, que dispõe sobre o regime de concessão e permissão da prestação de serviços públicos previsto no art. 175 da Constituição, também utiliza a mesma expressão *inerente,* no § 1º do art. 25.[1]

Inerente, com efeito, é aquilo que é próprio, específico, peculiar. E, no caso da Lei n. 9.427/97, também atividades acessórias ou complementares, que importa em secundárias, subsidiárias.

No TST, a Súmula n. 331[2] cuida do tema "terceirização", mas direcionada a serviços de vigilância, limpeza e conservação e a *serviços especializados ligados à atividade-meio do tomador, desde que inexistente a pessoalidade e a subordinação direta.* É o que consta do inciso III desse precedente.

---

(1) § 1º Sem prejuízo da responsabilidade a que se refere este artigo, a concessionária poderá contratar com terceiros o desenvolvimento de atividades inerentes, acessórias ou complementares ao serviço concedido, bem como a implementação de projetos associados.

(2) Súmula n. 331 — CONTRATO DE PRESTAÇÃO DE SERVIÇOS. LEGALIDADE (mantida) — Res. n. 121/03, DJ 19, 20 e 21.11.2003).

I — A contratação de trabalhadores por empresa interposta é ilegal, formando-se o vínculo diretamente com o tomador dos serviços, salvo no caso de trabalho temporário (Lei n. 6.019, de 3.1.1974).

II — A contratação irregular de trabalhador, mediante empresa interposta, não gera vínculo de emprego com os órgãos da administração pública direta, indireta ou fundacional (art. 37, II, da CF/88).

III — Não forma vínculo de emprego com o tomador a contratação de serviços de vigilância (Lei n. 7.102, de 20.6.1983) e de conservação e limpeza, bem como a de serviços especializados ligados à atividade-meio do tomador, desde que inexistente a pessoalidade e a subordinação direta.

IV — O inadimplemento das obrigações trabalhistas, por parte do empregador, implica a responsabilidade subsidiária do tomador dos serviços, quanto àquelas obrigações, inclusive quanto aos órgãos da administração direta, das autarquias, das fundações públicas, das empresas públicas e das sociedades de economia mista, desde que hajam participado da relação processual e constem também do título executivo judicial (art. 71 da Lei n. 8.666, de 21.6.1993).

Representa, certamente, o entendimento jurisprudencial da Alta Corte, mas, observe-se, abordando tema específico e, sem dúvida, para a hipótese de inexistência de norma legal específica. Tanto é assim que o inciso I ressalta a permissão para a prática do trabalho temporário, prevista na Lei n. 6.019, de 3.1.1974, em serviço de vigilância, na hipótese da Lei n. 7.102, de 20.6.1983, dentre outros.

No que refere, porém, a serviços por concessão, especificamente os de energia elétrica e de telecomunicações, importa então em que não apenas os tradicionalmente terceirizados serviços de vigilância, segurança, higiene e limpeza podem ser, mais outros, *inerentes*, também podem.

Inerentes, no setor de energia elétrica, são os serviços de construção e manutenção de subestações e redes de alta e baixa tesão, inclusive substituição e/ou troca de postes, cabos e tubos de passagem de energia e controle de consumo residencial e empresarial. Igualmente, devemos entender como inerentes, e, portanto, atividades terceirizáveis, no setor de telecomunicações, dentre outras, a venda e/ou locação de aparelhos telefônicos e similares, fixos ou móveis. Noutros termos, pela lei, tudo pode ser terceirizado nesses tipos de atividades, salvo transmissão, emissão ou recepção. Neste aspecto, estou reavaliando anterior posição jurisprudencial que defendi, e alterando-a ante o enfrentamento dessa realidade insofismável.

É que antes defendi ser atividade-fim a comercialização de aparelhos telefônicos[3], interpretando que era esse também o sentido da expressão constante do estatuto social da empresa. Revendo esse critério, hoje entendo que se trata de comercializar o serviço de telefonia, e não a compra/venda do aparelho para esse fim. Aquela é a atividade-fim. Esta é atividade *inerente*.

Por outro lado, embora prevista a responsabilidade única e direta da concessionária perante a Agência Nacional de Telecomunicações, entidade integrante da Administração Pública Federal Indireta, submetida a regime autárquico especial e vinculada ao Ministério das Comunicações, com a função de órgão regulador das telecomunicações, criada pelo art. 8º da Lei n. 9.472/97, e os usuários (os consumidores) (art. 94, § 1º), a questão torna-se tensa (para utilizar um termo mais adequado à atividade) quando se cuida da responsabilidade trabalhista.

Um ponto, todavia, precisa ser fixado: em nenhuma hipótese, as relações da concessionária com terceiros, que se regem pelo direito comum, alcançam a Agência (art. 94, § 2º), inclusive, em havendo extinção da concessão antes de findo o contrato respectivo, esta poderá manter os contratos com as terceirizadas, pelo prazo e condições ajustadas anteriormente, ficando estas como únicas responsáveis em caso de inadimplemento de suas obrigações (art. 117, II, e parágrafo único).

Em que pese a expressa disposição legal, o tema ainda suscita divergências nas Cortes regionais e, sobretudo, no Tribunal Superior do Trabalho (E-RR-4661/2002-921-21-00.4).

---

(3) Trata-se do Acórdão TRT 8ª Região 1ª Turma 1579-2005-2991-08-00-0 (Norte Brasil Telecom S/A *vs.* Jonathan Viana da Silva e Atra Prestadora de Serviços em Geral Ltda.), julgado a 5.9.2006.

Justamente o tema meritório objeto desta exposição. Assim, ainda não pode a jurisprudência inferior fixar paradigmas, à falta de precedentes da Alta Corte.

Tratava-se de processo em que era questionada decisão do TRT da 21ª Região (Natal), que considerou regular terceirização efetuada por empresa local de telecomunicações, ao exame de ação civil pública movida pelo Ministério Público do Trabalho.

Realmente, é uma pena que o mérito não tenha sido apreciado, porque afinal a sociedade almeja essa manifestação.

6.3. O destino da terceirização

Há uma *pergunta que não quer calar*, como alguns dizem: pode ou não haver terceirização nos setores da energia elétrica e das telecomunicações? *Data venia* dos que pensam diversamente, entendo que a resposta deve ser afirmativa: sim, pode haver terceirização nesses setores.

Não são apenas aquelas atividades restritivamente mencionadas na Súmula n. 331 que se prestam a esse fim. Ao contrário, a Lei n. 8.987, de 13.2.1995, em um primeiro momento, e a Lei n. 9.472/97 em seguida, são claras. Não somente aquelas atividades essencialmente consideradas *meio*, mas também aquelas inerentes à atividade dessas empresas podem ser terceirizadas.

Quais essas atividades então? Respondo em duas palavras: praticamente todas, com exceção àquelas que são nítida, exclusiva e irremediavelmente só da empresa: transmissão, emissão ou recepção.

A meu ver, não se trata de precarizar, mas de acompanhar a natural evolução das relações de trabalho. No passado, combati a *marchandage* e critiquei o trabalho temporário, p. ex., no entanto, agora, os tempos são outros e as duas leis, especialmente a Lei n. 9.472/97, ampliaram as possibilidades de terceirização.

Não se violam os princípios que informam o Direito do Trabalho nem o da dignidade do homem. Ao contrário, garante-se-lhe um emprego. Há registros confiáveis demonstrando que as concessionárias de distribuição empregam cerca de 150 mil pessoas no Brasil, das quais 75 mil são terceirizadas, empregados de mais de três mil empresas terceirizadas.

Querer evitar a terceirização é, em certo aspecto, incrementar os índices de desempregados e subempregados, incentivando o promissor mercado da informalidade e desatendendo a realidade social. É incentivar que se criem mais ocupações neste país, tipo *guardador e lavador de veículos automotores*, a *profissão* popularmente chamada de *flanelinha*, mas que, no Brasil, de acordo com a Lei n. 6.242, de 23.9.1975, tem esse pomposo nome jurídico.

Penso seja oportuna a aprovação do Projeto de Lei n. 4.059/08, que *acrescenta dispositivo* (art. 594-A) *ao Código Civil, a fim de permitir a prestação de serviços na atividade-fim da empresa*, nas atividades inerentes, acessórias ou complementares, de autoria do Deputado Eduardo Moura. Esse projeto amplia para todos os ramos da atividade econômica a possibilidade de terceirização, numa clara e necessária visão do futuro das relações de trabalho.

Da mesma forma, acredito, firmemente, que a Súmula n. 331 do C. TST será alterada e incluída a hipótese da atividade *inerente* das empresas de energia elétrica e telecomunicações como um dos casos em que é lícita a terceirização. Observo, no particular, que outras hipóteses irão surgir, e, certamente, novas modificações deverão ocorrer.

Justo porque os tempos mudaram, as pessoas mudaram, as coisas mudaram, as relações de trabalho também mudaram. Temos que rever nossos antigos conceitos, reavaliar nossos antigos princípios informadores, e reescrever o novo Direito do Trabalho, adaptado a realidade e às necessidades da sociedade contemporânea.

Capítulo 7

CONTRATOS DE TRABALHO POR PRAZO DETERMINADO E GARANTIA DE EMPREGO DA GESTANTE[*]

Introdução

O direito à vida é o primeiro de todos os direitos humanos e, certamente, o mais importante deles. Tudo gira em torno da conservação da vida e da preservação da espécie humana. A rigor, atualmente mais que no passado, passou-se a considerar a vida humana de modo realmente valioso. Observa-se a importância do direito à vida na Declaração Universal dos Direitos do Homem, de 1948, quando consagra o direito de nascer. Em meio a isso, e com toda a evolução da ciência, impossível modificar coisas simples: sem a mulher não existe a maternidade; sem a maternidade não existe a vida; sem a vida, não existe a raça humana.

Este primeiro pressuposto, então, deve ser desde já assentado para que se prossiga neste estudo.

Depois, o direito ao trabalho. Se, antes, no passado não muito distante, a mulher, pelo menos a ocidental, era relegada ao plano das atividades exclusivamente domésticas, as ditas *do lar*, agora, hodiernamente, é ela uma trabalhadora em pé de igualdade com o homem. Ambos lutam pela sobrevivência e buscam ocupar postos no mercado de trabalho formal. É certo que sem o trabalho não há fonte de renda, que são necessárias regras mínimas de proteção ao trabalho, que é imperioso reconhecer a necessidade do trabalho (inclusive do acesso ao trabalho) e a existência desse *standard minimum* legal.

Terceiro, continua a mulher, apesar das conquistas de igualdade, sendo sempre superior a todos os demais seres humanos: ela, e somente ela, pode permitir a permanência da espécie humana, mediante o dom da maternidade que, pelo menos até o presente, a ciência não conseguiu transferir para uma máquina. Esse aspecto é, a meu ver, o parágrafo único, traço distintivo entre mulher e homem no mundo do trabalho. Somente por esse motivo, admite--se a *discriminação* da mulher trabalhadora, dando-lhe proteção à maternidade que, ao cabo, é proteção à vida.

É nesse tripé que deve se assentar a abordagem que será feita: direito à vida, direito ao trabalho, direito da mulher.

---

[*] Estudo elaborado para a obra coletiva em homenagem a dileta amiga Alice Monteiro de Barros, jurista mineira e excepcional figura humana.

Se é assim, é corretamente justo e ético não garantir à mulher trabalhadora o direito a permanecer em seu trabalho, contratada por prazo certo, caso venha a engravidar no período de duração desse pacto? É esta a questão que estou me propondo a examinar.

7.1. Espécies de contrato por prazo determinado e casos de garantia de emprego

Dois pontos iniciais precisam ser fixados: as diversas espécies de contrato de trabalho por prazo determinado existentes no Direito brasileiro e as hipóteses nas quais podemos cogitar de garantia de emprego para a mulher trabalhadora.

Quanto ao primeiro ponto, são considerados contratos por prazo determinado aqueles que têm limitação temporal prefixada ou decorrente do cumprimento de determinada atividade, execução de serviços especificados ou ocorrência de acontecimento previsível.

A CLT estipula duas condições para que o contrato por prazo determinado seja válido (art. 443, § 2º, *a* e *b*):

a) de serviço cuja natureza ou transitoriedade justifique a predeterminação do prazo; e,

b) de atividades empresariais de caráter transitório.

A essas condições acrescento outra: a necessidade de ser formalizado por escrito, porque impossível a presunção de um existência regular de um contrato de trabalho com tempo certo, eis que o princípio que norteia esses ajustes é o da continuidade da relação de emprego. É assim no Direito francês, como ensinam Rivero & Savatier[1] e Lyon-Caen & Pélissier[2], interpretando o art. L-122-3-1, do *Code du Travail*.

Com efeito, consoante a legislação brasileira, os principais contratos dessa natureza são:

CONTRATO	PREVISÃO LEGAL
contrato estipulado por até dois anos	Art. 445, da CLT
contrato de experiência	Art. 445, parágrafo único, da CLT
contratos de safra	Lei n. 5.889, de 8.6.1973
contratos de pequeno prazo	Lei n. 5.889, de 8.6.1973
contrato do atleta profissional	Lei n. 9.615, de 24.3.1998
contrato de obra ou serviço certo	Lei n. 2.959, de 17.11.1958
contrato de aprendizagem	Art. 428, da CLT
contrato de artistas e técnico em espetáculos de diversões	Lei n. 6.533, de 24.5.1978

---

(1) RIVERO, Jean; SAVATIER, Jean. *Droit du travail*. 11. ed. Paris: Universitaires, 1989. p. 480.
(2) LYON-CAEN, Gerard; PÉLISSIER, Jean. *Droit du travail*. 14. ed. Paris: Dalloz, 1988. p. 233.

O contrato por prazo determinado mais conhecido é o da CLT (art. 445). Pode ser com duração de até dois anos, podendo ser prorrogável uma única vez nesse biênio e desde que não exceda esse limite temporal. Excedendo, torna-se contrato por prazo indeterminado.

O contrato de experiência é outro conhecido pacto a termo. Limita-se a apenas noventa dias, prazo que não pode ser excedido, pena de indeterminar o pacto (art. 443, da CLT). A regra geral é de que, findo o ajuste, que não é de três meses, mas de exatos noventa dias, está definitivamente rompido o liame empregatício. Observo, neste passo, que é muito comum a contratação por experiência no setor do comércio a varejo, para atender épocas de demanda especial, como Natal, início de período letivo e de férias escolares.

O contrato de safra é aquele cuja duração depende das variações estacionais da atividade agrícola (art. 14, da Lei n. 5.889/73). E, na linha do trabalho no campo, o contrato rural de pequeno prazo é aquele destinado à atividade agrícola temporária, limitado a dois meses (art. 14-A, da mesma lei).

O contrato de trabalho do atleta profissional terá prazo determinado, com vigência nunca inferior a três meses nem superior a cinco anos (art. 30, da Lei n. 9.615/98).

Aquele contratado por obra ou serviço certo, seu ajuste terminará ao concluir o serviço, garantindo-se ao obreiro, se empregado há mais de doze meses no serviço, indenização por tempo de trabalho (art. 478 da CLT), com 30% de redução (art. 2º, da Lei n. 2.959/56).

O contrato de aprendizagem está limitado a certas regras específicas, destinando-se à formação técnico-profissional. Como sabido, a Constituição brasileira proíbe o trabalho a menores de 16 anos (art. 7º, n. XXXIII), permitindo na condição de aprendiz, que é a pessoa que tenha de 14 a 16 anos de idade. Ao menor é proibido trabalho noturno, perigoso e insalubre, embora a legislação ainda não trate de trabalho penoso. Ademais, o aprendiz não pode fracionar férias, que, se estudante, devem coincidir com as escolares. Em sua rescisão, deverá ter assistência de responsável. Trata-se de um contrato especial, celebrado por até dois anos, prevendo jornada de seis horas de labor, sem compensação e sem cumprimento de sobrejornada, não podendo ser realizado em local que gere prejuízo físico, psíquico, moral ou social para o menor.

O contrato de trabalho artístico e do técnico em espetáculo de diversão é padronizado e solene, sempre por escrito, podendo ter determinação de prazo (arts. 9º e 10, da Lei n. 6.533/78).[3]

No outro polo, está a garantia de emprego. Com efeito, a legislação trabalhista prevê os casos dessa natureza. Alguns deles são os seguintes:

---

(3) Dentro desse tema específico, de contratação de artistas e assemelhados, acredito inexistir no Direito brasileiro obra mais completa que o magnífico estudo de BARROS, Alice Monteiro de. *As relações de trabalho no espetáculo*. São Paulo: LTr, 2003.

CASOS	PREVISÃO LEGAL
Acidentado de trabalho	Art. 118, da Lei n. 8.213/91
Mulher gestante	Art. 10, II, *a*, do ADCT
Membro de Comissão Interna de Prevenção de Acidentes — CIPA	Art. 10, II, *b*, do ADCT
Dirigente sindical	Arts. 8º, VIII, da CR/88, e art. 543, § 3º, da CLT
Membro da Comissão de Conciliação Prévia — CCP	Art. 635-B, § 1º, da CLT
Dirigente de cooperativa	Art. 55, da Lei n. 5.764/71
Empregado reabilitado	Art. 93, § 1º, da Lei n. 8.213/91

Induvidoso que a regra do art. 7º, I, da Constituição, protege a relação de emprego, contra a dispensa arbitrária ou sem justa causa, garantindo sua sobrevivência. Fê-lo, porém, *nos termos de lei complementar*, e, como corolário, estando sob reserva legal e a lei preconizada não existindo, continua letra morta no Texto Fundamental. Afasta-se, então, qualquer comentário maior sobre esse preceito constitucional.

É importante, sim, notar que existe profunda distinção entre estabilidade e garantia de emprego.

A estabilidade jurídica é aquela que impede o despedimento do empregado pela vontade do empregador, mantido incólume seu contrato, preservado este do poder potestativo de dispensa patronal. A estabilidade econômica é a que cuida da parte *in pecunia*, que é o sustento mesmo do trabalhador subordinado, os ganhos para manter-se e a sua família.

Garantia de emprego, por seu turno, é a existência de fato impeditivo de dispensa por determinado período, salvo prática de ato que justifique a saída do obreiro, até que se expire esse tempo.

7.2. Garantia de emprego da gestante

O contrato de trabalho por prazo determinado é uma forma de ajuste com duração prefixada, ou seja, com data certa para acabar, tendo as partes perfeita ciência desse fato. Diferentemente da generalidade dos contratos de trabalho, que podem, também, ser verbais ou tácitos, este sempre será celebrado de forma escrita.

A questão que se examina é justo em um contrato da natureza primeira, aquele que tem prazo prefixado de duração. Ficando uma mulher gestante na vigência desse contrato a prazo, será ele considerado cumprido ao chegar a seu termo final, ou sofrerá interrupção, e, por corolário, terá seu final dilatado?

O C. TST editou a Súmula n. 244, que tem o seguinte teor:

GESTANTE. ESTABILIDADE PROVISÓRIA (incorporadas as Orientações Jurisprudenciais ns. 88 e 196 da SBDI-1) — Res. n. 129/05, DJ 20, 22 e 25.4.2005.

I — O desconhecimento do estado gravídico pelo empregador não afasta o direito ao pagamento da indenização decorrente da estabilidade (art. 10, II, "b" do ADCT). (ex-OJ n. 88 da SBDI-1 — DJ 16.4.2004 e republicada DJ 4.5.2004).

II — A garantia de emprego à gestante só autoriza a reintegração se esta se der durante o período de estabilidade. Do contrário, a garantia restringe-se aos salários e demais direitos correspondentes ao período de estabilidade. (ex-Súmula n. 244 — alterada pela Res. n. 121/03, DJ 21.11.2003).

III — Não há direito da empregada gestante à estabilidade provisória na hipótese de admissão mediante contrato de experiência, visto que a extinção da relação de emprego, em face do término do prazo, não constitui dispensa arbitrária ou sem justa causa. (ex-OJ n. 196 da SBDI-1 — inserida em 8.11.2000).

Por seu turno, no âmbito da Organização Internacional do Trabalho (OIT), a preocupação com o trabalho da mulher, com a maternidade e sua proteção e com a garantia de seu emprego é antiga. Remonta à Convenção n. 3, adotada na I Conferência Internacional do Trabalho, a 28.11.1919, garantia o emprego (art. 4º)[4], tendo sido ratificada pelo Brasil a 26.4.1934.

A Convenção n. 103, adotada na III Conferência, em 28.6.1952, retificando a anterior, previa que em caso algum o empregador ficaria pessoalmente responsável pelo custeio das prestações devidas à mulher que emprega (art. 4º, 8).[5] Denunciou o Brasil a Convenção n. 3, a 26.7.1961, ratificando, a 18.6.1965, a Convenção n. 103, que, nesse dispositivo, demonstra claramente a necessidade de se ter atitude não discriminatória com a mulher, especialmente quanto à maternidade.

Atualmente, as regras constam da Convenção n. 183, adotada na 88ª Conferência, a 15.6.2000, e ainda não ratificada pelo Brasil. O art. 8º, 2, cuidando de mulher gestante, assinala que deve ser "garantido à mulher o direito de retornar ao mesmo posto de trabalho ou a posto equivalente com a mesma remuneração ao término da licença-maternidade".

Com isso, a norma internacional preconiza a garantia do emprego da mulher gestante e a possibilidade de continuar empregada porque o custo das prestações será da previdência social pública, não onerando sua receita.

Na França, a gravidez não é fator de garantia de emprego para a mulher contratada por prazo determinado (art. 122-25-2, *in fine*, do *Code du Travail*).[6]

Em nosso país, o salário-maternidade é uma prestação previdenciária. Deve ser efetuado pela empresa durante os 120 dias da licença maternidade, que será reembolsada

---

(4) O art. 4º dispõe: *Quanto uma mulher estiver ausente de seu trabalho em virtude das alíneas a e b do art. 3 desta Convenção, ou quando permaneça ausente de seu trabalho por um período maior em consequência de uma enfermidade, que de acordo com um laudo médico esteja motivado por gravidez ou parto, será ilegal que até que sua ausência tenha excedido um período máximo fixado pela autoridade competente de cada país. Seu empregador lhe comunique sua dispensa durante dita ausência ou se lhe comunique de sorte que o prazo estipulado no aviso expire durante a mencionada ausência.*
(5) Os arts. 4º, 8 dispõe: "Em nenhum caso, o empregador deverá estar pessoalmente obrigado a custear as prestações devidas às mulheres que ele emprega".
(6) N. sentido: LYON-CAEN, G.; PÉLISSIER, J. *Op. cit.*, p. 268, nota 6.

pela Previdência Social, mediante dedução na guia de recolhimento das contribuições sociais (art. 392, da CLT), extensivo à mãe adotiva (art. 392-A consolidado). É preceito constitucional (art. 7º, XVIII), e, como tal, traço distintivo do trabalho comum. E a licença--maternidade é devida também em caso de aborto (art. 395, da CLT), reduzida, na hipótese, a duas semanas.

Temos, então, duas situações a enfrentar. A primeira é se durante o prazo do contrato determinado, o empregador resolver, antecipadamente, rompê-lo, e tendo sido confirmado o estado gravídico da empregada, se esta teria garantia de emprego. A segunda, saber se, em não havendo rompimento antecipado e seguindo o ajuste seu curso normal, ainda assim, verificada a gravidez, interrompe-se o contrato, garantido o retorno da obreira à atividade, após o período de licença-maternidade, para que se cumpra o restante do contrato.

Quanto ao primeiro caso, temos que o contrato por prazo determinado que se rompe antes de findar caracteriza uma arbitrariedade patronal, com as consequências da dispensa imotivada. Se isso ocorrer, devemos adotar a regra do art. 10, II, b, do ADCT.

Recentemente, a SDI-1 do C. TST, apreciando embargos a recurso de revista, e verificando a inconformação do empregador, que alegava tratar-se de contrato de experiência, modalidade de contrato por prazo determinado — no caso, noventa dias —, incompatível com o direito à garantia de emprego. O decisório superior entendeu que a data de previsão do termo do contrato de trabalho foi alterada, tendo em vista cláusula assecuratória permitindo a rescisão antes de expirado o termo ajustado, donde foram retiradas as peculiaridades do contrato original, tornando-o por prazo indeterminado, garantindo-se todos os direitos decorrentes, inclusive a *estabilidade provisória*.[7]

Esse ponto, então, devemos considerar superado, reconhecida a garantia de emprego quando ocorrer fato desse jaez.

Quanto ao segundo aspecto, não se trata de suspensão do contrato de trabalho, como ocorre na França[8], mas é induvidoso que estamos diante de um caso de interrupção do contrato. Trata-se de interrupção, considerando o ajuste original e o fato superveniente, entendo que deve ficar garantido o direito de o empregador dar por findo o contrato ao término da licença-maternidade.

Durante os cinco meses da licença gestante, na verdade 120 dias, sendo 28 dias antes e 91 dias pós-parto, (art. 71, Lei n. 8.213, de 24.7.1991) a empregada receberá salário--maternidade, que é uma renda igual a sua remuneração (art. 72, Lei n. 8.213/91), pago diretamente pelo empregador, que será reembolsado pela Previdência Social, conforme o § 1º do art. 72, com a redação da Lei n. 10.710, de 5.8.2003[9], e, ao cabo desse período,

---

(7) Proc. E-RR-57344/2002-900-02-00.3 (Financeira Alfa S/A — Crédito, Financiamento e Investimentos *vs.* Luciane Simões da Silva), Relator: Min. Aloysio Corrêa da Veiga. Disponível em: <http://ext02.tst.gov.br/pls/ap01/ap_red100.resumo?num_int=74237;ano_int=2002;qtd_acesso=2557059> Acesso em: 17.12.2008.

(8) Cf. RIVERO, J.; SAVATIER, J. *Op. cit.*, p. 494; LYON-CAEN, G. ; PÉLISSIER, J. *Op. cit.*, p. 264 *passim*.

(9) Dispõe o mencionado § 1º: "Cabe à empresa pagar o salário-maternidade devido à respectiva empregada gestante, efetivando-se a compensação, observado o disposto no art. 248 da Constituição Federal, quando do recolhimento das contribuições incidentes sobre a folha de salários e demais rendimentos pagos ou creditados, a qualquer título, à pessoa física que lhe preste serviço".

retornará ao trabalho, cumprindo o restante do contrato, os dias faltantes, e, ao final do período, sua dispensa regular, por adimplemento do contrato por prazo determinado.

Quanto à mãe adotiva, idêntico deve ser o tratamento. Afinal, o art. 71-A, da Lei n. 8.213/91, introduzido pela Lei n. 10.421, de 15.4.2002, prevê que: "À segurada da Previdência Social que adotar ou obtiver guarda judicial para fins de adoção de criança é devido salário--maternidade pelo período de 120 (cento e vinte) dias, se a criança tiver até 1(um) ano de idade, de 60 (sessenta) dias, se a criança tiver entre 1 (um) e 4 (quatro) anos de idade, e de 30 (trinta) dias, se a criança tiver de 4 (quatro) a 8 (oito) anos de idade", mesmo o salário--maternidade sendo pago pela própria previdência (parágrafo único).

Há pouco, foi promulgada a Lei n. 11.770, de 9.9.2008, anunciando-se a criação do Programa *Empresa Cidadã* e, consequentemente, prorrogando a licença-maternidade mediante concessão de incentivo fiscal por mais sessenta dias (art. 1º). Consoante se infere do art. 5º dessa Lei é mais um incentivo tributário do que uma matéria previdenciária[10], e, a meu ver, valendo-se desse benefício fiscal a empresa, evidente que deverá incidir também sobre o período de interrupção do contrato por prazo determinado, prorrogando-o por mais esse período.

Por outro lado, nesse período, serão dadas à gestante as mesmas garantias daquela contratada por prazo indeterminado:

    a) Garantia de transferência de função, quando as condições de saúde o exigirem, assegurado o retorno à anteriormente exercida, para concluir o contrato;

    b) dispensa do horário de trabalho pelo tempo necessário para a realização de, no mínimo, seis consultas médicas e demais exames complementares.

Situação diversa ocorre quando a empregada, contratada a termo, tem findo seu contrato e, posteriormente, constata seu estado gravídico. Entendo, nessa situação, que, tendo sido a gravidez adquirida durante o pacto, seus efeitos passam para além e a empregada terá direito a retornar ao trabalho com garantia de seu emprego até o quinto mês, percebendo o salário-maternidade pela forma regular.

Conclusão

Ressalto que estamos diante de uma situação excepcional, e penso que deveria ser dado tratamento diferenciado na interpretação dos contratos por prazo determinado em se tratando de mulher gestante. Não seja por outra razão, a Constituição garante o emprego da mulher em estado gravídico sem distinção de nenhum tipo de contrato. O importante é a vida humana que está por vir.

Dentro desse quadro, então, é que me preocupa garantia a subsistência da mãe durante o período inicial de vida do novo ser. Certamente poderão apontar novos custos para as empresas, onerando-as mais ainda, sobretudo em tempos apontados como de crise. No

---

(10) Dispõe o art. 5º dessa lei: "A pessoa jurídica tributada com base no lucro real poderá deduzir do imposto devido, em cada período de apuração, o total da remuneração integral da empregada pago nos 60 (sessenta dias) de prorrogação de sua licença-maternidade, vedada a dedução como despesa operacional".

entanto, conforme a legislação brasileira, existe o repasse direto ou indireto da Previdência Social, acrescendo-se, agora, das facilidades tributárias da recente Lei n. 11.770/08.

Em síntese, penso que deve ser revisto o entendimento jurisprudencial acerca da garantia de emprego da gestante, contratada por prazo determinado, para que se considere interrompido o contrato, garantindo-se-lhe o emprego ao retorno da licença-maternidade até que complete o período avençado.

Capítulo 8

DO SONHO IMAGINADO À REALIDADE CONSEGUIDA
(AVALIANDO O DIREITO DO TRABALHO)[*]

Introdução

Primeiro, agradecer. Agradecer a Luciano Martinez, que vai ser empossado na Cadeira n. 52 da Academia Nacional de Direito do Trabalho, e me traz do Norte para a primeira capital brasileira. E aos que tiverem a paciência de escutar-me nos tantos minutos que usarei a tomar-lhes o tempo, ao abrir este V Colóquio Nacional de Direito do Trabalho.

Segundo, saudar. Saudar, em nome da Academia Nacional de Direito do Trabalho, que, por distinção de meus eminentes Pares, continuo a presidir, o E. Tribunal Regional do Trabalho da 5ª Região, um dos oito primeiros regionais brasileiros, através de sua Escola Judicial, que, com a Academia, apoia este encontro que, ao cabo, comemora também os trinta e um anos de sua fundação.

Terceiro, refletir. Refletir sobre o que falar aos participantes deste evento. Qual tema poderia trazer interesse para um ambiente desta natureza? Como tentar abordar assuntos palpitantes, se os mais palpitantes já estão elencados no programa? Sendo assim, sugeri a Luciano Martinez e ele, gentilmente, aquiesceu a meu pedido. Pedi para chamar minha exposição de *Do sonho imaginado à realidade conseguida*. A rigor, é porque não sabia o que dizer, o que pensar, o que refletir. Daí, um tema assim denominado me faculta o direito de imaginar qualquer sonho e, por corolário, conseguir a realidade que me aprouver, e, da soma do sonho com a realidade ter a esperança renascida.

Em um encontro jurídico, em que a plateia está interessada em coisas atuais, em manifestações percucientes de grandes juristas e eminentes autoridades, o que pode um caboclo da Amazônia falar, e, mais ainda, trazer seus sonhos de delírio para divagar em meio às preocupações com a realidade que, cruel, toma conta de nosso cotidiano?

(*) Conferência proferida no V Colóquio Nacional de Direito do Trabalho, promovido pelo TRT da 5ª Região, em Salvador (BA), a 5.3.2009. Boa parte desta conferência também proferi no 6º Seminário Sul Baiano de Direito, em Porto Seguro (BA), a 29.9.2007, sob o título *Ampliação da competência da justiça do trabalho?*, no XII Congresso Brasileiro de Direito Processual Civil e Trabalhista, em Natal, a 4.9.2008, sob o título de *Competência da justiça do trabalho:* ampliação ou redução?, e no VIII Seminário de Pesquisa e IX Seminário de Iniciação Científica da Universidade da Amazônia (UNAMA), em Belém, a 21.8.2009.

Por isso, resolvi refletir nesse terceiro momento, após os da gratidão e da saudação, sobre o que foi sonhado pela e para a Justiça do Trabalho do Brasil até dezembro de 2004, e o que foi conseguido a partir do dia inaugural do ano de 2005. A partir daí, enveredar por sonhos ainda não sonhados, mas que não podem nem devem significar pesadelos para este ramo do Judiciário, senão esperanças de tomar o seu verdadeiro lugar no cenário nacional.

Esses três passos — sonho, realidade e esperança — peço permissão para dar com os participantes deste congresso.

8.1. O sonho imaginado

Vejamos o sonho.

Tramitavam no Congresso Nacional algumas propostas de emendas à Constituição de 1988. A Carta nascera com data de revisão certa (art. 3º do ADCT) e mais parece uma colcha de retalhos a atender especialmente determinadas oportunidades da economia, tantas são as suas dezenas (isso mesmo, dezenas) de Emendas, do que o Texto sólido e duradouro esperado. Exatas 63, seis de revisão e 57 ordinárias, até 16 de janeiro de 2009. Bem que poderiam nossos constituintes tomar por modelo as Constituições da França e do Japão que são as duas menores do mundo.

As propostas que tramitavam, dizia eu, cuidavam de uma possível reforma do Poder Judiciário. Outras lá também andavam e inúmeras continuam a caminhar.

As do Judiciário juntaram-se em uma única (Proposta de Emenda à Constituição — PEC n. 96-A/92), e a Relatoria, na Comissão de Reforma da Estrutura do Poder Judiciário, ficou à conta da Sra. Zulayê Cobra Ribeiro. Arrastou-se, literalmente, com a lentidão tradicional. Por fim, saiu de uma Casa e, atravessando salões, adentrou o Senado da República. Ali, por pouco, muito pouco, não feriram, por razões que talvez só Deus sabe, de morte a Justiça do Trabalho.

Quase capenga, ela sobreviveu altaneira. Afinal, surgira como órgão do Executivo, nos idos de 1934 e quantos ainda não pensam que vão *ao Ministério*, ao invés de irem *à Justiça*? Transferida ao Poder Judiciário, em 1946, de oito primitivos conseguiu elevar a 24 Regionais, e o Tribunal Superior do Trabalho, de 27 Ministros originais, conseguiu o mesmo número ao cabo de tantas demonstrações da necessidade da Corte.

Ademais, deram à Justiça do Trabalho uma Consolidação das Leis do Trabalho (Decreto-Lei n. 5.452, de 1º.5.1943) para aplicar e ensinaram que a legislação processual comum era comum mesmo, e, portanto, só poderia ser usada subsidiariamente. E fizeram isso constar do art. 769 consolidado. Os tempos passaram. A CLT passou a ter uma legislação extravagante imensa e sofreu tantas modificações que lhe modificaram muito do formato inicial. E, quanto ao supletivo, a prática como que revogou o art. 769 e o que era secundário passou a principal, transformando o dono da casa em mero visitante, tantas as invocações que todos fazemos do CPC buzaidiano. Recordemos, nesse passo, que as coisas boas do processo do trabalho levaram ao processo comum, e o melhor exemplo são os juizados especiais, criados pela Lei n. 9.099, de 26.9.1995. E nós? Até eu, que cansei de repetir a mesma cantilena? Nós admitimos que *oralidade já era, concentração já era, simplicidade já era*. *Já era* porque o que agora é, é ser complexo e rebuscado, o que demonstrará talento, capacidade, cultura, conhecimento e por aí vai... O jurisdicionado, aquele que busca a proteção da Justiça, bem, este pode esperar porque temos exceções, preliminares e questões menores para tratar... O mérito passou a ser um pormenor menos importante.

Sobreviveu a Justiça do Trabalho. Acabar com ela seria difícil demais. Então, foi feita a vontade da maioria: conservemô-la. E ela sobreviveu às intempéries e conseguiu sobrevida.

Fortificada, sonhou então, e os seus adeptos — nós todos — foram à luta para ampliar-lhe a competência. Era o sonho imaginado. Quanto mais poder eu tenho, mais respeitado eu sou, é uma regra elementar e indiscutível.

Pois bem! Partindo dessa premissa, reivindicou-se uma série de novas competências: matéria previdenciária, crimes contra a organização do trabalho, servidores públicos federais, estaduais, municipais, civis e militares, todas as atividades que resultem em algum tipo de contraprestação em troca de trabalho humano de qualquer natureza (braçal ou mental ou intelectual), formas de obter melhorias na atividade (e aí entram as formas mais fortes, como a greve), acidentes de trabalho e todos os seus efeitos na relação de trabalho. É isso. Esta a expressão mágica: *relação de trabalho*, toda e qualquer, pouco importa a origem, fundamento, ou qualquer outro critério. Fosse trabalho que se cuidasse, a competência seria da Justiça do Trabalho. Afinal, sonhou-se tudo aquilo que o imaginário poderia permitir...

8.2. A realidade conseguida

Chegamos ao segundo tempo.

Imagino a mão de obra insana que tiveram os que negociaram o tema *ampliação de competência* favorável à Justiça do Trabalho. Levavam para o *centro das decisões nacionais*, na expressão do ex-Presidente Kubitschek a imensa vontade de ver o sonho realidade. Afinal, sonhar *ainda* não custa nada... Pelo menos, por enquanto. Enquanto nenhum *expert* encontrou formas de penetrar no ego de cada qual e tributar-lhe o que sonha ou o que pensa...

Promulgada a Emenda Constitucional n. 45, justamente a 8.12.2004, Dia da Justiça, foi recebida, festejada e lida por toda a sociedade. Pelos que são ligados à Justiça do Trabalho também, evidente.

A uma primeira leitura, o art. 114 ganhara corpo novo. Antes era relegado a um modesto *caput* e a três modestos parágrafos, um dos quais, o § 3º, acrescentado pela Emenda Constitucional n. 20, de 1998, mandava que se executasse *ex officio as contribuições sociais ... e seus acréscimos legais, decorrentes das sentenças que proferir*.

Esse dito § 3º, àquela época, gerou muita contrariedade entre os juízes do trabalho, especialmente os do 1º grau. O raciocínio era: *eu sou juiz do trabalho, não sou fiscal de arrecadação da previdência. Não vou arrecadar nada....* Precisava alterar-se...

Encontrava-me finalizando dois anos de convocação no Tribunal Superior do Trabalho, em Brasília, no primeiro mutirão feito pela Alta Corte com juízes de 2º grau, levado pelas mãos honradas do sempre lembrado amigo e Ministro Orlando Teixeira da Costa, para retornar a minha terra e assumir a Corregedoria Regional. Voltei a Belém e deparei-me com a nova competência e, mais que isso, com as ameaças de extinção que, partidas de lugares estranhos, visavam simplesmente acabar o que estava dando certo no Judiciário brasileiro.

Lancei-me a colher das então Juntas de Conciliação e Julgamento da 8ª Região os montantes arrecadados das ditas contribuições sociais. E, numa das visitas dos integrantes do Colégio de Presidentes e Corregedores Regionais da Justiça do Trabalho, do qual fazia parte, ao então Presidente do Supremo Tribunal Federal, Ministro Carlos Mário da Silva Velloso, entreguei-lhe demonstrativo, o primeiro feito no Brasil, assinalando que a arrecadação da Previdência Social, que fazíamos de forma incompleta e contra a vontade de muitos magistrados, superava a nossa folha bruta de pagamento de pessoal ativo e inativo da Justiça do Trabalho da 8ª Região, com folga.[1] Indaguei: *como vão acabar com quem mais arrecada para a Previdência Social no Brasil depois dela própria?* A partir daí, todos cuidaram de mostrar mais e mais arrecadação e a ideia chamemos *extintiva*, todos sabem, foi afastada e a Justiça do Trabalho imbuiu-se de sua função também *arrecadadora*.

Retornando à Emenda n. 45: o novo art. 114 não era mais apenas um artigo de *caput* e três parágrafos. Cresceu. Ficou grande. O que era um *caput* virou um artigo com nove incisos e os três parágrafos tiveram muitas e fundamentais mudanças de redação, de forma, de conteúdo, de objetivos e de intenções. Quanto a estas, as intenções, quero ressaltar que não sei se são boas ou más. Na dúvida, prefiro considerá-las *intenções regulares*.

Ganhou em letras e em palavras. Porém... O conteúdo é praticamente o mesmo de antes ou, pior, menor do que se tinha. É esta a lamentável realidade. Já acentuei isso inúmeras vezes. Em Porto Seguro, em Natal, em Recife, em São Paulo, em Belém, e por mais sei lá por onde andei...

O atual art. 114 foi como um *bombom* que o adulto dá para a criança tola que o incomoda. Escreveram muito para reduzir o que podiam.

Vejamos uma rápida demonstração de que não estou sofismando.

De plano, a tradição da conciliação obrigatória, um dos grandes traços característicos do processo do trabalho, na busca da paz social, não existe mais. Veja-se o *caput*. Lá está *processar e julgar*. Antes havia *conciliar e julgar*. Pensar que não tem importância é falso. Tem importância sim, e muita. A conciliação sempre foi ponto de distinção da Justiça do Trabalho, a justiça conciliadora, a justiça da paz. Permito-me assinalar que não estou a dizer que conciliar é proibido. Não é isso. O que afirmo, com absoluta convicção, é que conciliar não é mais obrigatório na Justiça do Trabalho. *Modus in rebus*, os arts. 764, 846 e 850 da CLT, que cuidam expressamente da exigência de conciliação restam superados, tornando-se mera faculdade do magistrado. A recomendação de tentar conciliar em qualquer fase (art. 764) não é mais exigível. A primeira (art. 846) e sobretudo a segunda proposta conciliatória (art. 850), que o juízo era obrigado a formular, passaram a ser coisas do passado

Adiante estão os nove incisos. Um a um temos:

---

[1] Os dados encontram-se disponíveis nos Relatórios da Corregedoria Regional da Justiça do Trabalho da 8ª Região dos anos 1999 e 2000.

I — ações oriundas da relação de trabalho, mas o STF retirou as que tratam de todos os servidores públicos[2], e, recentemente, em 26 de setembro de 2009, até as dos temporários foram excluídos dessa abrangência[3];

II — ações decorrentes do direito de greve, que prefiro comentar mais adiante;

III — representação sindical, apenas isso, inter e intra, e que caberá à jurisprudência dos Tribunais Trabalhistas cuidar de ir para além dessas questões menores e tratar de toda, exatamente toda, a matéria sindical que for levada à jurisdição do Estado. E essa deve ser realmente a mais consentânea interpretação considerando que o preceito situa quatro momentos diferentes, correta forma de sua leitura: ações sobre representação sindical, ações entre sindicatos (inter e intra sindicais), ações entre sindicatos e trabalhadores, ações entre sindicatos e empregadores;

IV — concessão de mandado de segurança, *habeas corpus* e *habeas data*. Dos três, fixo-me no segundo. Podia a Justiça do Trabalho prender (ainda) depositário infiel. Não pode mais, porque o STF modificou o entendimento sobre a ratificação do Pacto de São José da Costa Rica, e considerá-lo a nível de Emenda Constitucional numa estranhíssima interpretação digamos *atemporal* do § 3º do art. 5º da Constituição, também introduzido pela Emenda n. 45 e que, a meu ver, é equivocado, mal redigido e propício a delírios que não poderiam ser admitidos. Anoto que a 2ª Turma do Excelso Pretório concederá cinco ordens de *habeas corpus* em situação que tal e o Tribunal desde cedo sinalizou esse entendimento e a maioria dos votos foi sentido da incompatibilidade com o sistema jurídico-brasileiro da prisão do depositário infiel.[4]

Ademais, não pode a Justiça do Trabalho, mas não sei a verdadeira razão (existem justificativas técnico-jurídicas, mas a *verdadeira* ninguém sabe ou, se alguém sabe, não quer dizer), não pode, repito, apreciar crimes contra a organização do trabalho, inclusive o que o vulgo chama de *trabalho escravo*, como se alguém tivesse revogado a já secular Lei n. 3.383, de 13 de maio de 1888, confundindo com a servidão, que, na Amazônia brasileira, é a multisecular prática do aviamento. Com, efeito, os crimes contra ocorrência de crimes contra a organização do trabalho são objeto dos arts. 197 a 207 do Código Penal vigente. Ora, se a matéria é apurar o crime, nada obsta que o Juiz do Trabalho possa fazê-lo. Se é aplicar a pena, por que atribuir a outro segmento do Judiciário, a Justiça Federal, essa tarefa, conforme prevê o art. 109, VI, da Constituição em vigor?

---

(2) ADIn n. 3.395-6-DF, de 5.4.2006 (Associação dos Juízes Federais do Brasil — AJUFE e Associação Nacional dos Magistrados Estaduais — ANAMAGES vs. Congresso Nacional). Rel.: Min. Cezar Peluso (DJ n. 75, Seção 1, de 19.4.2006. p. 5).
(3) Recl. 6.342-9-PA, de 26.9.2008 (Município de Cametá vs. Tribunal Regional do Trabalho da 8ª Região e Juiz do Trabalho da 2ª Vara do Trabalho de Abaetetuba. Interessada: Daniela Noura Jallageas). Rel.: Min. Cármen Lúcia. (DJE n. 187, de 3.10.2008. p. 164-7).
(4) Disponível em: <http://www.stf.jus.br/portal/cms/verNoticiaDetalhe.asp?idConteudo=100258;caixaBusca=N> Acesso em: 16.1.2009. Nessa linha os seguintes julgados do STF: HC 87.585-TO, de 3.12.1008 (Alberto de Ribamar Ramos Costa vs. Superior Tribunal de Justiça). Relator: Min. Marco Aurélio; RE 349.703-RS, de 3.12.2008 (Banco Itaú S/A vs. Armando Luiz Segabinazzi). Relator: Min Carlos Britto; RE 466.343-SP, de 3.12.2008 (Banco Bradesco S/A vs. Luciano Cardoso Santos). Relator: Min. Cezar Peluso.

Por igual, também não pode processar, julgar e decidir o destino das testemunhas que mentirem perante o Juiz do Trabalho. Essas coisas, que envolvem trabalho e atuação do Judiciário trabalhista, vão para outros segmentos do Judiciário, mais afeitos à matéria penal e menos à matéria trabalhista. Daí, pelo andar da carruagem, o *habeas corpus* do inciso IV ficará apenas no inciso IV.

V — conflitos de competência, mas só entre os seus órgãos e não quando se discute matéria trabalhista. Aí a competência é do Superior Tribunal de Justiça porque o TST é incompetente para dizer se relação de trabalho é de trabalho ou de consumo, por exemplo. Ora, ser ou não relação de trabalho ou de consumo, aplicando, no que couber, o Código de Defesa do Consumidor (CDC — Lei n. 8.078, de 11.9.1990), o Juiz do Trabalho sabe dizer;

VI — ação de indenização de dano moral ou patrimonial, graças à benevolente interpretação do STF, que, se não reconheceu o acidente de trabalho propriamente dito, deixou à Justiça do Trabalho a indenização pelo dano dele decorrente[5], que cabe à Justiça Comum[6]. Menos mal. Afinal, nem isso podia ter ficado com a Especializada;

VII — ações relativas às penalidades administrativas do Ministério do Trabalho e Emprego. A única verdadeira novidade que aconteceu... E felizmente, porque, aqui, e pelo menos aqui, ninguém poderá dizer que o Judiciário Trabalhista não teve *ampliada* sua competência;

VIII — execução das contribuições sociais, que nada mais é que o antigo § 3º introduzido pela Emenda n. 20. Note-se, neste particular, que a Justiça do Trabalho tem sido excelente fonte de arrecadação de contribuições ao INSS, a segunda maior do país depois do próprio;

IX — outras controvérsias na forma da lei, e é aqui que *mora o perigo*. É o Projeto de Lei n. 6.542, de 2005, acrescentando a alínea *f* do art. 652 da CLT, com previsão de onze tipos de ações, reduzidas a dez pelo Relator, Deputado Maurício Rands, que vai dizer quais são as *outras*, nada mais é do que a coletânea da jurisprudência até agora, estagnando a competência da Justiça do Trabalho apenas aos pontos que irá, se vier a ser sancionado, elencar.

Além desses nove incisos, existem três parágrafos, aqueles que referi antes que são dispositivos de *intenções regulares*. Todos cuidam de Direito Coletivo.

O § 1º consagra a opção pela arbitragem, que defendo há muitos anos, como forma de solucionar conflitos coletivos de trabalho.[7] Eliminou, entretanto, a mediação das antigas Delegacias Regionais do Trabalho, que eram eficientes e ajudavam muito na busca da paz social.

---

(5) CC 7.204-1-MG, de 29.6.2005 (Tribunal Superior do Trabalho *vs.* Tribunal de Alçada do Estado de Minas Gerais. Interessados: Vicente Giacomini Peron e Banco Bemge S/A). Relator: Min. Carlos Britto. DJ n. 236, Seção 1, de 9.12.2005. p. 5). V. o meu *Direito do trabalho no STF (9)*. São Paulo: LTr, 2006. p. 53-5.

(6) RE 371.866-5-MG, de 4.3.2005. Relator: Min. Celso de Mello. (Mineração Morro Velho Ltda. *vs.* Idemar Marcolino de Almeida). (DJ n. 55, DE 22.3.2005. p. 77).

(7) V. os meus *A arbitragem e os conflitos coletivos de trabalho no Brasil*. São Paulo: LTr, 1990, e *A nova lei de arbitragem e as relações de trabalho*. São Paulo: LTr, 1997.

O § 2º é o início do fim do poder normativo da Justiça do Trabalho. Não são poucos os que querem acabar com ele. Muitos acentuam que isso não é papel de juiz. Outros dizem que juiz não é legislador. Outros ainda que o juiz não entende o problema da empresa ou as necessidades dos trabalhadores.

Acabem o poder normativo da Justiça do Trabalho e vejam todos a que ficará reduzida a imensa massa de trabalhadores desprotegida deste país. Existem quase vinte mil sindicatos, mas não existe nem um milhar com a força negocial dos sindicatos do ABC paulista. Sindicalismo pulverizado. Representatividade esvaziada. A realidade do Brasil é outra, e o lado mais fraco da relação capital x trabalho lamentavelmente será o parágrafo único prejudicado. E a Justiça do Trabalho é a única apta a resolver essas questões.

E quando exclamo que é o início do fim do poder normativo esse § 2º é porque o constituinte derivado inseriu uma dicção que é impraticável de ocorrer, uma exigência no mínimo fora da realidade: dissídio coletivo de natureza econômica só pode ser ajuizado se for *de comum acordo*. O de natureza econômica é o mais importante, porque nele se discutem cláusulas econômicas, inclusive salariais. Querer esse *de comum acordo* é o mesmo que escrever que todos os dissídios dessa espécie devem ser extintos sem resolução do mérito. Teria sido, pelo menos, mais claro o derivado.

Nesse particular, tenho insistido em que a posição preconizada pelo TST deve ser afastada: sem o *de comum acordo*, seja extinto o processo. Penso que há duas posições que podem ser adotadas: 1) declarar *ex officio* a inconstitucionalidade incidental da dicção porque viola o art. 5º, XXXV, que consagra o direito de acesso ao juízo natural, e, declarada, apreciar normalmente o dissídio[8]; 2) admitir a aceitação tácita ou expressa da jurisdição com a simples presença da parte contrária em juízo ou com a sua ausência, justificada ou não. Apenas, e tão somente, se a parte expressa e claramente declarar que não aceita o dissídio é que o Tribunal, se não declarar a inconstitucionalidade da expressão, deverá extinguir o processo.

No § 3º, cuidaram de greve em atividades essenciais. A matéria já está regulada pela Lei n. 7.783, de 28.6.1989, e, *data venia*, não carecia de regra constitucional alguma.

Por fim, ainda sobre greve, quero reportar-me ao inciso II do *caput*. Lá consta que a Justiça do Trabalho é competente para apreciar *ações que envolvam exercício do direito de greve*. Se é assim, e aos servidores públicos se aplica, por decisão do STF[9], a Lei de Greve dos trabalhadores privados (Lei n. 7.783/89), das atividades ditas essenciais, será da Justiça do Trabalho a competência para apreciar greve de servidor público até que seja editada lei específica, como exige o art. 37, VII, da Constituição. Não se trata de matéria comum. Para matéria comum envolvendo servidor público o STF já resolveu, e a competência é da Justiça Comum, estadual ou federal conforme a situação do ente público. Mas a matéria é específica, é greve, e a Constituição reconheceu apenas à Justiça do Trabalho competência para apreciar ações que envolvam esse tema.

---

(8) No mesmo sentido: SÜSSEKIND, Arnaldo Lopes. Do ajuizamento dos dissídios coletivos. In: *Revista LTr*, São Paulo, 69(9):1.032, set. 2005.

(9) MI-QO 712-8-PA, de 15.10.2007 (Sindicato dos Trabalhadores no Poder Judiciário do Estado do Pará — SINJEP *vs.* Congresso Nacional). Rel.: Min. Eros Grau. (DJ n. 225, Seção 1, de 23.11.2007. p.30). Sobre o tema, v. o meu *Direito do trabalho no STF (11)*. São Paulo: LTr, 2008. p. 78-113.

Quero, nesse particular, observar que não estou fazendo exercício de imaginação, nem proselitismo barato, mas apenas e tão somente interpretando o que está na Constituição, e me valendo do que decidiu o próprio STF, em tema geral, e não em tema específico.

O art. 114 da Constituição poderia ter sido redigido apenas com os incisos I e IX e tudo estaria definitivamente resolvido.

Art. 114. Compete à Justiça do Trabalho processar e julgar as ações oriundas da relação de trabalho, abrangidos os entes de direito público externo e da administração pública direta e indireta da União, dos Estados, do Distrito Federal e dos Municípios e outras controvérsias decorrentes da relação de trabalho, na forma da lei.

Por acréscimo, lembremos que existe, em tramitação no Parlamento brasileiro, o Projeto de Lei n. 6.542, de 2005, visando a regulamentar o inciso IX, com o acréscimo da alínea *f* do art. 652 da CLT, prevendo onze tipos de ações, reduzidas a dez pelo parecer do relator, Deputado Maurício Rands, que entende assédio moral abrangido por dano moral, constante do inciso VI. A meu juízo, *data venia*, vejo como mais um meio de redução de competência, eis que limita as ações.

De tudo, não tenho dúvidas, ampliações concretas e verdadeiras — não tópicas — precisam ser feitas. Há muita coisa por fazer. Felizmente, esperança de todos, como diz o cancioneiro popular, *amanhã vai ser outro dia*.

8.3. A esperança ressuscitada

Por fim, o terceiro passo, o da esperança ressuscitada. O *outro dia* da canção e dos nossos sonhos

Não pensem, participantes deste Colóquio, que sou um homem desanimado com tudo isso. Ou que sou descrente das coisas e dos homens do Brasil. Ou que vim aqui para lançar a discórdia. Ou que sou sempre amargo e ando meio com raiva do mundo e dos que o povoam...

Não e não. Tenho imensa fé em Deus, e uma incrível confiança na intercessão de Nossa Senhora de Nazaré, padroeira da minha terra, e cuja festa maior, o nosso Círio, ocorre em outubro há mais de duzentos anos. Mas a vida me ensinou a não ficar calado diante das coisas que me fazem mal. Por isso, talvez, morra de outra doença qualquer, até de senectude, mas é pouco provável que um *AVCzinho* desvalorizado acabe comigo.

Sou reconhecidamente estourado, aquele tipo *pavio curto*, e digo o que penso e o que acho. Faço, como disse-me certa vez uma estimada servidora da Justiça do Trabalho, a linha *cordeiro com pele de leão*. Acredito que seja isso mesmo. Não passo de um cordeiro. Sou incapaz de fazer o mal, mas, sempre tem um *mas* em nossas vidas, digo o que penso mesmo. Acho que sinceridade é essencial no relacionamento entre os seres humanos.

Assim então, porque creio em Deus e acredito nos homens, também acredito que estamos vivendo o surgimento do que chamo quinta geração dos direitos humanos, os direitos sentimentais, o direito de ter sentimento, entre os quais se incluem os direitos ao respeito, à solidariedade, ao amor, à serenidade e também à esperança.

E essa não morre. Tenho esperanças, e muitas, de que outras alvoradas virão para a Justiça do Trabalho e para o Direito do Trabalho.

Imagino que teremos Tribunais Regionais nos outros Estados brasileiros, todos da Amazônia, que não possuem esse *direito* tão simples. Trata-se da *Justiça Amazônica do Trabalho*, como a denominei há quase uma década, no início do ano 2000, constando as peculiaridades das relações de trabalho na vasta região.[10] É que apenas Acre, Amapá, Roraima e Tocantins, todos na minha região, têm a *virtude* de serem discriminados na Federação brasileira e, por corolário, na prestação jurisdicional de 2º grau da Justiça do Trabalho do meu país. Lá, diferente do resto do Brasil, não há Tribunais Regionais do Trabalho. Esses quatro Estados dependem dos TRTs das 14ª, 8ª, 11ª e 10ª Regiões, respectivamente.

Imagino que os servidores públicos, de todos os níveis, categorias, classes, *status*, seja lá o que for, poderão ir à Justiça do Trabalho postular seus direitos.

Imagino que crimes contra a organização do trabalho, matéria previdenciária, acidentes do trabalho e coisas do gênero serão por ela decididas.

Imagino que seja a Justiça do Trabalho que resolva conflitos sobre a *sua* competência.

Imagino que todas as greves, quando existirem, sejam apreciadas por ela, em suas várias instâncias.

Imagino, por fim, que todas as relações de trabalho e as controvérsias delas resultantes, sem enumeração taxativa alguma, mas adequando a realidade do mundo a um duradouro texto constitucional, sejam apreciadas na e pela Justiça do Trabalho.

Aí assim, estaremos ressuscitando a esperança de termos uma Justiça do Trabalho forte, atuante, dinâmica, altaneira, verdadeiramente competente, para a qual não há necessidade de se constitucionalizar uma regra que todos os magistrados trabalhistas deste país conheçam. Refiro-me ao inciso LXXVIII do art. 5º, porque o juiz do trabalho sempre teve cuidado com a entrega rápida, célere e imediata da prestação jurisdicional, evitando, ainda que sejam imensas as barreiras e a processualização desnecessária das matérias que lhe são levadas a exame, o atraso indesejado na solução da lide.

É só! Chega! Já ocupei demasiadamente o tempo dos que se deslocaram até este plenário. Ninguém veio aqui para ouvir delírios, e os participantes deste Colóquio devem estar pensando exatamente isso.

É que devem estar imaginando um quadro que pode ser assim pintado: o índio pegou uns tantos cipós, e, mala e cuia, arco e flecha, tacape e borduna, alojou-se numa oca qualquer que plantou às margens da baía de Todos os Santos, próxima, quem sabe?, à Praça *Castro Alves*, que, sem dúvida, *é do povo*. E, pior, danou-se a dizer bobagem, a divagar, a delirar, a sonhar... Como dizem os jovens de agora: *tipo assim!*. Pois é! *Tipo assim!*

Antes, porém, imagino que posso lhes retirar mais um pouco de liberdade, esse bem tão precioso e que todos queremos. Verifico que a plateia deste evento é formada, na maioria,

---

(10) Cf. o meu *Globalização do trabalho:* rua sem saída. São Paulo: LTr, 2001. p. 21 *passim*.

por advogados e magistrados, e os nossos futuros pares, estudantes de Direito. Peço para dirigir-me especialmente a estes.

Todos sabemos as dificuldades do ensino jurídico no Brasil. O custo elevado das faculdades. A necessidade da constante atualização bibliográfica. A imperiosa necessidade de aperfeiçoamento constante. São as pedras que surgem no meio da caminhada. Muitas antemanhãs de estudo para conseguir vencer. Muitas *noites traiçoeiras* por vezes impedindo prosseguir.

Mas, como diz popular canção católica:

> E ainda se vier, noites traiçoeiras
> Se a cruz pesada for, Cristo estará contigo
> O mundo pode até
> Fazer você chorar
> Mas Deus te quer sorrindo.

Este o caminho. O sorriso! A certeza de que a felicidade chegará, com ética, dignidade, bons propósitos, correção de atitudes, honestidade de propósitos.

Recordem-se os jovens estudantes o maior exemplo de Homem que já existiu e que deve ser sempre o nosso paradigma para todas as nossas atitudes e atividades. Refiro-me a Jesus de Nazaré. Do Livro Sagrado, colhemos três momentos que podem, em plenitude, retratar a perfeição do Filho do Homem. São passagens que mostram o mais competente dentre todos os Advogados, o mais justo de todos os Juízes e, finalmente, o maior de todos os réus.

Nenhum advogado, em nenhum instante da História, defendeu como Ele: *Quem dentre vós não tiver nenhum pecado, que atire a primeira pedra* (Jo, 8:7). Todas foram deitadas ao chão e todos partiram.

A sentença que proferiu não foi objeto de recurso de qualquer espécie ou de embargos de qualquer natureza: *Dai a César o que é de César, e a Deus o que é de Deus* (Mt, 22:21).

Finalmente, no instante derradeiro, foi grande e eloquente e réu algum chegou, chega ou chegará à sua proximidade: *Pai, perdoai. Eles não sabem o que fazem* (Lc, 23:34).

Utilizo essas três passagens do Maior dos Livros para incentivar os jovens estudantes, aqueles que sonham com a justiça na sua acepção mais pura, os que estudam verdadeiramente com sede de saber, os que almejam o esperado *lugar à sombra* porque, ao contrário do que muitos pensam, *o sol nasce para todos*, mas a sombra apenas para os tementes a Deus.

Por derradeiro, chegando o instante em que devo emudecer, invoco a intercessão da Padroeira da minha terra, Nossa Senhora de Nazaré, junto a Seu Filho Jesus, a fim de que Ele cubra a todos com seu manto de luz e derrame suas bênçãos de proteção.

E agora, vou calar-me porque, diante das tantas estrelas que estão brilhando no cenário deste colóquio, acredito não passar de simples poeira cósmica e, como tal, passei...

Obrigado!

Capítulo 9

O Trabalho Intelectual na Era da Informação: Pejotização, Blogs de Consultas e Contratos de Imagem[*]

Introdução

O tema envolve três aspectos distintos do trabalho intelectual: *pejotização*, *blogs* de consultas e contratos de imagem. Os três ligam-se à era da informação que as novas tecnologias fizeram surgir.

Interessante, nesse aspecto, que, graças à essa nova era, que alterou também as relações de trabalho, e por isso mesmo, assim como tivemos o fordismo, o taylorismo e o toyotismo, costumo dizer que temos agora o *gatismo*, de Bill Gates, o criador da *Microsoft*.

Estamos, então, diante de um direito humano fundamental de 4ª geração — informação, que se alinha numa das duas vertentes dessa nova dimensão. Uma delas é manipulação e engenharia genética, mudança de sexo; genoma; biotecnologia, que importa em se tentar, um dia, alcançar o verdadeiro sentido do complexo, intransitivo e intransigente verbo *clonar*. A outra é a democracia, o pluralismo e a informação.

É certo, ademais, que já se fala em uma 5ª geração de direitos humanos fundamentais, talvez a mais importante de todas, a dos direitos subjetivos, como o respeito e o amor, uma geração de sentimentos, profundos e íntimos, que representam certamente um passo muito para além dos direitos anteriormente pretendidos.

Pois bem, dentro dos direitos de 4ª geração, estão os temas que abordarei, seguinte a ordem primitiva: *pejotização*, *blogs* de consulta e contratos de imagem.

9.1. Pejotização

A *pejotização* ocorre quando uma pessoa física é transformada em pessoa jurídica e, como tal, presta serviços a uma empresa. É o trabalho intelectual pessoal prestado por pessoa

---

(*) Palestra proferida no I Seminário Carioca de Direito e Processo do Trabalho na Era da Informação, realizado pela ANDT, FIRJAN, OAB e TRT da 1ª Região, no Rio de Janeiro (RJ), a 22 de junho de 2007.

jurídica, e o art. 3º, parágrafo único, da CLT não distingue trabalho intelectual, técnico manual e outros.

É crível que o art. 129[1] da Lei n. 11.196, de 21.11.2005, ao prever a prestação de serviços intelectuais sujeitos à legislação das pessoas jurídicas, ainda que personalíssimo, para fins previdenciários e fiscais, tenha aberto oportunidade a uma opção de empresário e trabalhador para escolher o tipo de relação a adotar.

Recentemente, ao aprovar a Lei da Super-Receita (Lei n. 11.457, de 16.3.2007, originalmente, Projeto de Lei n. 6.272/05), o Congresso Nacional também aprovou emenda à Lei n. 10.593/02, que regulamenta o trabalho dos auditores da Receita Federal, da Previdência Social e do Trabalho. Essa emenda, conhecida por *Emenda n. 3*, acrescentava o § 4º ao art. 6º da Lei n. 10.593/02, para dar-lhe a seguinte redação:

Art. 6º São atribuições dos ocupantes do cargo de auditor-fiscal da Receita Federal do Brasil:

...

§ 4º No exercício das atribuições da autoridade fiscal de que trata esta lei, a desconsideração da pessoa, ato ou negócio jurídico que implique reconhecimento de relação de trabalho, com ou sem vínculo empregatício, deverá sempre ser precedida de decisão judicial.

A Emenda n. 3 impedia que pessoas jurídicas fossem desconstituídas ou desconsideradas pelos auditores-fiscais (dos três órgãos do Executivo referidos: receita, previdência e do trabalho), ainda que sua criação tivesse ocorrido justamente para possível fraude à legislação trabalhista ou tributária. Em outras palavras, constatado que o trabalhador criou uma empresa individual e passou a trabalhar para o empregador através de um contrato civil de prestação de serviços, mas na realidade exerce típica relação de emprego, que é tutelada pela CLT e pela legislação trabalhista extravagante, somente mediante decisão judicial poderia a empresa ser desconstituída.

Não vejo a Emenda n. 3 como alguns apontaram: uma fraude ao fisco, porque é diferente a tributação das pessoas jurídicas e das pessoas físicas, e outra fraude à legislação trabalhista, como que a querer extinguí-la.

Transferir essa tarefa para auditores é suprimir o acesso à Justiça, e atribuir-lhes atividade que é, ainda, exclusiva do Poder Judiciário.

9.2. Blogs *de consultas*

Aprendi, manuseando instrumentos de informática, que estamos vivendo uma *blogosfera*, que é o universo dos *blogs*. No que tange a esse aspecto, a prática é pequena nos

---

(1) "Art. 129. Para fins fiscais e previdenciários, a prestação de serviços intelectuais, inclusive os de natureza científica, artística ou cultural, em caráter personalíssimo ou não, com ou sem a designação de quaisquer obrigações a sócios ou empregados da sociedade prestadora de serviços, quando por esta realizada, se sujeita tão somente à legislação aplicável às pessoas jurídicas, sem prejuízo da observância do disposto no art. 50 da Lei n. 10.406, de 10 de janeiro de 2002 — Código Civil."
O art. 50 do CCB consigna:
"Art. 50. Em caso de abuso da personalidade jurídica, caracterizado pelo desvio de finalidade, ou pela confusão patrimonial, pode o juiz decidir, a requerimento da parte, ou do Ministério Público quando lhe couber intervir no processo, que os efeitos de certas e determinadas relações de obrigações sejam estendidos aos bens particulares dos administradores ou sócios da pessoa jurídica."

países de língua portuguesa. Apenas 2% dos *blogs* são em português. A maioria 37% é japonês e 36% em inglês. Não esqueçamos, todavia, que o Brasil é campeão no uso de MSN e *Orkut*.

O que se cuida é da atividade de profissionais que atendem *on-line* sobre diversos temas. O teletrabalho aqui se enquadra, e tem admitido milhões de trabalhadores nos Estados Unidos da América, e outros tantos no Brasil. Mas, também há *blogs* que são verdadeiros *diários on-line*. Tal elemento pode servir de fundamento para que um empregado, que fale mal de seu patrão ou da empresa para a qual trabalhe, em seu *blog* pessoal, seja dispensado por justa causa, porque, a meu ver, está caracterizado *ato lesivo à honra do empregador* praticado pelo empregado (art. 482, *k*, da CLT).[2]

Há hipótese de atendimento *on-line*, e, como o art. 6º da CLT[3] não faz distinção, esse tipo de tarefa deve ser validado.

Tenho para mim que os requisitos básicos a serem examinados, a fim de caracterizar relação de emprego, são: a subordinação, pena de se ter apenas um contrato de trabalho; a condição de assalariado; o caráter não eventual da atividade desenvolvida e, certamente, qual a lei aplicável, que tanto pode ser a do local onde se encontra o trabalhador, como podem ser quaisquer das leis dos lugares (países diferentes) onde desenvolveu atividade *on-line* para a empresa. De aduzir, ainda, que se for contratado o *home-office* pelo tomador do serviço, existe relação de emprego.

9.3. Contratos de imagem

O direito à imagem é inviolável (art. 5º, X, da CR/88[4]), significando que a pessoa pode usar livremente sua imagem ou impedir que outros a utilizem. Possui duplo conteúdo: moral (decorrente da personalidade) e patrimonial (não pode ser objeto de exploração econômica por terceiros).

No caso em exame, o que se cuida é de contrato de licença de uso de imagem, atingindo, sobretudo, os desportistas, e, de modo especial, os atletas profissionais de futebol.

Boa parte da doutrina entende que o contrato de trabalho de atleta profissional de futebol não se confunde com o contrato de licença de uso de imagem. Aponta que o contrato de trabalho é de relação de emprego, regido pelo art. 3º da CLT, e o contrato licença de uso de imagem é de natureza civil, cuidando do uso da imagem do atleta.

Nesse particular, e tratando diretamente de atleta profissional de futebol, impende lembrar que o uso de imagem nesse caso não se confunde com direito de arena, que é a exibição do jogador em apresentação pública. Ou seja, no direito de arena está

---

(2) "k) ato lesivo da honra ou da boa fama ou ofensas físicas praticadas contra o empregador e superiores hierárquicos, salvo em caso de legítima defesa, própria ou de outrem."

(3) "Art. 6º Não se distingue entre o trabalho realizado no estabelecimento do empregador e o executado no domicílio do empregado, desde que esteja caracterizada a relação de emprego."

(4) "Art. 5º Todos são iguais perante a lei, sem distinção de qualquer natureza, garantindo-se aos brasileiros e aos estrangeiros residentes no País a inviolabilidade do direito à vida, à liberdade, à igualdade, à segurança e à propriedade, nos termos seguintes.

X — são invioláveis a intimidade, a vida privada, a honra e a imagem das pessoas, assegurado o direito à indenização pelo dano material ou moral decorrente de sua violação."

incluído o direito de exibir a imagem do atleta enquanto tal, e no exercício pleno da atividade, ou seja, coletivamente, como parte de um grupo. É a expressa previsão do art. 42 da Lei n. 9.615/98.[5]

Tem sempre sido colocado que o contrato de licença de uso de imagem é decorrente da exploração da imagem do atleta fora da sua atividade regular, fora de competições, e, que, portanto, seria autônomo e não se confundiria com o contrato de trabalho.

É certo que valor pago pelo uso da imagem não é, regra geral, salário, não servindo, à primeira vista, de base de cálculo para recolhimentos previdenciários, férias, FGTS e 13º salário, dentre outros.

No entanto, dois pontos devem ser ressaltados. O primeiro refere ao uso indevido da imagem do atleta, isto é, fora dos limites do direito de arena e inexistindo contrato de uso de imagem, tema que pode ser aplicado para qualquer outro tipo de atividade, seja envolvendo empregado, seja cuidando de pessoa comum, seja tratando de qualquer outra profissão.

Ora, usando a imagem da pessoa, quem está sentindo algum dano, terá direito à ação visando à indenização correspondente. É a observância ao Código Civil em vigor (Lei n. 10.406, de 10.1.2002), cujo art. 20 destaca:

Art. 20. Salvo se autorizadas, ou se necessárias à administração da justiça ou à manutenção da ordem pública, a divulgação de escritos, a transmissão da palavra, ou a publicação, a exposição ou a utilização da imagem de uma pessoa poderão ser proibidas, a seu requerimento e sem prejuízo da indenização que couber, se lhe atingirem a honra, a boa fama ou a respeitabilidade, ou se se destinarem a fins comerciais.

Essa regra, como assinalado, presta-se a qualquer tipo de contrato e a qualquer espécie de relação jurídica.

O ponto crucial do tema, entretanto, e é o segundo a ressaltar, é quando o contrato de licença de uso de imagem apenas serve como elemento para mascarar o contrato de trabalho. É que muitas vezes utilizam-se desse artifício (uso de imagem) como meio para, caracterizando um contrato de natureza civil, fazer o trabalhador receber mais pelo uso de sua imagem do que pelo trabalho para o qual foi efetivamente contratado, como direito de arena. O C. Tribunal Superior do Trabalho, em julgado da lavra do Min. Ives Gandra da Silva Martins Filho, apreciando recurso de revista oriundo do TRT da 4ª Região, entendeu que em casos dessa natureza o contrato de uso de imagem é nulo, passando o *quantum* que o trabalhador recebia a esse título a fazer parte de sua remuneração para todos os fins (RR 557-2003-023-04 = 00.3).[6]

---

(5) "Art. 42. Às entidades de prática desportiva pertence o direito de negociar, autorizar e proibir a fixação, a transmissão ou retransmissão de imagem de espetáculo ou eventos desportivos de que participem.
§ 1º Salvo convenção em contrário, vinte por cento do preço total da autorização, como mínimo, será distribuído, em partes iguais, aos atletas profissionais participantes do espetáculo ou evento.
§ 2º O disposto neste artigo não se aplica a flagrantes de espetáculo ou evento desportivo para fins, exclusivamente, jornalísticos ou educativos, cuja duração, no conjunto, não exceda de três por cento do total do tempo previsto para o espetáculo.
§ 3º O espectador pagante, por qualquer meio, de espetáculo ou evento desportivo equipara-se, para todos os efeitos legais, ao consumidor, nos termos do art. 2º da Lei n. 8.078, de 11 de setembro de 1990."
(6) Um registro interessante: bastante expressivo o número de ações trabalhistas contra clubes de futebol no Brasil. A informação, colhida na *Internet*, assinala a existência de 2.821 processos na Justiça do Trabalho. Os três primeiros lugares

Conclusão

Acredito, feitas essas ligeiras considerações sobre o tema que me foi atribuído, que é necessário repensar alguns aspectos do Direito do Trabalho.

Certamente um dos pontos importantes é reavaliar os efeitos dessa moderna tecnologia nas relações de trabalho. Rever o verdadeiro alcance do contrato de trabalho tal como costumou-se aprender. Interpretar o novo alcance de *subordinação jurídica*.

Em meio a tudo isso, vejo que caminhamos rumo a uma desregulamentação que pode ser perigosa, sendo, para tanto, necessário, num primeiro momento, fortalecer o poder normativo da Justiça do Trabalho, francamente violado pela dicção *de comum acordo* que o constituinte derivado colocou no § 2º do art. 114 do Texto Fundamental.

Adiante, rever esse lamentável processo de pulverização dos sindicatos brasileiros, que, ao cabo, enfraquece a capacidade negocial do trabalhador.

Por fim, reconhecer que, no Brasil, a Justiça do Trabalho é a única competente para cuidar de todos os temas que envolvam relação de trabalho de toda e qualquer natureza, eliminando, então, as restrições a sua competência que, a meu ver, são os incisos II a VIII do art. 114.

É que, no meu entendimento, temos um texto extenso no art. 114, e profundamente restritivo. Se quisermos exemplos, teremos vários, em um elenco não exaustivo:

1) as relações sindicais em geral são restritas àquelas do inciso III;

2) os conflitos de competência, mesmo tratando de matéria trabalhista, não são para todos os temas, porque o próprio inciso V já excepciona;

3) a indenização por dano moral ou patrimonial, referida no inciso VI, inclusive decorrente de acidente de trabalho, como decidiu o Excelso Pretório, não inclui o acidente de trabalho em si mesmo, que continua sendo competência da Justiça comum estadual;

4) a execução de contribuição previdenciária decorrente de sentença trabalhista, tratada no inciso VIII, inviabiliza que se cuide de toda a matéria previdenciária, como deveria ocorrer;

---

pertencem ao Rio de Janeiro. O campeão é o Botafogo, que responde por 723 processos, seguido pelo Fluminense, com 662 e pelo Flamengo, com 534.
Os 10 campeões são:
1 — Botafogo de Futebol e Regatas — 723 processos;
2 — Fluminense Football Club — 662;
3 — Clube de Regatas do Flamengo — 534;
4 — São Paulo Futebol Clube — 293;
5 — Clube de Regatas Vasco da Gama — 286;
6 — Sociedade Esportiva Palmeiras — 266;
7 — Sport Club Corinthians Paulista — 244;
8 — Clube Atlético Mineiro — 213;
9 — Santos Futebol Clube — 152;
10 — Cruzeiro Esporte Clube — 23.
Disponível em: <http://conjur.estadao.com.br/static/text/35061,1> Acesso em: 18.6.2007.

5) apreciação de pedido de *habeas corpus* para o depositário infiel, mas não pode processá-lo regularmente, nem tampouco cuidar de ações que envolvam falsidade testemunhal perante a Justiça do Trabalho. A competência continua da Justiça Estadual comum.

Penso que dias melhores hão de vir. Para as relações de trabalho, para o Direito do Trabalho e para a Justiça do Trabalho. Muita coisa foi feita. Muita coisa deverá ainda ser feita. Mas, afinal, como assinalou Saramago, *o que dá o verdadeiro sentido ao encontro é a busca, e é preciso andar muito para alcançar o que está perto*. Nada se consegue sem esforço, e todos temos o dever de contribuir para melhorar a vida e para o mundo ser melhor.

Capítulo 10

ESTADO ATUAL DA REFORMA SINDICAL[(*)]

10.1. O abridor de latas

Desejo iniciar esta exposição, trazendo um texto que, entre os meus guardados, encontrei. Da sua leitura, pode-se adaptar à realidade brasileira da reforma da legislação trabalhista, inclusive da sindical. Refletir sobre seu conteúdo e ajustá-lo ao tempo presente, mostra sua atualidade e seu alcance. A demora em resolver problemas, a lentidão com que se pretende promover mudanças, revelam como é difícil alcançar boas e simples soluções, reclamadas pela sociedade e pelo mundo, porque muita coisa está em derredor do interesse maior — o bem comum —, e acabam prevalecendo os menores, que, ao cabo, sequer sabemos quais verdadeiramente são.

Trata-se de um artigo publicado em uma antiga revista que circulou no Brasil, de 1944, chamada *A Cigarra*. O conto intitula-se *O abridor de latas* e relata o seguinte:

> Quando esta história se inicia já se passaram quinhentos anos, tal a lentidão com que ela é narrada. Estão sentadas à beira de uma estrada três tartarugas jovens, com 800 anos cada uma, uma tartaruga velha com 1.200 anos, e uma tartaruga bem pequenina ainda, com apenas 85 anos. As cinco tartarugas estão sentadas, dizia eu. E dizia-o muito bem pois elas estão sentadas mesmo. Vinte e oito anos depois do começo desta história, a tartaruga mais velha abriu a boca e disse:
>
> — *Que tal se fizéssemos alguma coisa para quebrar a monotonia desta vida?*
>
> — *Formidável* — disse a tartaruguinha mais nova 12 anos depois — *vamos fazer um piquenique?*
>
> Vinte e cinco anos depois, as tartarugas se decidiram a realizar o piquenique. Quarenta anos depois, tendo comprado algumas dezenas de latas de sardinhas e várias dúzias de refrigerantes, elas partiram. Oitenta anos depois, chegaram a um lugar mais ou menos aconselhável para um piquenique.
>
> — *Ah!* — disse a tartaruguinha, 8 anos depois — *excelente local este!*
>
> Sete anos depois, todas as tartarugas tinham concordado. Quinze anos se passaram e, rapidamente, elas tinham arrumado tudo para o convescote. Mas,

---

(*) Palestra proferida no 47º Congresso Brasileiro de Direito do Trabalho, realizado pela LTr Editora, em São Paulo (SP), a 27 de junho de 2007.

súbito, três anos depois, elas perceberam que faltava o abridor de latas para as sardinhas.

Discutiram e, ao fim de vinte anos, chegaram à conclusão de que a tartaruga menor devia ir buscar o abridor de latas.

— Está bem! — concordou a tartaruguinha três anos depois — mas só vou se vocês prometerem que não tocam em nada enquanto eu não voltar.

Dois anos depois, as tartarugas concordaram imediatamente que não tocariam em nada, nem no pão, nem nos doces. E a tartaruguinha partiu.

Passaram-se 50 anos e a tartaruga não apareceu. As outras continuavam esperando. Mais 17 anos e nada. Mais 8 anos e nada ainda. Afinal, uma das tartarugas murmurou:

— Ela está demorando muito. Vamos comer alguma coisa enquanto ela não vem?

As outras não concordaram, rapidamente, dois anos depois. E esperaram mais 17 anos. Aí, outra tartaruga disse:

— Já estou com muita fome. Vamos comer só um pedacinho de doce que ela nem notará.

As outras tartarugas hesitaram um pouco, mas, 15 anos depois, acharam que deviam esperar pela outra. E se passou mais um século nessa espera. Afinal, a tartaruga mais velha não pôde mesmo e disse:

— Ora, vamos comer mesmo só uns docinhos enquanto ela não vem.

Como um raio, as tartarugas caíram sobre os doces seis meses depois. E, justamente quando iam morder o doce, ouviram um barulho no mato detrás delas e a tartaruguinha mais jovem apareceu:

— Ah! — murmurou ela — eu sabia, eu sabia que vocês não cumpririam o prometido e, por isso, fiquei escondida atrás da árvore. Agora eu não vou mais buscar o abridor. Pronto!

Fim (trinta anos depois).

Imagino que tenham entendido esta estória. *O abridor de latas* é justamente o aparelho mágico que precisamos para abrir a caixa da grande, séria, adequada e necessária reforma da legislação trabalhista, inclusive a sindical, no Brasil.

10.2. O que existe agora

Enquanto *O abridor de latas* não é encontrado, vejamos a quantas anda a reforma sindical em nosso país.

Esta pretendida mudança sindical brasileira apresenta-se, hoje, em dois aspectos: um projeto de emenda constitucional, encaminhado a 4 de março de 2005 ao Parlamento Brasileiro, de outra emenda pretendendo alteração denominação, além de um projeto de lei, que em novembro de 2004 foi levado ao exame do Chefe do Governo e que aguarda a aprovação dos Projetos de Emenda Constitucional.

São projetos elaborados pelo Fórum Nacional do Trabalho (FNT), entidade tripartite criada no âmbito do Executivo com essa finalidade específica: promover uma ampla reforma sindical no Brasil. Foram vinte e um membros representando Governo, patrões e trabalhadores que os elaboraram.

Vejamos o que cada qual pretende.

10.3. A Emenda Constitucional

A PEC n. 369/05 objetiva alterar os arts. 8º, 11, 37 e 114 da CR, e, desde março de 2005, encontra-se na Comissão de Constituição, Justiça e Cidadania da Câmara dos Deputados.

Segundo a proposta, o art. 8º passará a consagrar a liberdade sindical, que é mais ampla que a atual *associação sindical*, e a personalidade sindical é conferida mediante aferição de representatividade.

A receita sindical sofrerá redução, e as contribuições dos membros do grupo de trabalhadores, hoje diversas, ficam reduzidas a apenas uma para todos, vinculada à negociação coletiva, além da mensalidade sindical devida pelos associados.

Apregoa o fim definitivo do poder normativo da Justiça do Trabalho, com os conflitos coletivos passando a ser resolvidos por conciliação, mediação e arbitragem. Apenas os conflitos de natureza jurídica sobreviverão.

Objetivo dessa PEC, como de resto o projeto de lei, visam ambos a possibilitar a ratificação, pelo Brasil, da Convenção n. 87 da OIT, mexendo com uma estrutura que tem origem no Decreto-Lei n. 19.770/31 de Vargas.

Ao contrário da CLT, com seu sistema piramidal, em cuja base estavam os sindicatos, os projetos de agora invertem a posição, e, pirâmide invertida, estreitam os poderes dos sindicatos, e são dados superpoderes às centrais sindicais, reconhecendo-lhes os poderes que de fato sempre tiveram. Este é um primeiro impasse à reforma, pela inversão de papéis.

A representação nos locais de trabalho é reduzida para um para cada cem empregados, embora a proposta inicial fosse de um para cada grupo de cinquenta. Aqui, um novo impasse, posto contrariar empregadores e trabalhadores.

Reconhece-se ao Ministério do Trabalho e Emprego poderes para atribuir representatividade, o que importa em grande e lamentável ingerência do Estado, como que a ressuscitar a antiga carta sindical de Vargas.

No que refere à greve, a PEC é rígida e amplia a noção de serviço e atividades essenciais, garantindo à Justiça do Trabalho competência para apreciar os temas que envolvam essa matéria.

Quanto à negociação coletiva, prevê até negociação direta entre empresa e empregados, como que um retorno ao projeto do negociado/legislado, que foi combatido no passado recente.

Refere ainda às entidades sindicais que passam a ter mais poderes que os sindicatos, que ainda são, pelo menos teoricamente, a base do sistema brasileiro (art. 8º, V).

No que refere aos direitos coletivos do servidor público, estes permanecem inalterados, permitida negociação coletiva e greve pelo art. 37, VI e VII, da Constituição, conforme lei a ser editada.

Ademais, a PEC termina com a sempre combatida unicidade e acaba, formalmente, com a base territorial mínima. Este é, aliás, outro impasse enfrentado pela pretendida reforma. Embora combatam amplamente a unicidade sindical, na verdade muitas entidades dessa natureza preferem conservá-la, inclusive pela possibilidade de manter certa liderança e conservar muitas garantias.

Uma outra PEC, a de n. 426/06, tramita em conjunto no Congresso, alterando o nome dissídio coletivo para ação coletiva.

Em linhas breves, estas as duas PECs que querem promover as alterações constitucionais sobre o tema.

10.4. O projeto de lei

Um extenso texto foi concebido pelo FNT. São 238 artigos propondo uma *modernização da legislação sindical brasileira.*

Alguns pontos de realce foram seguidos pela PEC n. 369/05, como ter o Ministério do Trabalho e Emprego não mais competência cadastral, como no modelo italiano, mas competência para atribuir personalidade sindical às entidades (art. 8º, § 3º). É esse Ministério que concederá e cancelará a exclusividade de representação do sindicato (arts. 39, parágrafo único, e 41).

O sindicato atua no mínimo em um município, o que, em outros termos, retoma a base territorial mínima atual (art. 18).

Os atuais três níveis da pirâmide sindical passam a quatro, com a inclusão expressa — e a meu ver necessária porque apenas confirma uma realidade de todos sabida — das centrais sindicais (art. 14).

São criados diversos critérios para aferição da representatividade, em percentuais de 15%, 20% e 25% (arts. 19 a 22).

A garantia de emprego da diretoria do sindicato, atualmente limitada a sete diretores mais três membros do Conselho Fiscal, passa a ter o número ampliado para 81 diretores (arts. 26 e 27).

Como já referido, a receita sindical, oriunda das contribuições dos integrantes do grupo, reduz-se à contribuição de negociação coletiva, para todos os beneficiados (art. 45), que é a previsão da PEC, e também à contribuição associativa, devida apenas pelos associados (art. 43).

Reconhece o Projeto de Lei direito de representação dos trabalhadores a partir de grupo de 30 (art. 64), embora, para grupo de menos de 30, dependa de negociação coletiva (art. 223, § 2º).

Igualmente cuida de greve, ampliando, nos moldes da PEC, as hipóteses dos serviços essenciais (art. 114).

Proíbe o *lock-out* (art. 118) e regula as hipóteses de conduta antissindical (art. 175).

Ainda prevê a possibilidade de arbitragem, que é meio pública, ao exigir registro do árbitro no Ministério do Trabalho e Emprego (art. 202), mandando aplicar, como sói acontecer, a Lei n. 9.307/96 à arbitragem trabalhista, no que couber (art. 201).

A representação de trabalhadores segue linha que veio a ser adotada pela PEC, de um para cada grupo de cem trabalhadores no mínimo (art. 223, I), que poderá se elevar até cinco, quando esse número alcançar 1.000 trabalhadores e até mais para os excedentes (art. 223, V, e § 1º).

Por fim, a PEC possui uma longa parte processual, que, ao cabo, representará, em que pese algumas dificuldades que apresenta, um mecanismo específico para tratar de tema dessa relevância.

Conclusão

Temo que caminhamos para o campo da desregulamentação, que é perigoso, especialmente com a reconhecida pulverização dos sindicatos brasileiros.

Penso que é preciso, considerando a realidade brasileira, fortalecer o poder normativo da Justiça do Trabalho e não enfraquecer como se verifica nesses projetos e também com a Emenda Constitucional n. 45/04, ao impor o *de comum acordo* para ajuizamento de dissídios coletivos.

Precisamos, ao cabo, deixar um pouco o coração falar. A razão às vezes é insensível, e o coração sente mais a realidade do mundo e as necessidades das pessoas.

Domingo, nesta São Paulo, na missa dedicada a S. João Batista, li um pensamento de Dom Helder Câmara, um dos maiores sacerdotes católicos da humanidade: *isto de ter um coração de pedra não prova nada: faltou justamente uma pedra para que o Filho de Deus repousasse a cabeça.*

Encontremos, operadores do Direito do Trabalho, a pedra que nos falta, e o Direito e a Justiça do Trabalho continuarão ser destino de restabelecer a paz social e contribuir para o desenvolvimento da humanidade.

Afinal, como disse José Saramago, *o que dá o verdadeiro sentido ao encontro é a busca, e é preciso andar muito para alcançar o que está perto.*

Capítulo 11

O Triênio de Atividade Jurídica Exigido pela EC n. 45

11.1. O alcance da exigência

A Emenda Constitucional n. 45, publicada a 31 de dezembro de 2004, dentre as inovações que introduziu, passou a exigir, tanto para o ingresso na Magistratura, como no Ministério Público, três anos de atividade jurídica (arts. 93, I, e 129, § 3º, respectivamente).

O art. 93, I, da Carta Magna, consigna:

Art. 93. Lei complementar, de iniciativa do Supremo Tribunal Federal, disporá sobre o Estatuto da Magistratura, observados os seguintes princípios:

I — ingresso na carreira, cujo cargo inicial será o de juiz substituto, mediante concurso público de provas e títulos, com a participação da Ordem dos Advogados do Brasil em todas as fases, exigindo-se do bacharel em direito, no mínimo, três anos de atividade jurídica e obedecendo-se, nas nomeações, à ordem de classificação;

O § 3º do art. 129 da Lei Fundamental tem a seguinte redação:

Art. 129. (*omissis*).

...

§ 3º O ingresso na carreira do Ministério Público far-se-á mediante concurso público de provas e títulos, assegurada a participação da Ordem dos Advogados do Brasil em sua realização, exigindo-se do bacharel em direito, no mínimo, três anos de atividade jurídica e observando-se, nas nomeações, a ordem de classificação.

A intenção da medida é altamente salutar. Atividade jurídica não significa exercício da advocacia, mas de função compatível com a formação do Bacharel ou do futuro Bacharel. A novidade fará uma melhor seleção, proporcionando ingressar na magistratura não apenas aqueles que já estejam mais amadurecidos na vida, senão os que, embora imediatamente egressos das faculdades de Direito, possuam razoável experiência forense.

Têm, no entanto, surgido controvérsias sobre o verdadeiro alcance da expressão *três anos de atividade jurídica*. Do texto aprovado não consta o *privativo*, que figurava ao longo de boa parte da tramitação do projeto. Ademais, existem outras circunstâncias: o prazo deve ser contado da graduação como Bacharel em Direito até a data da inscrição preliminar em concurso público? Ou da inscrição definitiva? Ou da aprovação? Ou da nomeação? Ou da posse? O tempo que a pessoa esteve inscrita regularmente como estagiário na Ordem dos Advogados do Brasil deve ser considerado? O período em que desenvolveu atividade jurídica não privativa de Bacharel, quando não possuía esse grau acadêmico, deve ser computado? Como, afinal, o triênio deve ser contado?

O Excelso Pretório tem apreciado a matéria de modo diferente, ao exame de liminares em mandados de segurança e ou reclamação. Apreciando pedido de liminar, os Ministros Joaquim Barbosa (MS 25.498-8-DF[1]), Celso de Mello (MS 25.511-1-DF[2]), Eros Grau (MS 25.496-3-DF[3]) e Carlos Velloso (MS 25.489-1-DF[4] e Recl. 3.900-5-MG[5]) a negaram, esclarecendo este que *o requisito, não custa repetir, é para a inscrição* (MS 25.489-1-DF). De outro lado, o Ministro Cezar Peluso (MS 25.501-3-DF[6] e MS 25.503-0-DF[7]) entendeu cabível a liminar, aduzindo, *inter alia,* que não se trata de exigência temporal a ser cumprida integralmente após o bacharelado, e que a comprovação do triênio pode ocorrer durante o prazo de validade do concurso, pelo que o candidato deverá fazer essa prova nesse prazo, donde não é exigível para inscrição prévia. Na mesma linha, o Ministro Marco Aurélio (MS 25.326-6-DF[8]).

Note-se que, com ressalva da Recl. 3.900-5-MG, relativa a concurso público para provimento de cargo de Juiz do Trabalho Substituto da Justiça do Trabalho da 3ª Região, os demais casos cuidam de certame para provimento de cargo de Procurador da República. Nesses casos, o tema foi apreciado anteriormente pela Suprema Corte, no julgamento da ADIn n. 1.040-9-DF, a 11.11.04 (DJ 1º.4.2005), relatado pela Ministra Ellen Gracie, tendo sido proclamada a constitucionalidade do art. 187 da Lei Complementar n. 75, de 20 de maio de 1993, que exige dois anos de Bacharelado em Direito para ingresso no Ministério Público.

O TST editou o Resolução Administrativa n. 1.046, de 7 de abril de 2005, alterando, em parte, a Resolução Administrativa n. 907/02, para dispor sobre o requisito introduzido

---

(1) MC em MS 25.498-8-DF, de 26.8.2005 (João Paulo dos Santos *vs.* Procurador-Geral da República). Relator: Min. Joaquim Barbosa (DJ n. 170, Seção 1, de 2.9.2005. p. 52-3).

(2) MS 25.511-1-DF, de 1º.9.2005 (Luís Carlos Fernando Pereira Monteiro Barreto Fonseca e outro(a/s) *vs.* Procurador-Geral da República). Relator: Min. Celso de Mello (DJ n. 176, Seção 1, de 13.9.2005. p. 8).

(3) MS 25.496-3-DF, de 29.8.2005 (Renata Cristina Araujo Magalhães *vs.* Procurador-Geral da República e Presidente da Subcomissão, no Estado de Minas Gerais, do Concurso para Ingresso na carreira do Ministério Público Federal). Relator: Min. Eros Grau (DJ n. 171, Seção 1, de 5.9.2005. p. 37). Posteriormente, a impetrante desistiu da ação (despacho homologatório publicado no DJ n. 179, Seção 1, de 16.9.2005. p. 62).

(4) MC em MS 25.489-1-DF, de 23.8.2005 (Alessandro del Col *vs.* Procurador-Geral da República). Relator: Min. Carlos Velloso (DJ n. 166, Seção 1, de 29.8.2005. p. 7). E AG REG no MS 25.489-1-DF, de 6.9.2005 (Alessandro del Col *vs.* Procurador-Geral da República). Relator: Min. Carlos Velloso (DJ n. 179, Seção 1, de 16.9.2005. p. 57).

(5) Recl 3.900-5-MG, de 6.11.2005 (Sara Lúcia Davi Souza e outro(a/s) *vs.* Presidente do Tribunal Superior Trabalho (Suspensões de Segurança ns. 161.510/2005-000-00-00.2 e 161.509/2005-000-00-00.8). Interessada: União). Relator: Min. Carlos Velloso (DJ n. 233, Seção 1, de 6.12.2005. p. 44-5).

(6) MS 25.501-3-DF, de 5.9.2005. (Herbert Telles Brito e outro (a/s) *vs.* Procuradoria-Geral da República). Relator: Min. Cezar Peluso. (DJ n. 175, Seção 1, de 12.9.2005. p. 32-33).

(7) MC em MS 25.503-0-DF, de 8.9.2005 (Angenilton Neto Viana *vs.* Procurador-Geral da República). Relator: Min. Cezar Peluso (DJ n. 179, Seção 1, de 16.9.2005. p. 62).

(8) MS 25.326-6-DF, de 10.4.2005 (Maurício Fabretti *vs.* Procurador-Geral da República). Relator: Min. Marco Aurélio (DJ n. 77, Seção 1, de 25.4.2005. p. 50).

pela Emenda Constitucional n. 45, para fins de ingresso na Magistratura Trabalhista, exigindo três anos de Bacharelado em Direito na data da nomeação, situação oposta aquela que a maioria dos Ministros do STF, até o momento, tem adotado, consignando a comprovação aquando do ato de inscrição. O art. 35 da Resolução mencionada tem o seguinte teor:

> **Art. 35.** O Presidente do Tribunal Regional do Trabalho, no 30º (trigésimo) dia após a publicação da homologação do concurso, procederá à nomeação dos candidatos aprovados, para preenchimento das vagas existentes, observada a ordem rigorosa de classificação e a comprovação de que possuam, na data da nomeação, três anos, no mínimo, de atividade jurídica.
>
> § 1º A data de nomeação será prorrogada para o 1º (primeiro) dia útil seguinte à do vencimento se recair em dia em que não há expediente no Tribunal.
>
> § 2º Todos os candidatos aprovados no concurso deverão apresentar a documentação comprobatória do tempo de atividade jurídica até a data designada para a primeira nomeação.
>
> § 3º Ressalvada a hipótese do § 4º, os candidatos aprovados e que não provem, na data da nomeação, os 3 (três) anos de atividade jurídica de que trata este artigo não serão desclassificados imediatamente e poderão ser nomeados para vagas que surgirem durante o prazo de validade do concurso, desde que, nesse período, completem o mencionado requisito temporal, mantida a ordem rigorosa de classificação.
>
> § 4º Se não houver candidatos aprovados em número suficiente para preenchimento das vagas existentes, que atendam à exigência de três anos de atividade jurídica, o concurso perderá a validade.
>
> § 5º Considera-se atividade jurídica o efetivo exercício, por prazo não inferior a 3 (três) anos, ainda que não consecutivos:
>
> a) da advocacia, sob inscrição na Ordem dos Advogados do Brasil;
>
> b) de cargo, emprego ou função pública, ou magistério jurídico, privativos de bacharel em Direito, sejam efetivos, permanentes ou de confiança; e
>
> c) na condição de bacharel em Direito, de cargo, emprego ou função pública de nível superior, com atividades eminentemente jurídicas.
>
> § 6ª A atividade jurídica, como advogado, sem contar estágio, será comprovada mediante certidão expedida por cartórios ou secretarias judiciais relativamente aos processos em que haja funcionado o candidato, ou por cópia autenticada de atos privativos, e, em qualquer caso, acompanhada de certidão de inscrição na OAB, relativa a todo o período.
>
> § 7º Considera-se efetivo exercício da atividade de advocacia a participação anual mínima em cinco atos privativos de advogado (Lei n. 8.906, de 4.7.1994, art. 1º), em causas distintas.
>
> § 8º A comprovação de exercício de atividade jurídica, nos demais casos, dar-se-á mediante apresentação de cópia do respectivo ato de nomeação, contratação ou designação acompanhada da norma legal ou ato normativo outro que discipline os requisitos do cargo, emprego ou função, ou mediante certidão ou declaração fornecida pelo órgão ou entidade competente, sob as penas da lei.

11.2. A interpretação que tem tido e a que poderia ter

Um aspecto desperta, de início, a atenção. Diferentemente do Ministério Público, as regras para ingresso na Magistratura dependem de lei complementar. É assim o comando que está no *caput* do art. 93. Logo, sem lei complementar, as regras introduzidas são, a meu ver, normas de natureza programática, sobretudo as que criarem condições especiais. Dentre elas, a exigência do triênio de atividade jurídica.

Ademais, entendo, *data venia*, que a justiça do preceito é no sentido de o candidato possuir três anos de atividade jurídica no momento da posse, e não de Bacharel em Direito. Deverá ser Bacharel em Direito, sim, para tomar posse, mas poderá ter exercido atividade jurídica sem ter essa titulação acadêmica, afora a norma ainda depender de lei complementar (art. 93, *caput*, da Constituição).

Eis alguns exemplos. Determinada pessoa exerceu, anos a fio, função de Diretor de Secretaria de uma Vara do Trabalho, sem ser Bacharel em Direito. Deixou essa função, concluiu o curso de Direito e, no ano seguinte, pretendeu fazer concurso para Juiz do Trabalho Substituto. Ou, ainda: aprovado em concurso público para Auditor do Trabalho e exercendo esse cargo há mais de cinco anos, uma pessoa, formada em Administração e que acaba de concluir o bacharelado em Direito, busca inscrever-se em concurso de Juiz do Trabalho Substituto. Ninguém duvida que desenvolvia *atividade jurídica* como Auditor do Trabalho, tanto que sempre aplicou as normas pertinentes, e o fez durante cinco anos. O mesmo se aplica à hipótese do Diretor de Secretaria de Vara do Trabalho. Será justo sua inscrição ser indeferida? Ou, se deferida e lograr aprovação, será justo negar-lhe o direito à posse? A meu ver, nas funções que exemplifiquei, as pessoas desenvolveram atividades jurídicas (não privativas de Bacharel em Direito) e obtiveram o que o constituinte derivado pretendeu: maturidade para o exercício da função jurisdicional, que se aplica também ao Ministério Público, a teor do art. 129, § 3º, da Constituição, devendo, no particular, se ter como ampliado o tempo referido no art. 187 da Lei Complementar n. 75/93, de dois para três anos.

Se esses dois exemplos podem suscitar questionamentos e dúvidas, tome-se outro caso possível: em determinada Região da Justiça do Trabalho, submeteu-se a concurso público para Juiz do Trabalho Substituto um Bacharel em Direito com menos de três anos de formado. O candidato logrou aprovação em dezembro de 2005, um ano após a modificação constitucional. O edital fora publicado antes da Emenda n. 45, e, evidentemente, dele não constou a exigência do triênio. Independentemente desse fato, o mencionado candidato a Juiz do Trabalho Substituto já é Juiz do Trabalho Substituto, mas em outra Região trabalhista, na qual foi aprovado em concurso público similar, e ali se encontra em exercício, desde antes da Emenda n. 45. As questões que se apresentam são as seguintes:

> 1) como o edital para o concurso que acaba de prestar é anterior à mencionada Emenda, estaria o aprovado isento de comprovação do triênio?
>
> 2) ainda que não exigido pelo edital, mas por se tratar de mandamento constitucional, não poderá o aprovado ser nomeado?
>
> 3) estando no exercício regular da judicatura, e tivesse o edital sido publicado após a Emenda n. 45, o aprovado no novo concurso estaria isento dessa comprovação?
>
> 4) se as respostas a esses quesitos forem negativa no primeiro e positiva nos demais, o Bacharel, que é Juiz em outra Região, poderia permutar com um colega de mesmo grau de jurisdição?

Tenho por firme que o constituinte derivado pretendeu maturidade dos novos juízes brasileiros. Sendo assim, a resposta aos dois primeiros questionamentos somente poderá ser a da desnecessidade de comprovação, adotando o princípio de que a lei não retroage para prejudicar, embora o Excelso Pretório venha entendendo que as condições podem ser alteradas até a homologação do certame (RE 290.346-9-MG, de 29.5.2001, Relator: Ministro Ilmar Galvão (DJ 29.6.2001) e RE 143.807-0-SP, de 28.3.2000, Relator: Ministro Sepúlveda Pertence (DJ 14.4.2000). Quanto ao último, inexiste impedimento para permuta, porque se trata de troca entre Juízes Substitutos de Regiões diferentes, prevista na normação em vigor.[9]

O nó górdio da questão é outro. O cerne do problema é se, estando no exercício regular da judicatura, e tivesse o edital sido publicado após a Emenda n. 45, já com a exigência constante da Resolução Administrativa n. 907/02, com a alteração introduzida pela Resolução Administrativa n. 1.046/05, do TST, o aprovado no novo concurso estaria isento dessa comprovação? Penso que deve prevalecer o bom senso. O aplicador da lei deve atentar para essa exigência, como bem prevê a Lei de Introdução do Código Civil. Na hipótese aventada, o fato que temos é que o Bacharel, que é 1) um Juiz no exercício regular da judicatura, 2) que tem menos de três anos de diplomado, 3) que se submeteu a novo concurso em outra Região, 3) que provou, pela segunda vez, possuir conhecimento jurídico necessário, 4) que optou pelo caminho mais difícil, ao invés de uma simples permuta. E aí? Aí, não poderá quedar-se inerte o Judiciário e negar-lhe nomeação. A agir dessa forma, seria o mesmo que desconsiderar sua condição atual de Magistratura por concurso, olvidando que logrou nova aprovação.

É uma situação inusitada, dirão alguns? Não é não. Trata-se de uma questão que poderia ser vivenciada por muitos Bacharéis em Direito no Brasil nesse triênio posterior a entrada em vigor da Emenda n. 45, e que só expirou a 31 de dezembro de 2007.

De aduzir, em reforço a todos os aspectos, que o grau acadêmico (Bacharel em Direito) sequer é exigido para ser Ministro da Suprema Corte brasileira (art. 101, da Constituição). Necessário, sim, que o indicado possua notável saber jurídico e reputação ilibada.[10] Registra a história, inclusive, que um médico, Cândido Barata Ribeiro, formado pela Faculdade de Medicina do Rio de Janeiro, foi Ministro do STF, nomeado em 1893, e exerceu o cargo até o ano seguinte, quando foi recusado pelo Senado da República.

Há pouco, o Tribunal de Contas do Estado do Rio de Janeiro publicou edital de 6 de setembro de 2005 para provimento de cargo de Procurador do Ministério Público Especial e, no regulamento do certame, consignou:

Art. 43. Na ocasião da posse, exigir-se-á dos candidatos classificados a comprovação dos requisitos previstos nos incisos III e VII do art. 10.

---

(9) No âmbito da Justiça do Trabalho, a matéria é objeto da Instrução Normativa n. 5 (Resolução Administrativa n. 45/95, DJ 3.4.1995), alterada pela Resolução n. 103/00 (DJ 23.2.2001), que se reporta à Resolução n. 8, de 28.11.1989, do Conselho da Justiça Federal (DJ 30.11.1989).

(10) Acerca da composição do STF e da PEC n. 92-A/95, que pretende alterar o art. 101 da Constituição, v., no meu *Ética, direito;* justiça. São Paulo: LTr, 2004, pronunciamento que fiz perante a Comissão Especial da Câmara dos Deputados que a examina (p. 187-90).

§ 1º *omissis*

§ 2º Serão consideradas formas de prática profissional as atividades de advogado, provisionado ou estagiário que tenha prestado estágio forense oficial ou reconhecido pela Ordem dos Advogados do Brasil; de Procurador de órgão ou pessoa jurídica de direito público; de Magistrado, membro do Ministério Público ou da Defensoria Pública; e de serventuário ou funcionário da Justiça, ou funcionário público que exerça função de natureza técnico-jurídica a ser comprovada:

I — por certidão de efetivo exercício, expedida pelo órgão competente, no caso de Procurador, Magistrado, membro do Ministério Público ou servidor que exerça função de natureza técnico-jurídica;

II — pela apresentação de cópias autenticadas de peças forenses, no mínimo 3 (três) por semestre, com data e autoria incontroversas, por publicações em que o nome do candidato figure como advogado ou estagiário no feito judicial, ou prova de atividade profissional própria de advogado, como definido no respectivo Estatuto;

III — pelo certificado de estágio em entidade oficial ou credenciada na Ordem dos Advogados do Brasil.[11]

Trata-se, como se verifica da simples leitura desse dispositivo, de uma visão bem mais ampla do que aquela que têm adotado alguns dos Ministros da Suprema Corte. Entretanto, parece que as regras fixadas pelo Tribunal de Contas do Estado do Rio de Janeiro são a exceção. A maioria tem sido mais rigorosa que o próprio STF. Optam por três anos como Bacharel em Direito, no ato de inscrição preliminar, comprovada no ato da inscrição definitiva (art. 6º, § 1º)[12], acrescentando o exercício de atividade *eminentemente* jurídica (§ 5º, *c*, da Resolução Administrativa n. 907/02, do TST), ou ocupante de cargo ou função *privativa* de Bacharel em Direito, *excluído o período de estágio* (grifei).[13][14]

A norma vigente no âmbito da Justiça do Trabalho, *v. g.*, exclui, expressamente, o período de estágio (art. 35, § 6º), mas abre oportunidade a que "os candidatos aprovados e que não provem, na data da nomeação, os 3 (três) anos de atividade jurídica ... não serão desclassificados imediatamente e poderão ser nomeados para vagas que surgirem durante o prazo de validade do concurso, desde que, nesse período, completem o mencionado requisito temporal, mantida a ordem rigorosa de classificação (§ 3º), observando, porém, que, se não houver candidatos aprovados em número suficiente para preenchimento das vagas existentes, que atendam à exigência de três anos de atividade jurídica, o concurso perderá a validade" (§ 4º), ou seja, a regra do § 3º ficará superada na ocorrência da hipótese do § 4º. Afora a comprovação da prática de "cinco atos privativos de advogado (Lei n. 8.906, de 4.7.1994, art. 1º), em causas distintas" (§ 7º).

---

(11) Disponível em: <http://www.tce.rj.gov.br/sitenovo/index.htm> Acesso em: 7.11.2005.
(12) Edital do 22º Concurso para provimento de cargos de Procurador da República, de agosto de 2005, art. 6º, § 1º. Disponível em: <http://www.pgr.mpf.gov.br/pgr/concursos/procurador/concurso22/edital_abertura.pdf> Acesso em: 7.11.2005.
(13) Edital de Concurso para o cargo de Juiz de Direito Substituto da Justiça do Distrito Federal e Territórios, de 19 de julho de 2005. Disponível em: <http://www.vestcon.com.br/ft/conc/124.doc> Acesso em: 7.11.2005.
(14) Edital n. 1/05, de concurso para Juiz de Direito Substituto da Justiça do Estado do Pará, de 31 de agosto de 2005 (n. 3.4.1). Disponível em: <http://www.tj.pa.gov.br/WebTJPA/edital/tjpa_05_juiz_substituto_edital.pdf> Acesso em: 7.11.2005.

11.3. O ideal que pode ser feito

Esses exemplos revelam a controvérsia de entendimento em torno do assunto que necessita ser superada. Viola a Constituição, *data venia*, exigir exercício de função *privativa* de Bacharel em Direito, quando essa expressão foi eliminada da Emenda publicada. É injusto desconsiderar o período de estágio supervisionado. A intenção do Constituinte derivado foi buscar profissionais experientes e maduros para desempenho dessas altas funções do Estado, que importaria no princípio da razoabilidade a que referiu a Ministra Ellen Gracie, na ADIn n. 1.040-9-DF. Ocorre que, uma (experiência) e outra (maturidade) não se conquistam aos três anos de graduação, mesmo porque nem se exige que todos os que ingressam nas universidades sejam jovens. Alguns — é fato notório — prestam concurso vestibular quando já acima dos 40 ou 50 anos de idade, sem que tenham seguido o curso normal da educação formal (ensino fundamental, ensino médio, ensino superior). Revezes da vida, levaram milhares de pessoas a interromper seus estudos e a retornarem aos bancos escolares muitos anos depois.

Ademais, experiência e maturidade são conquistadas a cada dia, dentro e fora dos *fori*. Entendo, *data venia*, que a exegese mais justa que deve ser dada ao triênio exigido pela nova redação dos dois preceitos constitucionais é aquela atribuída pelo Tribunal de Contas do Estado do Rio de Janeiro, e, em parte, pelo Tribunal Superior do Trabalho, donde, os arts. 93, I, e 129, § 3º, quanto à exigência do triênio de atividade jurídica para o Bacharel em Direito, devem ser interpretados considerando:

1. não exigência de comprovação no ato das inscrições preliminar ou definitiva;

2. necessidade de comprovar a condição de Bacharel em Direito no ato da inscrição preliminar;

3. necessidade de comprovar a implementação do triênio de exercício de atividade de natureza técnico-jurídica, privativa ou não de Bacharel em Direito, no ato da posse;

4. cômputo, nesse período, do tempo em que o candidato foi provisionado ou estagiário que tenha prestado estágio forense oficial ou reconhecido pela Ordem dos Advogados do Brasil, mediante a comprovação de ter participado de pelo menos 5 (cinco) atos como advogado ou estagiário (Lei n. 8.906, de 4 de julho de 1994).

O tema é, como demonstrado, profundamente controvertido e ainda suscitará muita polêmica, sobretudo no sentido de que não se deve praticar injustiças para o ingresso nas duas carreiras. E, aos milhares de juízes e procuradores brasileiros, poderão achegar-se outros tantos Bacharéis em Direito, que venham a emprestar seus talento, capacidade e conhecimento à causa da Justiça para atender aos milhões de jurisdicionados do Brasil.[**]

(**) Nota de atualização: Presentemente, a matéria está regulada pela Resolução n. 75, de 12 de maio de 2009, basicamente mantendo as regras anteriores, excluindo do período do triênio o tempo dedicado pelo interessado dedicado a estudos de pós-graduação *lato sensu* ou *stricto sensu*, antes permitido, o que, *data venia*, é lamentável porque desestimula, a meu ver, o aumento do conhecimento por parte de futuros juízes, e, ao cabo, termina por contrariar até comando constitucional que recomenda a permanente boa formação, atualização e aperfeiçoamento da magistratura. V. o inteiro teor. Disponível em: <http://www.cnj.jus.br/index.php?option=com_content;view=article;id=7506:resolucao-no-75-de-12-de-maio-de-2009;catid=57:resolucoes;Itemid=1085>.

Capítulo 12

Mudanças na Relação de Trabalho Doméstico

12.1. Os direitos existentes

Está vigendo a Lei n. 11.324, de 19.7.2006, que alterou dispositivos em diversas leis anteriores, a tratar da relação de trabalho doméstico, resultado da conversão da Medida Provisória n. 284, de 6.3.2006.

Tenciono tecer algumas considerações sobre as possíveis novidades introduzidas, lembrando, porém, como já fiz anteriormente (cf. o meu *Globalização e desemprego: mudanças nas relações de trabalho*. São Paulo: LTr, 1998. p. 24-8), que qualquer acréscimo legislativo, para criar mais e novos direitos para o trabalhador doméstico, somente pode ocorrer mediante alteração constitucional, em decorrência de os direitos que a Constituição lhe consagrou o fez, lamentavelmente, em *numerus clausus*, o que significa dizer apenas ele e nenhum mais, como se constata da simples leitura do parágrafo único do art. 7º da Carta, que, ao contrário do *caput*, destinados a todos os outros trabalhadores, não utiliza a dicção *dentre outros*, donde, nesse caso, foi injusto, desigual, discriminador e restritivo. Somente o constituinte derivado poderá modificar esse estado de coisas.

Sendo assim, devemos considerar que, à luz do mencionado dispositivo, o doméstico, desde outubro de 1988, passou a ter constitucionalmente consagrados os seguintes direitos: salário mínimo (inciso IV), irredutibilidade de salário (inciso VI), 13º salário (inciso VIII), repouso semanal remunerado (inciso XV), férias de trinta dias com acréscimo de 1/3 (inciso XVII), licença-gestante de 120 dias (inciso XVIII), devendo ser acrescida da garantia de emprego de cinco meses, prevista art. 10, II, *b*, do Ato das Disposições Constitucionais Transitórias (ADCT), licença-paternidade (inciso XIX), de até cinco dias (art. 10, § 1º, do ADCT), aviso-prévio de pelo menos trinta dias (inciso XXI), aposentadoria (inciso XXIV), além das garantias previdenciárias (final do parágrafo único do art. 7º).

A norma infraconstitucional que cuida da matéria é a Lei n. 5.859, de 11.12.1972, anteriormente alterada pela Lei n. 10.208, de 23.3.2001, incluindo a faculdade de o doméstico ser inscrito no FGTS (art. 3º-A), o que, a meu ver, é violador, no mínimo, do art. 7º, parágrafo único, da Constituição.

12.2. As mudanças da nova lei

A Lei n. 11.324/06, que acaba de ser sancionada, cuida, no seu art. 1º, originário da Medida Provisória n. 284/06, de matéria tributária, remetendo à Lei n. 9.250, de 26.12.1995, permitindo o desconto da contribuição social patronal para fins de imposto sobre a renda (inciso VII), com efeitos a partir de janeiro de 2006 (art. 8º da Lei n. 11.324/06). Duas observações: primeiro, a dedução é por apenas um empregado, ainda que existam declarações em separado. Em outras palavras, quem tiver, *v. g.*, motorista e cozinheira, ou babá e lavadeira, somente poderá deduzir por um único. Segundo, estranhamente, o dispositivo tem aplicação limitada. O desconto somente poderá ser feito até o exercício de 2012. A partir daí, volta tudo como era antes...

O art. 2º da nova lei, também oriundo da Medida Provisória n. 284/06, cuida da previdência social, quanto ao recolhimento de contribuições para fins de 13º salário.

Os arts. 3º, 6º e 7º foram objeto de veto presidencial. Traziam normas que, ao cabo, violariam a Constituição e contrariariam o objetivo maior da Medida Provisória encaminhada ao Parlamento, qual o de incentivar a regularização do trabalho doméstico, retirando-o da informalidade, e, consequentemente, ampliando a receita previdenciária, embora, pelo desconto, com ligeira redução na receita fiscal.

O que há de matéria nitidamente trabalhista é tratado pelo que trouxeram o art. 4º da Lei n. 11.324/06: os arts. 2º A e 4º A, além da nova redação do art. 3º, da Lei n. 5.859/72, e a derrogação do art. 5º, *a*, da Lei n. 605, de 5.1.1949.

A partir de agora, é proibido descontar do salário do doméstico as despesas relativas a alimentação, vestuário, higiene e habitação. A exceção é para moradia, se for em outro local que não a residência onde o empregado trabalhe, e tiver sido previamente ajustado (art. 2º-A, § 1º). Penso que o ajuste prévio deve ser por escrito, com cláusula expressa no contrato de trabalho. E, os uniformes que o empregador exigir passam a ser de sua conta, defeso qualquer desconto a esse título. Note-se que, diferentemente do trabalhador comum, que tem nessas rubricas salário *in natura*, a teor do art. 458 da CLT, no caso do doméstico, a concessão dessas vantagens não importa em incorporação para qualquer fim (art. 2º-A, § 2º).

As férias de trinta dias acrescidas de 1/3 constam do novo art. 3º da Lei n. 5.859/72, modificando os vinte dias expressamente consagrados no texto original. Entendo, todavia, que não é novidade, porquanto esse direito a férias de trinta dias com 1/3 já estava expressamente consagrado na Constituição de 1988 (art. 7º, XVII).

É certo, todavia, que ainda existiam decisões jurisprudenciais conflitantes, e, agora, o tema está definitivamente superado, ajustando-se a norma infraconstitucional à Lei Maior. Nesse particular, o art. 5º da Lei n. 10.324/06 esclarece que o período aquisitivo aos trinta dias de férias passa a ser contado da data da publicação da Lei, que foi a 20.7.2006. Assim, vejo dois caminhos a seguir. O primeiro, a declaração de inconstitucionalidade do art. 5º mencionado, porque viola o art. 7º, XVII, da Constituição, e o reconhecimento ao doméstico de trinta dias de férias, acrescidas de 1/3, desde outubro de 1988, considerando a própria Lei Fundamental. O segundo, a aplicação de vinte dias de férias até 19.7.2006, e de trinta dias com 1/3, a partir de 20.7.2006. Entendo, *data venia* de pensamentos em contrário, que, ante o expresso dispositivo constitucional, que o art. 5º vulnera a Carta Magna e as férias do doméstico são, desde 1988, de trinta dias com o acréscimo do terço constitucional.

À Lei n. 5.859/72 foi acrescido o art. 4º-A, vedando a dispensa, arbitrária ou sem justa causa, da doméstica gestante, da confirmação da gravidez até cinco meses após o parto. A meu ver, não há novidade. O que a Lei n. 10.324/06 fez foi explicar o que o constituinte de 1988 poderia ter deixado obscuro. É que a doméstica tem direito à licença gestante de 120 dias do art. 7º, XVIII, e, por consequência lógica, deveria sempre lhe ter sido reconhecida a garantia de emprego do art. 10, II, *b*, do ADCT, de cinco meses após o parto. A dúvida que o aplicador da Constituição poderia ter tido, agora, definitivamente, foi espancada. Trata-se de uma medida altamente salutar.

O art. 5º, alínea *a*, da Lei n. 605, de 5.1.1949, que cuida de repouso semanal remunerado, dispunha que esse direito o doméstico não possuía. A Constituição de 1988, no art. 7º, XV, derrogou esse dispositivo. Para que não existam dúvidas a respeito, o art. 9º da Lei n. 10.324/06 expressamente o revogou. Em outros termos, o doméstico tem direito ao repouso semanal remunerado, preferencialmente aos domingos.

12.3. Por uma emenda constitucional

Penso que essas foram as alterações. A rigor, do ponto de vista estritamente trabalhista, a Lei n. 11.324/06 prestou-se a esclarecer dúvidas que remanesciam mesmo com a clareza da Constituição de 1988 e o apego a certas regras que estavam superadas a partir do princípio da igualdade entre os trabalhadores.

Novidade mesmo é sua parte tributária (o novo art. 12, VII, da Lei n. 9.250/95), que representa um incentivo tímido, mas de qualquer forma louvável, no caminho para a redução do trabalho informal em nosso país. Quanto aos demais direitos, o art. 7º da Constituição, à vista de seu parágrafo único, contempla os que o trabalhador doméstico possui. Lamentavelmente, os que têm são apenas e exclusivamente aqueles expressamente mencionados.

Por isso mesmo, penso que é hora de se emendar, mais uma vez — já são mais de cinquenta emendas, e mais uma não custa nada —, a Constituição de 1988 e, corrigindo uma atitude injusta, discriminatória e desigual lamentável, excluir de seu texto esse absurdo parágrafo único do art. 7º, fazendo com que o trabalhador doméstico, tão digno quanto qualquer outro trabalhador, tenha os mesmos direitos dos demais, observada, sempre, a peculiaridade desse tipo de relação. Afinal, por uma nova emenda constitucional, *o povo faz a hora, não espera acontecer...*

Capítulo 13

A LEGISLAÇÃO TRABALHISTA E OS CONVÊNIOS COLETIVOS[*]

13.1. A autonomia privada coletiva

O tema em exame objetiva demonstrar a possibilidade de adoção e aplicação de normas coletivas autonomamente negociadas considerando os dispositivos legais brasileiros, que, ainda e induvidosamente, representam, em boa parte, a interferência tutelar do Estado. Para esse fim, realça notar a autonomia privada coletiva.

Com efeito, é a autonomia privada coletiva fruto da atividade dos grupos sociais que têm o direito de elaborar norma jurídica que o Estado reconhece. É exercida pelos sindicatos, através da negociação coletiva. Importa, então, na elaboração do direito positivo pelos próprios interlocutores sociais, demonstrando a coexistência do direito do Estado com o direito particular. É através dela que surgem os convênios coletivos, que é possível usar como expressão genérica, na qual é válido agregar as várias espécies de normas que surgem mediante iniciativa espontânea dos interlocutores sociais.

Em matéria trabalhista, a autonomia privada coletiva visa à criação e à fixação de normas e condições de trabalho no âmbito da representação das categorias envolvidas. Opera-se pela negociação coletiva. *Negociar*, ensinou o sempre lembrado Orlando Teixeira da Costa, *constitui uma forma de interação social que requer muita habilidade e criatividade, à semelhança do que ocorre no processo de elaboração de uma obra de arte.*[1]

No Brasil, essa negociação coletiva costuma ser desenvolvida em dois níveis. *Primus*, de categoria, resultando em uma convenção coletiva de trabalho, prevista no art. 611, do texto consolidado; *secundo*, de empresa, que é representado pelo acordo coletivo de trabalho, referido no § 1º do mesmo art. 611. A legislação brasileira prevê, ainda, o contrato coletivo, que é mais amplo, ao lado da convenção e do acordo coletivos de trabalho (Lei n. 8.542/92, art. 1º § 1º). A eles, podem ser acrescentados os pactos sociais e os regulamentos de empresa, igualmente formas de regular a atividade laboral. São as várias denominações que se costuma atribuir ao instrumento que resulta, geralmente, da negociação coletiva.

Todos esses instrumentos autônomos são reconhecidos pela Constituição da República em vigor, pelo art. 7º, XXVI, que incentiva grandemente a negociação coletiva em suas

---

(*) Estudo elaborado para a obra coletiva em homenagem ao eminente e saudoso jurista Valentin Carrion.
(1) COSTA, Orlando Teixeira da. *O direito do trabalho na sociedade moderna*. São Paulo: LTr, 1999. p. 114.

formas mais conhecidas, quais os dois níveis a que me referi acima (convenções e acordos coletivos de trabalho). Aliás, há uma tendência constitucional no sentido de fortalecimento dos sindicatos e da negociação coletiva, de que são exemplos os arts. 7º, VI, XIII, XIV e XXVI, 8º, VI, e 114,§ 1º, da Constituição vigente.

De acordo com esses preceitos constitucionais, temos que a via negocial pode possibilitar redução salarial (art. 7º, VI); compensação de horário e redução de jornada de trabalho (art. 7º, XIII); regulação de jornadas em turnos ininterruptos de revezamento (art. 7º, XIV); reconhecimento de convenções e acordos coletivos de trabalho (art. 7º, XXVI); participação obrigatória de sindicatos em negociações coletivas (art. 8º, VI); exigência de realização de negociação coletiva (art. 114, § 1º), regra que veio a ser reforçada pela Instrução Normativa n. 4, de 8.6.1993, do C. Tribunal Superior do Trabalho (TST), que uniformizou o procedimento nos dissídios coletivos de natureza econômica no âmbito da Justiça do Trabalho.

A legitimidade exclusiva do sindicato para atuar em negociação coletiva não é, todavia, absoluta e sem exceções, máxime com relação à categoria econômica. O saudoso Valentin Carrion lembrava que, "duas hipóteses têm de ser acolhidas como exceções na legitimidade ativa e passiva da parte patronal: a) as relações coletivas que habitualmente se desenvolvem entre o sindicato de empregados e uma só grande empresa, inclusive com épocas regidas por acordo coletivo; b) os entes públicos que não tem por que se sindicalizar".[2]

Note-se, neste campo, que a legitimidade sindical, que é hierarquizada no Brasil (sindicato, federação e confederação), conforme o art. 617, § 1º, da CLT, observa a regra constitucional que recepcionou o dispositivo consolidado, no sentido de retirar legitimidade das centrais sindicais, que, na prática, são as grandes artífices das mudanças que têm se operado nas relações coletivas de trabalho em nosso país.

No âmbito internacional, a preocupação com a negociação coletiva vem desde as origens da Organização Internacional do Trabalho (OIT), em 1919. Dela tratou a Convenção n. 52, e a contratação coletiva é estimulada pela Convenção n. 98, de 1º.7.1989, cujo art. 4º prevê:

Art. 4º Deverão adotar-se medidas adequadas às condições nacionais, quando seja necessário, para estimular e fomentar entre os empregadores e as organizações de empregadores, de um lado, e as organizações de trabalhadores, por outro, o pleno desenvolvimento e uso de procedimentos de negociação voluntária, com objetivo de regulamentar, por meio de contratos coletivos, as condições de emprego.

O contrato coletivo é definido pela Recomendação n. 91 da OIT, de 29.6.1951, no art. II.2.1, nos seguintes termos:

Art. II.2.1. Todo acordo escrito relativo às condições de trabalho e de emprego, celebrado entre um empregador, um grupo de empregadores ou uma ou várias organizações de empregadores, de um lado, e, de outro, uma ou várias organizações representativas de trabalhadores ou, na ausência de tais organizações, representantes dos trabalhadores interessados, devidamente eleitos e autorizados por estes últimos, de acordo com a legislação nacional.

---

(2) CARRION, Valentin. *Comentários à consolidação das leis do trabalho*. 23. ed. São Paulo: Saraiva, 1998. p. 692.

A Recomendação n. 163, de 19.6.1981, por seu turno, prega a negociação coletiva em todos os níveis.

Releva notar, ainda, que, quando expirado o prazo de vigência de uma norma coletiva, opera-se o fenômeno da ultratividade, que significa a sobrevivência das condições de trabalho após vigência da norma coletiva. A doutrina, todavia, não é pacífica, assinalando Amauri Mascaro Nascimento que, se vencida uma convenção coletiva de trabalho e a cláusula que existia não aparecer no novo instrumento, tem-se por cessados seus efeitos.[3]

13.2. Algumas espécies de normas coletivas autônomas

As normas coletivas autônomas começaram a merecer tratamento constitucional com a reforma constitucional de 1926, prevendo a competência privativa do Congresso Nacional para legislar sobre o trabalho. Apenas com a Carta de 1934, em seu art. 121, § 1º, alínea *j*, é que foi reconhecida a convenção coletiva de trabalho, que a Constituição outorgada de 1937 denominou de *contrato coletivo*. Os Códigos Políticos Máximos de 1946 (art. 157, XII) e de 1967 (art. 158, XIV), bem como este com a Emenda Constitucional n. 1/69 (art. 165, XIV), consagraram as convenções coletivas de trabalho. E a atual Constituição manteve a denominação tradicional — e mais usual no Direito brasileiro —, que é convenção coletiva de trabalho, acrescentando, igualmente, o acordo coletivo de trabalho (art. 7º, XXVI).

Das várias normas coletivas autônomas existentes, elencamos, exemplificativamente, algumas, que são as mais frequentes, sobretudo no Direito brasileiro.

O contrato coletivo está previsto no art. 1º, da Lei n. 8.542/92, da mesma forma como é referido na Lei n. 8.630, de 23.2.1993, que cuida do trabalho portuário, havendo autores que utilizam a expressão como sinônimo de convenção coletiva de trabalho.[4]

Combateu-o, ardorosamente, o saudoso Ministro Orlando Teixeira da Costa, que via nesse tipo de contrato uma forma de subverter a verdadeira finalidade protetora do Direito do Trabalho, mediante a gradual retirada dos direitos trabalhistas arduamente conquistados. Lembrou que *o contrato coletivo de trabalho não só não foi nominalmente referido pela Carta Política, como também com esta manifesta inteira incompatibilidade, uma vez que fundamentado em teoria distinta daquela consagrada pela Lei Fundamental.*[5]

A convenção coletiva de trabalho é celebrada em nível de categoria, aplicando-se na base territorial dos negociadores. Possui natureza de norma jurídica, e seus efeitos alcançam todos os membros da categoria, associados ou não do sindicato dos sindicatos convenentes, embora existam países em que só se aplicam aos associados. Tem efeito cumulativo e só afastam a aplicação da lei quando esta permite. Igualmente é dotada de efeito obrigacional quando fixa obrigação diversa, *v. g.*, Comissão de Empresa a ser constituída, e de efeito

---

(3) NASCIMENTO, Amauri Mascaro. *Iniciação ao direito do trabalho*. 24. ed. São Paulo: LTr, 1998. p. 93.
(4) Dentre outros, Russomano e Segadas Vianna (In: SÜSSEKIND, Arnaldo Lopes *et al*. *Instituições de direito do trabalho* (II). 17. ed. São Paulo: LTr, 1997. p. 1.154-6).
(5) COSTA, Orlando Teixeira da. *Op. cit.*, p. 129. V., acerca das considerações críticas ao contrato coletivo de trabalho feitas por COSTA, Orlando Teixeira da. *Op. cit.*, p. 119-28.

normativo, quando cria ou amplia direitos para os trabalhadores, influindo nos contratos individuais.

A legitimação para ser celebrado acordo coletivo de trabalho é de empresa e do sindicato de trabalhadores, na interpretação mais clara do art. 8º, VI, da Constituição, sendo, todavia, admissível que os trabalhadores possam negociar diretamente se o sindicato se recusar, na acertada esteira do art. 617, § 1º, *in fine*, consolidado, podendo coexistir ambos os instrumentos (convenção e acordo), mas prevalecendo a norma coletiva mais benéfica (art. 620, CLT). Esse princípio da norma mais benéfica encontra amparo no art. 622 da CLT e igualmente no princípio do *favor laboris*, consagrado no art. 19, 8, da Constituição da OIT.

Existem os pactos sociais, de natureza econômico-social, destacando-se o Pacto de Moncloa, da Espanha, envolvendo a sociedade civil, mas esse mecanismo ainda não tem sido aplicado no Brasil.

Finalmente, existem os regulamentos de empresa, estabelecendo regras sobre condições gerais de trabalho. Podem ser unilaterais ou bilaterais; sujeitas ou não à homologação do Estado; obrigatórios ou facultativos. Note-se que uma empresa pode possuir quadro de carreira e não ter regulamento (art. 461, §§ 2º e 3º, CLT).

Para Amauri Mascaro Nascimento, esses regulamentos são facultativos, privados e não dependem de homologação[6], podendo ser alterados pelo empregador, mas deve ser observada a aplicação dos Enunciados ns. 51 e 77 do C. TST, *verbis*:

> **Enunciado n. 51** — As cláusulas regulamentares, que revoguem ou alterem vantagens deferidas anteriormente, só atingirão os trabalhadores admitidos após a revogação ou alteração do regulamento.
>
> **Enunciado n. 77** — Nula é a punição de empregado se não precedida de inquérito ou sindicância internos a que se obrigou a empresa, por norma regulamentar.

13.3. Condições de validade das normas coletivas autônomas

Impõe a legislação brasileira alguns requisitos indispensáveis para que seja reconhecido valor às normas coletivas autonomamente constituídas.

A primeira delas é a *obrigatoriedade de assembleia geral*, que deve ser realizada previamente, como exigência legal de validade do que vier a ser negociado (art. 612, CLT).

O segundo é quanto à *duração da norma* adotada. Terá vigência pelo prazo máximo de dois anos, quando deverá ser revista (art. 614, § 3º, CLT).

O terceiro requisito é o *registro*. A norma coletiva deve ser registrada no órgão do Ministério do Trabalho para que se torne documento revisto de caráter de validade (art. 614, *caput*, CLT). Destina-se a evitar a negociação coletiva secreta, que pode causar prejuízo aos interlocutores sociais, sobretudo aos trabalhadores aos quais a norma vai ser destinada.

---

(6) NASCIMENTO, A. M. *Op. cit.*, p. 93.

O quarto requisito é o da *divulgação* ou *difusão* (art. 614, § 2º, CLT), segundo o qual a norma coletiva deve ser afixada em locais de destaque de modo a que se torne conhecida sobretudo dos integrantes da categoria profissional.

O quinto requisito é o de *revisão* (art. 614, § 3º, da CLT), que torna obrigatória a revisão das regras negociadas a cada dois anos, a fim de adequá-las à realidade, considerando o surgimento de fatos ou situações novas.

Um sexto requisito pode ser acrescentado, qual a da *norma mais favorável*. Trata-se de regra inserta no art. 620 consolidado, que garante que sempre prevalecerá a norma mais favorável, de qualquer natureza, no conflito entre todas, a fim de privilegiar o hipossuficiente.

Durante certo lapso de tempo, questionou-se a constitucionalidade desses dispositivos, ante os termos constitucionais da liberdade sindical mais ampla, agora, todavia, o tema está extreme de dúvidas, sendo perfeitamente constitucional tanto a exigência do registro, como a previsão da publicidade da norma coletiva.

Conclusão

O futuro das relações coletivas de trabalho no Brasil ainda é uma incógnita. Estamos ante uma iminente reforma constitucional que promoverá profundas alterações no Poder Judiciário. Sofrerá mudanças a Justiça do Trabalho, inclusive no que pertine ao seu poder normativo, e, com isso, ampliar-se-á o campo de ação da autonomia privada coletiva, com incentivo relevante à negociação coletiva.

Não apenas, entretanto, a negociação coletiva, como igualmente a outros mecanismos extrajudiciais que têm sido grandemente incentivados no Direito brasileiro, embora ainda de menor aceitação. É o caso da mediação, que, em matéria coletiva, tem sido exercida, com eficiência, pelo Ministério do Trabalho e do Emprego, através de seus mediadores, e que é requisito prévio de tentativa a fim de ajuizamento de dissídio coletivo perante os Tribunais do Trabalho, nos termos da Instrução Normativa n. 4/93, do C. TST.

Igualmente é a arbitragem, mecanismo excelente de solução heterônoma de conflitos, previsto expressamente no art. 114 da Constituição em vigor, para matéria coletiva, e que também pode ser — e tem sido — aplicado em questões individuais. Essa forma extrajudicial, de grande incidência nas relações comerciais, é regulada no Brasil pela Lei n. 9.037, de 23.9.1996, e tem tido lenta e gradual receptividade nas questões trabalhistas.[7]

A prática de todos esses mecanismos, todavia, dependerá do comportamento da própria sociedade, dos interlocutores sociais, dos quais se exigirá sinceridade de propósitos, honestidade na busca das soluções para os problemas trabalhistas e confiança recíproca.

Finalmente, cuidados devem ser tomados a fim de que o lado mais fraco do jogo social não termine prejudicado. É certo, todavia, que a negociação coletiva e os instrumentos

---

(7) V., a respeito, os meus *A arbitragem e os conflitos coletivos de trabalho no Brasil*. São Paulo: LTr, 1990; e, *A nova lei de arbitragem e as relações de trabalho*. São Paulo: LTr, 1997.

que dela resultam somente alcançarão êxito se tivermos uma organização sindical menos rígida, e, induvidosamente, o modelo brasileiro é muito inflexível[8], devendo ser revista. Isso será fruto da consciência amadurecida dos interlocutores sociais, aos quais cabe a tarefa de, garantindo a dignidade do homem-pessoa trabalhador, promover o bem-estar de toda a sociedade.

---

(8) N. sentido: Segadas Vianna (In: SÜSSEKIND, A. L. *et al. Op. cit.*, p. 1.143).

Capítulo 14

TRANSFERÊNCIA DE EMPRESA NO DIREITO DO TRABALHO DO BRASIL[*]

Introdução

Inicialmente, desejo expressar meus agradecimentos aos juristas italianos que proporcionaram meu retorno a Modena e o faço na pessoa da eminente profa. Luisa Galantino, das Universidades de Modena e Reggio Emilia.

Compartilho, neste momento, minha alegria de retornar à Itália com minha dileta colega Yone Frediani, e relembro os agradáveis momentos que aqui passamos em 2001 e quando tivemos, ela e eu, a alegria de receber, em 2003, os professores italianos em São Paulo e Belém do Pará, respectivamente.

Devo desenvolver tema acerca de transferência de empresa no Direito brasileiro e passarei a fazê-lo a partir de agora.

14.1. A sucessão e a disregard doctrine no Brasil

Em meu país, dentro da transferência de empresa ocorre a sucessão trabalhista, conforme os arts. 10 e 448 da Consolidação das Leis do Trabalho (CLT) que contém normas gerais e imprecisas. Dispõe o art. 10, *verbis*:

Art. 10. Qualquer alteração na estrutura jurídica da empresa não afetará os direitos adquiridos por seus empregados.

O art. 448 consolidado consagra que, *verbis*:

Art. 448. A mudança na propriedade ou na estrutura jurídica da empresa não afetará os contratos de trabalho dos respectivos empregados.

A sucessão é aplicável tanto aos trabalhadores e empregadores urbanos como aos rurais, a teor do art. 1º, *caput*, da Lei n. 5.889/73.

(*) Conferência no Seminário sobre Brasil x Itália, promovido pelas Università degli Studi di Modena e Reggio Emilia e Università degli Studi di Parma, em Modena (Itália), a 22 de agosto de 2004.

Com efeito, resulta evidente que, no Brasil, não rompe nem descaracteriza a relação de emprego modificações na propriedade ou na estrutura jurídica patronal. A alteração subjetiva do contrato só ocorre com relação à pessoa do empregador. O que altera é a estrutura jurídica do titular da empresa, *v. g.*, de sociedade por cotas para sociedade anônima, ou fusões, cisões ou incorporações, sem qualquer influência nos contratos de trabalho vigentes que permanecem íntegros. Importa dizer que mudanças intra e interempresariais não afetam os contratos de trabalho. Muda a propriedade, sim, mas permanecem íntegros os pactos laborais vigentes desde antes.

Adota-se no Brasil a *disregard doctrine* ou *disregard of legal entity*, elaborada pelo alemão Haussmann e desenvolvida, na Itália, por Mossa, fundada em célebre julgamento do Juiz Marshall, da Suprema Corte americana, no ano 1809, ocorrendo a despersonalização do empregador, pessoa jurídica.

O recente Código Civil brasileiro (Lei n. 10.406, de 10 de janeiro de 2002) contempla regra bem clara a esse respeito, aplicando-se às questões trabalhistas, a teor do art. 8º, parágrafo único, da CLT. O art. 50 da Lei Substantiva Civil brasileira prevê que, *verbis*:

> **Art. 50**. Em caso de abuso da personalidade jurídica, caracterizada pelo desvio de finalidade, ou pela confusão patrimonial, pode o juiz decidir, a requerimento da parte, ou do Ministério Público quando lhe couber intervir no processo, que os efeitos de certas e determinadas obrigações sejam estendidos aos bens particulares dos administradores ou sócios da pessoa jurídica.

Ora, a jurisprudência brasileira é cediça no reconhecimento de que qualquer alteração empresarial não afeta o contrato de trabalho. Ao revés, ocorre a transmissão de créditos e dívidas trabalhistas do alienante ao adquirente. Os requisitos para que isso se proceda são, basicamente, os seguintes: 1) transferência da unidade econômico-jurídica; 2) continuidade da prestação laborativa.

Existem algumas situações peculiares que merecem referência. Ocorre sucessão em casos de mudança de empresa em concessão de serviços públicos e de arrendamento. Em caso de mudança de propriedade decorrente de arrematação em hasta pública, a sucessão depende dos termos em que se encontrar o respectivo edital, mas existe precedente jurisprudencial de que não há falar em sucessão se se tratar de empresa falida.

De igual sorte, não ocorre, pelas suas peculiaridades, sucessão no trabalho doméstico, porquanto, no Brasil, a atividade doméstica, conquanto tratada expressamente pela Constituição da República (art. 7º, parágrafo único), está excluída da CLT, tratando-se de norma esparsa.

De assinalar que cláusula de não responsabilização não possui efeito nos contratos de trabalho, porque estes são regulados por normas jurídicas imperativas, sobretudo aquelas constantes da CLT. O que é consagrado é que o novo proprietário sub-roga-se nas obrigações do anterior, sendo reconhecido que o sucessor tem direito a ação regressiva no juízo cível contra o sucedido, a teor do art. 70, n. III, do Código de Processo Civil.

Recentemente, diversas empresas públicas, especialmente de telecomunicações e de energia elétrica, foram privatizadas. Em hipótese dessa natureza, tem sido aplicada a *disregard doctrine*, que é regra também quando a sucessão se processa tanto na empresa como em um de seus estabelecimentos, porque, também nesses casos, ocorre a despersonalização da pessoa jurídica do empregador. O que se tem, regra geral no Brasil, é a superioridade do contrato de trabalho sobre os vínculos de propriedade da empresa ou do estabelecimento.

Na área bancária, por exemplo, isto é nítido em decisão do C. Tribunal Superior do Trabalho, que é o órgão de cúpula do Judiciário trabalhista do Brasil. A Orientação Jurisprudencial n. 261 da Subseção Especializada em Dissídios Individuais n. 1 (SBDI-1) daquela Corte assinala que, *verbis*:

> Bancos. Sucessão trabalhista. As obrigações trabalhistas, inclusive as contraídas à época em que os empregados trabalhavam para o banco sucedido, são de responsabilidade do sucessor, uma vez que a este foram transferidos os ativos, as agências, os direitos e deveres contratuais, caracterizando típica sucessão trabalhista.

Conclusão

Do que expus, em traços pincelares, resulta induvidoso que, no atual Direito do Trabalho brasileiro, nenhuma alteração econômico-jurídica em uma empresa ou em um estabelecimento modifica os contratos de trabalho. Toda a responsabilidade é transferida, na sua integralidade, para o sucessor que, sem exceções, passa a ser o único responsável.

A adoção da *disregard doctrine* é pacífica nas Cortes trabalhistas, tanto em nível de empresa e de estabelecimento, como de grupos de empresas, acentuando a magistrada e professora brasileira Suzy Elizabeth Cavalcante Koury que, "percebe-se, então, que o Direito do Trabalho, comprometido com a realidade social, não ignorou as relações de controle e os interesses comuns existentes entre as empresas componentes de grupos, evitando, através da aplicação da *disregard doctrine*, o tão condenável divórcio entre o direito e a realidade".[1]

Essa garantia ao empregado tem procedência a fim de não ser deixado o hipossuficiente à míngua de qualquer proteção, na ocorrência de modificações na empresa. Ao cabo, é o trabalhador a mola propulsora da atividade econômica. Sem ele, a empresa não funciona. Sem ele, na condição de empregado, recebendo sua remuneração, não haverá consumidor para os produtos da mesma empresa. É ele, o trabalhador, a peça mais importante da empresa e não pode ficar desprotegido. Assim que se procede no Brasil: ao trabalhador, ainda que possa ser mínima, a proteção deve existir e a Magistratura do Trabalho em meu país tem zelado para que seja conservada.

Bibliografia

DELGADO, Mauricio Godinho. *Curso de direito do trabalho*. São Paulo: LTr, 2002.

DUARTE NETO, Bento Herculano (coord.). *Manual de direito do trabalho* (estudos em homenagem a Cássio Mesquita Barros). São Paulo: LTr, 1998.

---

(1) KOURY, Suzy Elizabeth Cavalcante. *A desconsideração da personalidade* (disregard doctrine) *e os grupos de empresa*. 2. ed. Rio de Janeiro: Forense, 2003.

KOURY, Susy Elizabeth Cavalcante. *A desconsideração da personalidade* (disregard doctrine) *e os grupos de empresa*. 2. ed. Rio de Janeiro: Forense, 2003.

MARANHÃO, Délio *et al*. *Instituições de direito do trabalho*. 19. ed. São Paulo: LTr, 2000. v. 2.

MARTINS, Sérgio Pinto. *Direito do trabalho*. 12. ed. São Paulo: Atlas, 2000.

SANTOS, Hermelino de Oliveira. *Desconsideração da personalidade jurídica no processo do trabalho*. São Paulo: LTr, 2003.

Capítulo 15

A Empreitada no Direito Brasileiro do Trabalho[*]

Introdução

Inicialmente, desejo expressar meus agradecimentos aos juristas italianos que proporcionaram o meu retorno à Universidade de Parma, compartilhando essa alegria com minha ilustre colega, profa. Yone Frediani.

Abordarei o tema *A empreitada no direito brasileiro do trabalho*, demonstrando como se acha regulada, como atua o Judiciário trabalhista em meu país e qual o moderno posicionamento jurisprudencial a respeito.

Aspectos gerais da empreitada

É a empreitada um contrato de natureza civil, com objeto específico e delimitado, que se acha regulado pelos arts. 1.237 e a 1.247 do atual Código Civil Brasileiro. Ocorre quando uma pessoa física, autônoma, executa sozinha ou com auxiliar ou auxiliares obras de valor econômico não elevado. É daí que advém a natureza material desse contrato: 1) a tipificação do empreiteiro, que é um operário singular; e, 2) a realização de obra de pequeno porte.

Na empreitada, inexistem os requisitos da subordinação e da pessoalidade, geralmente presentes nos contratos de trabalho. Com efeito, as principais diferenças entre contrato de empreitada e contrato de emprego, ou seja, de trabalho subordinado, são bastante claras.

Quanto ao objeto, na empreitada, verifica-se determinação da obra a ser realizada e, no contrato de emprego, há uma indeterminação de toda a gama de atividades que o empregado poderá realizar. Quanto à pessoalidade, esse requisito não se apresenta na empreitada, mas é nota na relação de emprego. E, quanto à subordinação, o empreiteiro é autônomo e o empregado é necessariamente subordinado.

A empreitada pode ocorrer de duas modalidades: 1. com material dado pelo dono da obra; e 2. com material fornecido pelo empreiteiro. É necessária a celebração de um contrato escrito, vinculando o pequeno empreiteiro à atividade que vai desenvolver, com valores

---

(*) Conferência no Seminário sobre Brasil x Itália, promovido pelas Università degli Studi di Modena e Reggio Emilia e Università degli Studi di Parma, em Parma (Itália), a 23 de setembro de 2004.

ajustados, prazos de execução, prazos e forma de pagamento, fornecimento de material, além de duas testemunhas do documento, que deve ser devidamente autenticado para fazer prova futura.

No que tange ao Judiciário brasileiro, é da Justiça do Trabalho a competência para apreciar ações movidas por pequeno empreiteiro (operário ou artífice), nos termos do art. 652, *a*, III, da Consolidação das Leis do Trabalho (CLT), conforme previsão contida no art. 114, *in fine*, da Constituição da República de 1988. Trata-se de uma competência imprópria da Justiça do Trabalho, de natureza processual, porquanto, no geral, limita-se a apreciar demandas envolvendo empregados e empregadores, cabendo, no caso de empreitada, a discussão limitar-se ao pagamento do valor total ou do saldo da empreitada avençada. Com isso, também cabe à Justiça trabalhista detectar casos de simulação que eventualmente podem ocorrer, como forma de fraudar os direitos trabalhistas do hipossuficiente. Assim tem entendido, aliás, a jurisprudência dos Tribunais trabalhistas do Brasil, *v. g.*: "EMPREITADA DE PEQUENO PORTE. ATIVIDADE FIM DA EMPRESA CONTRATANTE. A contratação de empregados para o exercício de atividades pertinentes ao fim empresarial, por meio da pactuação de empreitadas de pequeno porte, objetiva burlar a aquisição de direitos trabalhistas. A hipótese atrai a incidência do art. 9º da CLT. Recurso provido".[1]

Interessante observar que as cortes trabalhistas brasileiras têm apreciado diversas demandas que tratam de subempreitada. Em casos que tal, a posição adotada, sem maiores divergências é no sentido de que: "CONTRATO DE SUBEMPREITADA. EMPREITEIRO PRINCIPAL. DIREITO DO EMPREGADO. Na existência de contrato de empreitada, assiste ao empregado o direito de reclamar perante a Justiça contra o empreiteiro principal, podendo este propor ação regressiva contra o subempreiteiro. Recurso desprovido".[2]

Tal sucede em decorrência de reconhecer a culpa *in eligendo* do dono da obra, como tem assinalado o C. Tribunal Superior do Trabalho, *verbis*: "CONTRATO DE EMPREITADA. RESPONSABILIDADE SOLIDÁRIA. DONO DA OBRA. CULPA *IN ELIGENDO* — A falta de idoneidade do empreiteiro atrai a responsabilidade solidária do dono da obra por culpa *in eligendo*. Recurso de revista conhecido e provido".[3]

Ademais, em caso de falência do empreiteiro, idêntico tem sido o entendimento jurisprudencial, *verbis:* "EMPREITADA. RESPONSABILIDADE DO DONO DA OBRA. FALÊNCIA DO EMPREITEIRO — A falência do empreiteiro é, por si só, suficiente à conclusão em torno da respectiva inidoneidade econômica e financeira, fato que atrai a responsabilidade do dono da obra, a teor do disposto no salutar art. 9º da CLT: Serão nulos de pleno direito os atos praticados com o objetivo de desvirtuar, impedir ou fraudar a aplicação dos preceitos contidos na presente Consolidação".[4]

De outro lado, está sedimentado o posicionamento segundo o qual: "CONTRATO DE EMPREITADA — Não há vínculo de emprego entre o dono da obra e o trabalhador contratado pelo empreiteiro para execução da obra, porquanto o dono da obra não tem

---

(1) Ac. 2ª T.: Julg: 8.6.00 TRT-RO: 0482/00 Publ. DJ 14.7.00 Rel. Juíza: Heloísa Pinto Marques.
(2) TRT 13ª R. — Acórdão n. 29749 — RO 1032/96 — Relator: Juiz José Dionizio de Oliveira — DJPB 3.10.96.
(3) TST 2ª T. RR 4452/88.4, in: *DJU* 8.8.90. p. 7.480.
(4) TST — Pleno — E/RR. 3.692/1985.7 in: *DJU* 10.11.1989. p. 16.951.

interesse na continuidade da prestação de serviços, mas apenas na execução da obra, o que evidencia um típico contrato de empreitada".[5]

Conclusão

Em síntese, é possível afirmar, com relação ao Brasil, que o contrato de empreitada, desde que o empreiteiro seja operário ou artífice, é da competência da Justiça do Trabalho e que existe responsabilidade solidária do dono da obra com relação ao empreiteiro se este for inadimplente com os empregados que contratar, considerando a culpa *in eligendo*.

---

(5) Ac. 3ª T. 11510/03, 4.11.03. Proc. RO-V 00338-2003-020-12-00-1. Unânime. Rel.: Juiz Gilmar Cavalheri. Publ. DJ/SC 21.11.03. p. 235.

Parte II

DIREITO PROCESSUAL DO TRABALHO

Capítulo 1

PREPOSTO SEMPRE EMPREGADO

O Diário da Justiça da União, de 5.5.2008, publicou a Resolução n. 146 do Tribunal Superior do Trabalho, de 24 de abril, alterando a redação da Súmula n. 377 da Corte, que era a antiga Orientação Jurisprudencial n. 99, da SBDI-1.

Anteriormente, o enunciado dessa súmula registrava:

377. PREPOSTO. EXIGÊNCIA DA CONDIÇÃO DE EMPREGADO — Exceto quanto à reclamação de empregado doméstico, o preposto deve ser necessariamente empregado do reclamado. Inteligência do art. 843, § 1º, da CLT.

Agora, consigna:

377. PREPOSTO. EXIGÊNCIA DA CONDIÇÃO DE EMPREGADO. Exceto quanto à reclamação de empregado doméstico, ou contra micro ou pequeno empresário, o preposto deve ser necessariamente empregado do reclamado. Inteligência do art. 843, § 1º, da CLT e do art. 54 da Lei Complementar n. 123, de 14 de dezembro de 2006.

A única mudança verificada foi o acréscimo do micro e do pequeno empresário dentre as exceções que liberam o preposto de ser empregado do reclamado.

A posição do TST, que os juízes de graus inferiores devem observar, em respeito à disciplina judiciária, a meu ver, labora em grande equívoco, e está afastada da realidade. É certo que a interpretação da Corte Superior é antiga (de 1997, mais de uma década portanto).

A própria origem da palavra preposto, do latim *proepositus*, expressão que se achava no Código Comercial Português de 1833, importa em uma pessoa colocada à frente de uma operação para a conduzir ou dirigir, como recordou J. X. Carvalho de Mendonça, no seu clássico *Tratado de direito comercial brasileiro* (Rio de Janeiro: Freitas Bastos, 1933. v. II, p. 435 *passim*).

Ademais, preposto é um substituto, e a CLT não registra que seja ou não empregado. Nessa linha, aliás, seguem Isis de Almeida (*Manual de direito processual do trabalho*. 3. ed. São Paulo: LTr, p. 144), Sérgio Pinto Martins (*Direito processual do trabalho*. São Paulo: Atlas, 1993. p. 111), Melchíades Rodrigues Martins (*O preposto e a representação do empregador em juízo trabalhista e órgãos administrativos*. São Paulo: LTr, 2002. p. 54 *passim*) e Amauri Mascaro Nascimento (*Curso de direito processual do trabalho*. 10. ed. São Paulo: Saraiva, 1989. p. 139-41), dentre outros.

Época houve, no passado, em que o entendimento da Alta Corte era diferente (Proc. TST RO AR 397.664/97, da SBDI-2, Rel.: Min. João Oreste Dalazen), interpretando o dispositivo tal como foi originariamente redigido. Sobreveio a OJ n. 99, transformada em

Súmula n. 377. Alterou-se sua redação, mas continuamos a não ter ampliado o alcance do dispositivo consolidado.

A revisão do importante precedente, todavia, poderia ter sido melhor. Foi razoável, mas, ainda de forma extremamente branda, e que, acredito, futuramente, deverá ensejar nova alteração para melhor aperfeiçoamento.

Penso que as mudanças na estrutura empresarial em todo o mundo, e no Brasil também, são de tal monta, que, hoje, exigir que preposto seja empregado é quase exigir que a empresa não compareça em juízo ou que esteja presente seu proprietário.

É que existem empresas de poucos empregados e que atuam em muitos locais do território brasileiro, muitas vezes com apenas um único empregado em uma cidade, que pode, inclusive, ser o próprio reclamante.

Ora, mandar um preposto empregado de uma cidade para outra, quando a exigência legal é muito mais branda, imagino que andaria melhor o TST se tivesse, ao contrario de ampliar o alcance da Súmula n. 377 para o micro e o pequeno empresário, revogado-a e mantido a redação primitiva do art. 853, 1º da CLT: preposto é *qualquer ...que tenha conhecimento do fato, e cujas declarações obrigarão o proponente.*

A meu ver, o dispositivo consolidado não se prestava para dúvidas. Se bem não andava a Súmula n. 377, continua caminhando com a mesma dificuldade a mesma Súmula n. 377 com sua nova redação.

No entanto, enquanto ela sobreviver, devem todos observá-la. Afinal, a isso chamamos de disciplina judiciária e os Juízes devem sempre ter como paradigma para não criar falsas expectativas para o jurisdicionado.

Capítulo 2

DAS IMUNIDADES DE JURISDIÇÃO E DE EXECUÇÃO NAS QUESTÕES TRABALHISTAS[*]

Introdução

Abordarei, neste estudo, um aspecto relevante das relações de trabalho e do acesso à Justiça. Cuidarei das imunidades de jurisdição e de execução em questões trabalhistas envolvendo os entes de Direito Internacional Público ou externo, especialmente quanto às atividades em consulados que são os casos mais frequentes na Justiça do Trabalho, porquanto as ações movidas contra as Missões Diplomáticas acreditadas no Brasil são normalmente ajuizadas em Brasília, perante as Varas do Trabalho vinculadas ao TRT da 10ª Região. As demais 23 Regiões Trabalhistas brasileiras recebem ações em que são partes Consulados ou Organismos Internacionais, especialmente.

Como tenho insistido, ao longo de mais de três décadas, não pode o Judiciário criar, ao jurisdicionado, expectativa de vitória, se, ao cabo, não poderá executar a sentença que vier a ser proferida. É o que tentarei demonstrar ao final.

2.1. A competência judiciária

O primeiro ponto que deve ser imediatamente esclarecido ao exame de ações que envolvam ente de Direito Internacional Público é o que refere à competência, que, como sabido, continua sendo classicamente definida como *limite da jurisdição*. Assim, dentro dessa linha, tem sido feita grande confusão entre competência e imunidade, coisas completamente distintas.

Recentemente, ao exame de uma demanda dessa natureza, rejeitei preliminar oposta pelo recorrente Consulado da República Bolivariana da Venezuela, nos seguintes termos:

> "[O Consulado] entende que a Justiça do Trabalho não tem competência para julgar o presente feito, nos termos do art. 43 do Decreto n. 61.078/67, que incorporou a Convenção de Viena ao direito interno, aplicando-a nas relações jurídicas do Consulado em todo o território nacional.

---

[*] Texto elaborado para a obra coletiva coordenada pelo dr. Bruno Freire e Silva para a coleção *Leituras complementares*. Salvador: Jus Podivm.

Sustenta que a admissão e relação havida entre o reclamante e o Consulado da Venezuela são atos de império, que afastam a competência da Justiça do Trabalho para julgar o processo, devendo ser extinto sem resolução do mérito, *ex vi* do art. 267, IV e VI, do CPC.

Sem razão.

Data venia, labora em equívoco a República Bolivariana da Venezuela. Não se trata de incompetência da Justiça do Trabalho. É ela competente para apreciar este feito. E o é desde 1988, quando o art. 114 da Carta em vigor ampliou a competência desta Justiça para abranger os entes de direito público externo. Inalterou-se a situação com a Emenda n. 45/04, e o inciso I atual, manteve a mesmíssima regra anterior.

No caso destes autos, trata-se de empregado consular (auxiliar de serviços gerais), e, sendo assim, é induvidosa a competência trabalhista.

Diferente seria se fosse funcionário consular, categoria especial, na qual se inclui o próprio Cônsul-Geral e os demais de carreira ou, o que não é o caso, os *electi* (honorários). Se fosse esse caso — não é —, por aplicação analógica da interpretação que o Excelso Pretório deu à competência quanto aos servidores do Estado brasileiro (ADIn n. 3.395-6-DF, Rel.: Min. Cezar Peluso) a competência seria da Justiça Federal brasileira.

Assim, rejeito a preliminar de incompetência da Justiça do Trabalho para apreciar este feito."[1]

Ninguém duvide, então, que, quando se tratar de demanda contra ente de Direito Internacional Público, a competência, salvo se for hipótese de funcionário do ente estrangeiro ou internacional, será da Justiça do Trabalho (art. 114, n. I, da Constituição).

2.2. As duas imunidades

Fixada, então, a competência, passemos às duas imunidades, de jurisdição e de execução, em matéria trabalhista.

O tema é antigo. Tem sido questionado e discutido amplamente em todos os *fori* jurídicos brasileiros. Boa parte da doutrina, e praticamente a totalidade da jurisprudência do país, têm se encaminhado no sentido de que os atos praticados com a contratação de empregados pelos entes públicos internacionais não são de império (*jus imperii*), mas de gestão (*jus gestionis*), por cuidar de atividade gerencial da entidade consular. Insistem em afirmar que os procedimentos para contratação e direção da relação empregatícia não estão relacionados com a soberania do Estado estrangeiro.

---

(1) Razões da minha justificativa de voto vencido no Acórdão TRT-1ª T. — RO 00383-2008-015-08-00-7, de 26.5.2009 — Recorrente: Consulado Geral da República Bolivariana da Venezuela *vs*. Recorrido: Michel Tobias Barbosa. Prolatou o acórdão a Juíza Revisora, dra. Rosita Nassar, ementando-o assim: "Imunidade de jurisdição. Ação trabalhista. A jurisprudência do Tribunal Superior do Trabalho e do Supremo Tribunal Federal conferem caráter relativo à imunidade de jurisdição às demandas que envolvam atos de gestão, como nesta hipótese, em que se debate o reconhecimento de direitos oriundos de uma relação empregatícia."

O fundamento é sempre o mesmo: a decisão da Suprema Corte proferida na AC 9.696-3-SP (Relator: Min. Sydney Sanches), em que Genny de Oliveira, viúva de um antigo empregado do escritório de representação comercial da extinta República Democrática da Alemanha em São Paulo, reclamou haveres do *de cujus*. Usa-se esse aresto do Excelso Pretório, que trata especificamente de *Estado estrangeiro* para decidir questões que envolvem Missões Diplomáticas, Repartições Consulares, Organismos Internacionais, Missões Especiais, tudo enfim ligado à representação internacional e/ou estrangeira, o que, do ponto de vista técnico-jurídico, não é correto, eis que as personalidades jurídicas desses entes são absolutamente diferentes.

Escrevi inúmeras vezes a esse respeito.[2] Momentos existiram em que fiquei praticamente isolado na doutrina brasileira. Mas, pouco a pouco, começaram a ver que a razão estava aqui. Wagner D. Giglio[3] e Arnaldo Lopes Süssekind[4], no Direito do Trabalho especificamente, Celso de Albuquerque Mello[5] e Luiz Ivani Amorim Araújo[6], no Direito Internacional, foram — e são — alguns dos juristas que, de projeção internacional, entendem de modo semelhante ao meu.

A Constituição do Brasil não *revogou* a imunidade de jurisdição, até porque tratado internacional não se revoga, se denuncia. Nem é verdade que o costume internacional tenha sido alterado. Nem é correto afirmar que a maioria dos Estados não aceita a imunidade trabalhista. A regra inserta no art. 114 da Carta Magna teve por fundamento um livro de minha autoria, *Imunidade de jurisdição trabalhista dos entes de Direito Internacional Público*[7], que houvera sido ganhador do Prêmio *Oscar Saraiva*, de Direito Processual do Trabalho, do C. Tribunal Superior do Trabalho.

Imunidade não decorre de ato soberano do Brasil, mas de princípio assente no Direito Internacional e também nas Convenções de Viena de 1961 e 1963, tratando, respectivamente das representações diplomáticas e das repartições consulares, e que o Brasil ratificou.

Não se trata mais de invocar o princípio da extraterritorialidade, como fizeram Hugo de Grócio[8] e Montesquieu[9], como já assinalei, no passado, perante o Tribunal Regional do Trabalho da 8ª Região, sediado em Belém do Pará, no julgamento do Proc. TRT-AR 6.371/96 (Ac. 214/96-SE — Consulado da Venezuela *vs.* Jacira da Silva Souza), tendo assim ementado a justificativa de voto vencido:

> I. O exercício da jurisdição arrima-se em dois princípios: o da efetividade e o da submissão. O princípio da efetividade significa que o juiz é incompetente para proferir sentença que não tenha possibilidade de executar (Amilcar de Castro).

---

(2) Por todos, *Competência internacional da justiça do trabalho*. São Paulo: LTr, 1998. p. 38-53.
(3) GIGLIO, Wagner D. *Direito processual do trabalho*. São Paulo: LTr, 1993. p. 66-72.
(4) SÜSSEKIND, Arnaldo Lopes. *Curso de direito do trabalho*. 2. ed. Rio de Janeiro: Renovar, 2004. p. 184-7.
(5) MELLO, Celso D. de Albuquerque. *Direito constitucional internacional*. Rio de Janeiro: Renovar, 1994. p. 329-42.
(6) ARAÚJO, Luiz Ivani de Amorim. *Direito internacional público*. Rio de Janeiro: Forense, 1984. p. 273.
(7) V. o meu *Imunidade de jurisdição trabalhista dos entes de direito internacional público*. São Paulo: LTr, 1986.
(8) GRÓCIO, Hugo de. *Del derecho de la guerra y de la paz*. Trad. Jaime Torrubiano Ripoll. Madrid: Reus, 1923. v. III, p. 29.
(9) MONTESQUIEU. *Do espírito das leis*. L. XXVI, Cap. XXI. Trad. Gabriela de Andrade Dias Barbosa. Rio de Janeiro: Tecnoprint, s.d.p. p. 344-5.

II. As leis políticas ordenam que todo homem esteja sujeito aos tribunais criminais e civis do país onde se acha e à animadversão do soberano.

O direito das gentes quis que os princípios enviassem uns aos outros embaixadores; e a razão, tirada da natureza da coisa, não permitiu que esses embaixadores dependessem dos soberanos, junto aos quais eles fossem enviados nem de seus tribunais. Eles representam a palavra do príncipe que os envia e essa palavra deve ser livre. Nenhum obstáculo deve impedir que eles possam agir. Eles poderão muitas vezes desagradar, porque falam para um homem livre. Poder-lhes-iam ser atribuídas dúvidas, se pudessem ser presos pelas dívidas. Um príncipe que possuísse um orgulho natural falaria pela boca de um homem que tem tudo a temer. É preciso portanto seguir, quanto aos embaixadores, as razões originadas do direito das gentes, e não as que derivam do direito político. Porque, se eles abusarem da sua pessoa representativa, far-se-á cessar esse abuso, reenviando-os para o seu país. Poder-se-á mesmo acusá-los perante o seu senhor, o qual se tornará assim o seu juiz ou seu cúmplice (MONTESQUIEU. *O espírito das leis,* L. XXVI, Cap. XXI).

III. Continua existindo a imunidade de jurisdição que só pode ser afastada mediante expressa renúncia do ente de direito internacional público, por força do princípio *par in parem non habet imperium.*

IV. Da mesma forma está presente a imunidade de execução, e, sem renúncia a ela, fica inviabilizado qualquer procedimento visando tornar a efeito o julgado contra ente de Direito Internacional Público.

V. Em nome da boa convivência entre o Estado brasileiro e os demais integrantes da Comunidade Internacional, a notificação inicial para um ente de Direito Internacional Público comparecer à Justiça do Trabalho deve ser pessoal, observando a regra constante do art. 222, alínea *c,* do CPC.[10]

O costume internacional é uma prática comum na maioria dos Estados. O princípio *par in parem non habet imperium* não foi suprimido, mas, ao revés, continua sendo adotado por todos os Estados, e está expresso nos *consideranda* das Convenções de Viena de 1961 e 1963. Ressalto, ademais, que, quanto às repartições consulares, 1) a Convenção de Viena de 1963 alerta expressamente para a vigência do costume internacional, para os Estados estrangeiros, e 2) não se trata de aplicar regra costumeira alguma, mas norma expressa em tratado internacional que o Brasil ratificou, porque se trata de Consulado, Repartição Consular, órgão de representação do Estado estrangeiro.

2.3. Esclarecimento necessário do STF

Penso que é esse o ponto crucial, quando se pretende tomar por fundamento para tudo resolver o já mencionado aresto da Suprema Corte do Brasil (AC 9.696-3-SP). Exato porque não se trata de Estado estrangeiro, mas de Consulado, e o julgado do STF trata de

---

(10) Cf. *Revista do TRT da 8ª Região,* Belém, 57(29): 239-45, dez. 1996.

Estado estrangeiro, não sendo a Convenção de Viena de 1963, específica para repartição consular, um costume, mas um tratado internacional, regularmente ratificado pelo Brasil, em pleno vigor no nosso ordenamento jurídico internacional, sendo fonte do Direito, não tendo sofrido qualquer reserva, interpretativa ou excludente, aquando da nossa ratificação, impossível não se aplicar a regra nele contida.

Há pouco, o Excelso Pretório iniciou o julgamento de dois recursos extraordinários, da relatoria da Ministra Ellen Gracie, suspenso em decorrência de pedido de vista da Ministra Carmen Lúcia. Tratam-se dos REs 578.543/MT e 597.368/MT, examinando julgado do E. TRT da 23ª Região (sediado em Cuiabá), cuidando de imunidade de jurisdição e de execução de organismo internacional, especificamente do Programa das Nações Unidas para o Desenvolvimento (PNUD). Pois bem! O entendimento da Relatora é o mesmo que venho sustentando anos a fio. Assinala, com efeito, em determinado trecho de seu voto:

> É preciso que se diga, categoricamente, que em nenhuma passagem de qualquer dos relevantes precedentes anteriormente citados foi abordada a questão da imunidade jurisdicional das organizações internacionais. Não foram poucos os pronunciamentos judiciais que encontrei, de todas as instâncias judiciárias, que, invocando o precedente firmado na Apelação Cível n. 9.696, declararam, equivocadamente, ter esta Suprema Corte enfrentado a questão da imunidade dando aos Estados estrangeiros e aos organismos internacionais idêntica solução.

E, adiante, ressalta:

> É de ser reconhecer, portanto, diante de tudo que aqui foi exposto, que a Justiça do Trabalho, interpretando de forma equivocada a jurisprudência do Supremo Tribunal Federal a respeito da relativização da imunidade jurisdicional dos Estados estrangeiros e o texto do art. 114 da Constituição, tem afrontado, como parte do Estado brasileiro que é, relevantes acordos internacionais celebrados pelo País e que garantem a imunidade de jurisdição e de execução de organizações internacionais de importância mundial.

> Trata-se de assunto da maior gravidade, pois seria ilusão pensar que essas entidades, chamando o País à sua responsabilidade internacional, não reagirão de forma veemente contra tal inadimplência, em patente prejuízo ao desenvolvimento social e econômico do Brasil, em tão grande parte incentivados pela essencial cooperação técnica promovida por tais organismos.

> Não é demais lembrar que o Brasil tem como princípio basilar a cooperação entre os povos para o progresso da humanidade (CF, art. 4º, IX). Conforme lição de Luiz Olavo Baptista, "o Estado brasileiro deve criar as condições para a execução de atividades de cooperação internacional, ativa e passiva. Está obrigado a adotar as medidas legislativas e administrativas necessárias para atender a esse objetivo constitucional, e seus órgãos devem agir de modo a facilitar a execução dessas atividades". (BAPTISTA, Luiz Olavo. Imunidade de jurisdição na execução dos projetos de cooperação entre o PNUD e o governo brasileiro. In: BASSO, Maristela; CARVALHO, Patrícia Luciane de (orgs.). *Lições de direito internacional* — estudos e pareceres. Curitiba: Juruá, 2008. p. 294.)

Acrescente-se, a tudo isso, que as contratações temporárias de pessoas dotadas de determinada expertise (consultores), realizadas pelo PNUD no âmbito dos projetos de cooperação técnica desenvolvidos no Brasil, tal como a que foi firmada com o ora recorrido, estão inseridas em realidade completamente distinta daquela lamentavelmente vivida pelos ex-empregados brasileiros de embaixadas e consulados que, após anos de trabalho como motoristas, secretários, jardineiros ou cozinheiros, eram sumariamente dispensados sem o mínimo respeito às garantias trabalhistas locais.

Os referidos contratos temporários, firmados de acordo com as normas de pessoal estabelecidas nos regulamentos internos do PNUD e nos documentos de cooperação, preveem, além da remuneração, diárias de viagem, licença anual, licença em caso de doença, licença-maternidade e outros benefícios complementares.

Além disso, os contratos firmados por intermédio do PNUD atendem ao que disposto na Seção 29, a, da Convenção sobre Privilégios e Imunidades das Nações Unidas, que determina, à ONU, o estabelecimento de processos adequados de solução para "as controvérsias em matéria de contratos ou outras de direito privado nas quais a Organização seja parte". Preveem, nesse sentido, que qualquer disputa relacionada à sua interpretação ou à sua execução que não puder ser dirimida de forma amigável será resolvida por corpo de arbitragem composto por um representante da agência nacional executora e outro do próprio PNUD.

Vê-se, portanto, que os técnicos contratados nessas circunstâncias não estão desprovidos, em razão da imunidade de jurisdição gozada pela ONU, de mecanismo de solução de controvérsias eventualmente surgidas durante a vigência do contrato de prestação de serviço celebrado. Em último caso, numa hipótese extremada em que o PNUD viesse a dar as costas a uma eventual reivindicação, estaria ele mesmo descumprindo a referida Seção 29 da Convenção sobre Privilégios e Imunidades das Nações Unidas, abrindo aí a possibilidade de o Governo brasileiro reclamar internacionalmente desse fato perante a Organização das Nações Unidas.

Registro, por fim, que esse regime de contratação de pessoal especializado é tão alheio ao ordenamento jurídico brasileiro que nos contracheques do recorrido, juntados às fls. 87-92, não há sequer os descontos usuais de imposto de renda e de previdência oficial.

A Justiça Trabalhista brasileira, ao deixar de reconhecer, nas reclamações trabalhistas ajuizadas por ex-contratados da ONU/PNUD, a imunidade de jurisdição dessa organização internacional beneficiada por acordos e convenções regularmente assinados pelo Governo brasileiro, presta enorme desserviço ao País, pondo em risco a continuidade da cooperação técnica recebida desse ente de direito público internacional.[11]

---

(11) Disponível em: <http://www.stf.jus.br//arquivo/informativo/documento/informativo545.htm#Reclamação%20Tra balhista%20contra%20a%20ONU/PNUD:%20Imunidade%20de%20Jurisdição%20e%20Execução%20-%201> Acesso em: 20.5.2009.

O que a Ministra Ellen Gracie observa nos julgados acima é o que tem ocorrido em todos os casos que se julga no Brasil. Tanto a regra de imunidade para o PNUD como aquela destinada a Missões Diplomáticas e a Repartições Consulares não decorrem de costume, mas de convenções internacionais específicas. Aquela, da Convenção sobre Privilégios e Imunidades das Nações Unidas. As demais, das Convenções de Viena de 1961 e 1963, respectivamente, conquanto entenda que seria diversa a situação desses empregados, o que, *data venia*, não me conformo em adotar.

2.4. Missões diplomáticas e repartições consulares

Como ficam, afinal, as Missões Diplomáticas e as Repartições Consulares, que não são Estado estrangeiro, mas seus órgãos de representação?

Poderão os menos avisados alertar que não há qualquer dispositivo nas Convenções de 1961 e 1963, tratando de *imunidade de jurisdição trabalhista*. É necessário a exegese do art. 43 da Convenção de 1963. Geralmente, a contratação do trabalhador nacional opera-se por ato realizado pela autoridade diplomática ou consular, esta no exercício de sua função. A mencionada Convenção de 1963 expressamente prevê que atos dessa natureza *não estão sujeitos à jurisdição das autoridades judiciárias e administrativas do Estado receptor* (art. 43, 1). Essa regra não se aplica quando a autoridade consular contratante *não tiver realizado* [o ato], *implícita ou explicitamente como agente do Estado que envia* (art. 43, 2, *a*).

Impende assinalar que a Convenção de Viena de 1961 (sobre missões diplomáticas), aponta os tipos de imunidade de jurisdição existentes: penal, civil, administrativa (art. 31). Para que não se duvide da intenção do legislador internacional, recorde-se que aquela (a penal) é absoluta, sendo impossível deter para qualquer fim um funcionário diplomático. A terceira, administrativa, diz respeito à atividade do Estado acreditante junto ao Estado acreditado, com as restrições cabíveis. A segunda é a civil, que interessa a este caso, porque se trata de interpretação analógica. Quando o legislador internacional de 1961 cuidou de imunidade de jurisdição civil, nela abrangeu também a trabalhista, porque, em muitos países, não há, como no Brasil, Justiça Especializada do Trabalho, senão um segmento da Justiça comum. Veja-se a respeito os comentários escritos pelo representante do Brasil à Conferência de 1961, o sempre lembrado Embaixador Geraldo Eulálio do Nascimento e Silva.[12]

Ora, imunidade de jurisdição civil refere-se a ações civis, e, aí se incluem as trabalhistas. No caso de Repartição Consular, as duas exceções, tratadas na Convenção de 1963 (art. 43, 2, *a* e *b*), não se referem a atos oficiais, mas a atos de natureza privada que o agente consular ou o empregado consular pratique. Contratação de empregado para trabalhar na repartição, nem de longe se trata de ato privado. É, sim, ato oficial.

A totalidade dos Estados aceita a imunidade de jurisdição trabalhista, induvidosamente, e a própria execução (a parte que realmente interessa ao obreiro) não será efetuada a não

---

(12) SILVA, Geraldo Eulálio do Nascimento e. *A convenção de Viena sobre relações diplomáticas*. 2. ed. Rio de Janeiro: IBGE, 1978. p. 143-4.

ser com a expressa concordância do Estado estrangeiro e não há na jurisprudência brasileira e estrangeira nenhum caso de submissão forçada à execução da autoridade judiciária brasileira.

Transitada em julgada a sentença em qualquer ação trabalhista, deverá ser ela executada. No território nacional, impossível. Não há bens penhoráveis. A sentença brasileira terá que ser versada para o idioma do Estado estrangeiro. Se for um dos membros do Mercosul, a execução poderá se dar por carta rogatória (Protocolo de Las Leñas, art. 19), dependendo de *exequatur* do órgão competente do Judiciário rogado. Se for por execução de sentença haverá necessidade de ser homologada pela Suprema Corte do país de destino.

A meu juízo, nem será concedido *exequatur*, nem será homologada a sentença, porque o juiz que a proferiu não acolheu a imunidade, e esta é renunciável apenas pelo Estado estrangeiro, não podendo, *data venia*, ser afastada apenas porque o magistrado nacional *achou* que se trata de ato de gestão.

É importante que não esqueçam os que julgarem, futuramente, feitos dessa natureza: a pior negação da justiça é não cumprir a decisão que se profere. Como ensinou Amilcar de Castro, o juiz não deve proferir sentença quando não estiverem presentes dois princípios: o da submissão, pelo qual as partes aceitam sua jurisdição, e o da efetividade, que significa que poderá tornar a efeito o julgado.[13]

Assim sendo, e sem outras considerações além das que já expus em inúmeras obras que tenho escrito em mais de trinta anos de estudo deste tema no Brasil, insisto que, em demandas na Justiça do Trabalho, deve, em não havendo renúncia expressa, ser proclamada a imunidade de jurisdição e extinto o processo sem resolução do mérito, nos termos do art. 267, IV e VI, do CPC.

Conclusão

Essas, em boa parte, foram as razões que consignei na minha justificativa em meu voto vencido, devidamente justificado nos autos, e que ementei como segue:

JUSTIÇA DO TRABALHO. CONSULADO. IMUNIDADE DE JURISDIÇÃO. A imunidade de jurisdição não decorre de ato soberano do Brasil, mas de princípio assente no Direito Internacional e também na Convenção de Viena de 1963, invocada pelo Estado estrangeiro nestes autos, e que o Brasil ratificou. O costume internacional é uma prática comum na maioria dos Estados. O princípio *par in parem non habet imperium* não foi suprimido, mas, ao revés, continua sendo adotado por todos os Estados, e está expresso nos *consideranda* da Convenção de Viena de 1963. No caso presente, não se trata de aplicar regra costumeira, mas norma expressa em tratado, ratificado pelo Brasil e incorporado à ordem jurídica interna. O não reconhecimento da imunidade de jurisdição e, por corolário, a de execução, importa em clara ofensa à Convenção de Viena de 1963.[14]

---

(13) CASTRO, Amilcar de. *Direito internacional privado*. Rio de Janeiro: Forense, 1987. p. 540-2.
(14) Ementa da justificativa de voto vencido no Acórdão TRT-1ª T. — RO 00383-2008-015-08-00-7, de 26.5.2009 (Recorrente: Consulado Geral da República Bolivariana da Venezuela vs. Recorrido: Michel Tobias Barbosa).

Um aspecto, em toda essa temática altamente complexa, começa a ser sinalizado pelo STF, e isso é bom para elucidar dúvidas, qual o verdadeiro alcance do que foi decidido na AC 9.696-3-SP. As luzes que a Suprema Corte lançará, por certo, farão muitos julgadores inferiores não mais decidirem equivocadamente como apontado pela Relatora, Min. Ellen Gracie, nesse tema pouco conhecido e altamente relevante e importante para o Brasil, ainda que tratando apenas de organismos internacionais. Já é uma *luz no fim do túnel...*

Afinal, ninguém esqueça que os arts. 5º, da Lei de Introdução ao Código Civil, e 8º, da CLT, ainda estão em pleno vigor, e o interesse comum sempre será superior ao individual. Em outros termos, o interesse do Estado brasileiro é muito acima do interesse de qualquer brasileiro.

Não se trata de negar acesso à Justiça. É falácia dizer isso. Não se tem é o direito de dar a jurisdição mas não fazê-la cumprir.

O que devem fazer os trabalhadores brasileiros em circunstâncias que tal? Recorrer à Justiça do Estado estrangeiro. Mas, dirão alguns, é complicado. Proceda-se com a indispensável cooperação do Ministério das Relações Exteriores e dos órgãos brasileiros de representação de nosso Estado no país que foi empregador. É o caminho tortuoso, sim, mas que, apesar disso, poderá ser mais exitoso que pretender acionar o ente internacional no próprio Brasil.

Capítulo 3

PRISÃO DE DEPOSITÁRIO INFIEL NA JUSTIÇA DO TRABALHO

Introdução

O art. 114 da Constituição prevê, ao tratar da competência da Justiça do Trabalho, a de julgar *habeas corpus*. Ninguém tem dúvida de que apenas os tribunais, de acordo com o processo do trabalho, possuem competência funcional para essa tarefa. E, até onde se admite, há um único e isolado caso em que juiz do trabalho pode determinar prisão: depositário infiel. Nada além.

É a previsão do inciso LXVII do art. 5º constitucional, assinalando que "não haverá prisão civil por dívida, salvo a do responsável pelo inadimplemento voluntário e inescusável de obrigação alimentícia e a do depositário infiel".

O depositário infiel é o depositário judicial que atua sem nenhuma diligência na preservação de bens que lhe são dados à guarda. A figura do depositário judicial está inserida no art. 666, inciso II, do CPC, *verbis*:

Art. 666. Os bens penhorados serão preferencialmente depositados:

...

II — em poder do depositário judicial, os móveis e os imóveis urbanos;

O § 3º do mesmo artigo prevê a penalidade, *verbis:*

§ 3º A prisão de depositário judicial infiel será decretada no próprio processo, independentemente de ação de depósito.

Trata-se de típica obrigação de fazer, sendo o depositário uma *longa manus* do Judiciário.

O Supremo Tribunal Federal, em decisões inovadoras, tem afirmado que não cabe a prisão civil por dívidas, exceto no caso de devedor de pensão alimentícia inadimplente. Funda-se em um tratado do direito internacional americano que foi incorporado ao ordenamento brasileiro em 1992. Essas decisões acabaram, sem maiores discussões, transformadas em súmula vinculante pelo STF, ao encerrar o ano judiciário de 2009, a 16 de dezembro, quando foi aprovada a Súmula Vinculante n. 25, cujo teor é o seguinte "É ilícita a prisão civil de depositário infiel, qualquer que seja a modalidade do depósito".[1]

No entanto, *data venia* desse entendimento, penso que a norma constitucional inserida no inciso LXVII do art. 5º permanece em pleno vigor, porquanto nenhum tratado internacional ratificado ou ao qual o Brasil tenha aderido após a vigência da Emenda Constitucional n. 45/04, com o *quorum* especial ali previsto, reconhece a impossibilidade desse tipo de provimento judicial, qual o da prisão de depositário infiel. A nova Súmula Vinculante, no entanto, coloca pá de cal nos debates sobre o tema, e, a partir de sua entrada em vigor, a prisão não pode mais ser efetuada.

Em julho de 2009, sustentei a pertinência da prisão do depositário infiel na Justiça do Trabalho, ao exame de um pedido de *habeas corpus* preventivo perante o E. TRT da 8ª Região, cujo aresto assim ementei:

HABEAS CORPUS. DEPOSITÁRIO INFIEL. PRISÃO CIVIL. Permanece em vigor a previsão constitucional da prisão do depositário infiel. O Brasil não aderiu à Convenção Americana de Direitos Humanos (Pacto de San José da Costa Rica), com a observância do *quorum* previsto no § 3º do art. 5º da Constituição da República, não tendo, portanto, hierarquia emenda constitucional.

NATUREZA DO CRÉDITO TRABALHISTA. NORMA SUPRALEGAL. Considerando possuir o crédito trabalhista natureza alimentar e privilégios especiais, e a regra da aplicação da norma mais favorável ao trabalhador ser consagrada pela Constituição da Organização Internacional do Trabalho, ratificada pelo Brasil, e igualmente norma supralegal, cabe a prisão de depositário infiel na Justiça do Trabalho, também por força do § 2º do art. 5º constitucional.[2]

Aos fundamentos expendidos naquele julgado, irei reportar-me neste texto, apontando as razões pelas quais defendo a necessidade de ser mantida a prisão do depositário infiel na Justiça do Trabalho.

3.1. O depositário infiel e o pacto da Costa Rica

É obrigação da pessoa designada pelo juiz da execução depositário de um dado bem, tê-lo sob sua guarda e responsabilidade, conservando-o para fim de, em sendo levado a praça ou vendido em leilão, ou ainda adjudicado pelo exequente, ser entregue a quem de direito tão logo determine o magistrado, nas mesmas condições que recebeu.

Não o fazendo correta e adequadamente, o depositário será considerado infiel e estará sujeito a pena de prisão pelo prazo máximo de um ano, ou até que reponha o bem ou o valor correspondente.

---

(1) O noticiário do STF consignava, a respeito do então Projeto de Súmula Vinculante n. 31, o seguinte: "Já a PSV n. 31, sobre a proibição de prisão civil de depositário infiel em qualquer modalidade de depósito, foi aprovada por unanimidade, não havendo discussão, em Plenário, sobre o tema". Os grifos são nossos. Disponível em: <http://www.stf.jus.br/portal/cms/verNoticiaDetalhe.asp?idConteudo=117926> Acesso em: 18.12.2009.

(2) Acórdão TRT-SE I-HC-00197-2009-000-08-00-0 (Impetrante: Diose Thais Mamede Leão de Oliveira *vs.* Impetrante: Exmo. Sr. Juiz Federal do Trabalho da 10ª Vara do Trabalho de Belém. Paciente: Raimundo Furtado Rebelo. Julgado a 23.7.2009.

Para evitar a prisão, ou obter a soltura do preso, o remédio é postular a obtenção de *habeas corpus* perante o Tribunal sob o qual estiver jurisdicionada a Vara de onde foi emanada a ordem de prisão.

O argumento que o ameaçado de prisão costuma usar para evitar a pena em decorrência da prática infiel que desenvolveu é que o Supremo Tribunal Federal afastou a possibilidade da prisão do fiel depositário, em atenção a tratados internacionais de direitos humanos ratificados pelo Brasil, revogando a Súmula n. 619 daquela Excelsa Corte. Esse precedente jurisprudencial (não vinculante) consignava:

> A prisão do depositário judicial pode ser decretada no próprio processo em que se constituiu o encargo, independentemente da propositura de ação de depósito.

O entendimento que tem prevalecido no Excelso Supremo Tribunal Federal é, realmente, no sentido da inconstitucionalidade da prisão civil do infiel depositário, em atenção à norma inserta no art. 7º, n. 7, do *Pacto de San José da Costa Rica*, como se costuma denominar a Convenção Americana de Direitos Humanos, de 22 de novembro de 1969, que teve a adesão do Brasil a 25 de setembro de 1992, promulgada entre nós pelo Decreto n. 678, de 6 de novembro de 1992.

O dispositivo internacional consigna:

> 7. Ninguém deve ser detido por dívidas. Este princípio não limita os mandados de autoridade judiciária competente expedidos em virtude de inadimplemento de obrigação alimentar.

O § 3º do art. 5º da Constituição da República estabelece:

> Os tratados e convenções internacionais sobre direitos humanos que forem aprovados, em cada Casa do Congresso Nacional, em dois turnos, por três quintos dos votos dos respectivos membros, serão equivalente às emendas constitucionais.

A Suprema Corte brasileira, no entanto, não tem firmado esse entendimento a partir do § 3º do art. 5º da Constituição, ou em razão dele. Ao revés, a 10 de fevereiro de 2009, no julgamento do HC 94.013-SP, a 1ª Turma do Pretório Excelso acolheu os fundamentos do relator, Min. Carlos Britto, em julgado cuja ementa acentua:

> 3. O Pacto de San José da Costa Rica (ratificado pelo Brasil — Decreto n. 678 de 6 de novembro de 1992), para valer como norma jurídica interna do Brasil, há de ter como fundamento de validade o § 2º do art. 5º da Magna Carta. A se contrapor, então, a qualquer norma ordinária originariamente brasileira que preveja a prisão civil por dívida. Noutros termos: o Pacto de San José da Costa Rica, passando a ter como fundamento de validade o § 2º do art. 5º da CF/88, prevalece como norma supralegal em nossa ordem jurídica interna e, assim, proíbe a prisão civil por dívida. Não é norma constitucional — à falta do rito exigido pelo § 3º do art. 5º —, mas a sua hierarquia intermediária de norma supralegal autoriza afastar regra ordinária brasileira que possibilite a prisão civil por dívida.[3]

---

(3) HC 94013-SP, de 10.2.2009.(Paciente: Ivete Daoud Maia; Impetrante: Sérgio Massarenti Júnior e outro (a/s); Coautor: Superior Tribunal de Justiça). Relator: Min. Carlos Britto. Disponível em: <http://www.stf.jus.br/portal/jurisprudencia/listarJurisprudencia.asp?s1=depositario+infiel;pagina=1;base=baseAcordaos> Acesso em: 18.7.2009. A ementa integral é a seguinte: HABEAS CORPUS. SALVO-CONDUTO. PRISÃO CIVIL. DEPOSITÁRIO JUDICIAL. DÍVIDA DE CARÁTER NÃO ALIMENTAR. IMPOSSIBILIDADE. ORDEM CONCEDIDA. 1. O Plenário do Supremo Tribunal Federal firmou a orientação de que só é possível a prisão civil do "responsável pelo inadimplemento voluntário e inescusável de obrigação alimentícia" (inciso LXVII do art. 5º da CF/88). Precedentes: HCs ns. 87.585 e 92.566, da relatoria do ministro Marco Aurélio. 2. A norma que se extrai do inciso LXVII do art. 5º Constituição Federal é de eficácia restringível. Pelo que as

É certo que esse novo exame da regra do tratado americano em conjunto com o original § 2º do art. 5º da Constituição ocorreu após o surgimento desse novo comando constitucional, fruto da Emenda Constitucional n. 45/04. O tratamento dado pelo Excelso Pretório, *data venia*, parece-me equivocado.

As decisões proferidas a partir da Emenda n. 45 não se coadunam com a nova regra constitucional, porquanto o *quorum* que mandou incorporar o Pacto de San José da Costa Rica a nosso ordenamento nunca foi o previsto no § 3º do art. 5º, embora esse pormenor tenha ficado expresso no julgamento acima referido.

Todavia, há um aspecto formal que, a meu ver, é fundamental e foi olvidado pelo STF: o significado de norma *supralegal* comparando situações específicas, como apontarei adiante.

Parece-me, porém, que a posição da Suprema Corte está sedimentada e não deverá ser revista. Veja-se os julgados HC 87.585-5-TO, MC-HC 90.354-1-RJ, RE 466.343-1-SP, MC-HC 92.257-1-SP, RE 349.703-RS, dentre outros.

3.2. O depositário infiel e a Justiça do Trabalho

Um traço deve ser notado em todos esses arestos. O HC 87.575-5-TO cuida de depositário infiel em virtude de dívida contraída com a Companhia Nacional de Abastecimento (CONAB). O MC-HC 90.354-1-RJ trata da soltura de um leiloeiro depositário infiel que recebeu o *quantum* e não depositou o bem. O RE 466.343-1-SP, o MC-HC 92.257-1-SP e o RE 349.703-RS tratam da hipótese de prisão civil em caso de alienação fiduciária (Decreto Lei n. 911/69, art. 4º). Nenhum cuida de prisão civil de depositário infiel em processo em trâmite na Justiça do Trabalho.

Nesse particular, considere-se a relevância da *repercussão geral*, mecanismo processual que a Emenda Constitucional n. 45/04 introduziu, a fim de que o STF observe critérios de relevância jurídica, política, social ou econômica para examinar recursos extraordinários. As regras estão no art. 543-A do CPC, incluído pela Lei n. 11.418/06, importando em decisão irrecorrível. No caso do depositário infiel, a repercussão geral dada foi apenas para a hipótese de alienação fiduciária. Agora, porém, com a aprovação da Súmula Vinculante n. 25, torna-se profundamente difícil, praticamente impossível, obrigar a parte infratora a cumprir, com diligência sua missão. Admitindo-a, como é de fato, vinculante, a figura do depositário no Brasil deixa de ser *fiel* e perde esse adjetivo. Quem for *infiel* nesse mister poderá, por exemplo, vir a ser processado pelo crime de apropriação indébita que, no caso de *infidelidade* na Justiça do Trabalho, passará para competência da Justiça comum.

---

duas exceções nela contidas podem ser aportadas por lei, quebrantando, assim, a força protetora da proibição, como regra geral, da prisão civil por dívida. 3. O Pacto de San José da Costa Rica (ratificado pelo Brasil — Decreto n. 678 de 6 de novembro de 1992), para valer como norma jurídica interna do Brasil, há de ter como fundamento de validade o § 2º do art. 5º da Magna Carta. A se contrapor, então, a qualquer norma ordinária originariamente brasileira que preveja a prisão civil por dívida. Noutros termos: o Pacto de San José da Costa Rica, passando a ter como fundamento de validade o § 2º do art. 5º da CF/88, prevalece como norma supralegal em nossa ordem jurídica interna e, assim, proíbe a prisão civil por dívida. Não é norma constitucional — à falta do rito exigido pelo § 3º do art. 5º —, mas a sua hierarquia intermediária de norma supralegal autoriza afastar regra ordinária brasileira que possibilite a prisão civil por dívida. 4. No caso, o paciente corre o risco de ver contra si expedido mandado prisional por se encontrar na situação de infiel depositário judicial. 5. Ordem concedida.

De tudo, dessarte, três aspectos são os que mais chamam a atenção. *Primus*, a única esperança real de se efetivar a liquidação de um feito ante atos de violação praticados por depositário infiel é a sua possível prisão. E a previsão consta do inciso LXVII do art. 5º da Constituição. *Secundo*, perderá total motivo de existir o inciso IV do art. 114 da Constituição, eis que ao Juiz do Trabalho só cabe mandar prender depositário infiel. Logo, se não existir mais essa hipótese, evidente que o *habeas corpus* na competência da Justiça do Trabalho será apenas um enfeite despiciendo. *Tertius*, à guisa de se invocar *direitos humanos*, viola-se o novo comando constitucional e se reconhece, como *supralegal*, tratados dessa natureza, sem que tenha sido observado o *quorum* exigido, pretendendo esse alcance *supralegal* ter sido reconhecido desde 1988, com o texto primitivo do § 2º do art. 5º constitucional.

Vou mais além. Há outro argumento a confrontar com aquele expendido pela Suprema Corte: o crédito trabalhista tem natureza alimentar, por isso é privilegiado em relação a todos os demais, sem exceção. E por quê? Porque o direito à contraprestação pelo trabalho prestado abrange, por igual, o direito à alimentação. Pois bem! Ao negar o direito de prender o depositário infiel, estará sendo negado o direito de o credor trabalhista (de natureza alimentar), que tem direito também à alimentação, e a alimentação é vida, obrigar o cumprimento de uma tarefa que judicialmente foi atribuída a outrem: ao fiel (agora infiel) depositário.

Não devemos, no particular, esquecer um ponto fundamental: o direito à liberdade (aquele pretendido pelo depositário) é tão importante quanto o direito à vida (pretendido pelo reclamante original), e, neste direito à vida, está indispensavelmente incluído o direito à alimentação.

É aqui que, a meu juízo, está o verdadeiro caráter axiológico de uma norma *supralegal*. Quando a Suprema Corte afirma que o Pacto de San José da Costa Rica, e, de resto, outros que cuidem de direitos humanos, seriam enquadráveis como norma *supralegal*, importaria em considerar como equivalente à Constituição e superior à Lei ordinária. É esse o sentido que se deve ter por norma *supralegal*.

Ora, ninguém duvida que a liberdade é um direito humano fundamental. Ninguém duvida, igualmente, que a vida é um indispensável para que exista liberdade. Todos sabem que créditos trabalhistas têm natureza alimentar. Pois bem, dentre os princípios que informam o Direito do Trabalho está o da aplicação da norma mais benéfica ao trabalhador. Assim está consagrado no art. 19, 8, da Constituição da Organização Internacional do Trabalho (OIT) que o Brasil ratificou. Logo: sendo o crédito trabalhista de natureza alimentar, reconhecido seu privilégio sobre os demais, depositário infiel de bem destinado a responder por esses *quanta*, prisão determinada e legal, esses pontos indicam que é perfeitamente justa e constitucional a prisão de depositário infiel na Justiça do Trabalho (art. 7º, 7, do Pacto de San José da Costa Rica, c/c art. 5º, LXVII, da Constituição).

Acresce ainda que o art. 100 da Constituição atribui privilégio especial ao crédito trabalhista, expressamente considerado *alimentar*, no § 1º do dispositivo, embora tenha perdido sua condição preferencial em relação aos créditos tributários, a partir da Emenda Constitucional n. 61, de 09 de dezembro de 2009. Ou seja, o crédito trabalhista prefere, com relação à expedição de precatório requisitório, a qualquer outro crédito seja de que natureza for, menos os fiscais, cujo maior beneficiário é o próprio Estado e, por extensão, a sociedade.

Se afastarmos a regra constitucional do art. 100, passamos, então, a enfrentar uma espécie de *conflito* entre normas *supralegais*: a que privilegia o crédito trabalhista, de natureza alimentar, caso do dispositivo constitucional que permite a prisão do depositário infiel, considerando o tratamento atribuído pelo art. 19 da Constituição da OIT, de um lado; e a regra do Pacto de San José da Costa Rica que não admite a prisão desse depositário, salvo em caso de obrigação alimentícia, que, para esse fim, pode-se limitar ao seu sentido mais estrito, de pensão alimentícia decorrente de processo na Justiça Comum, no âmbito das relações civis.

Sendo assim, apliquemos os princípios cronológico e da especialidade, a que me reportarei adiante, e a regra constitucional, via art. 19 da Constituição da OIT, permitirá a prisão do depositário infiel nos processos trabalhistas.

Penso, no particular, que há necessidade de urgente reflexão a respeito, pena de se consagrar o direito a violar a Carta Magna. Ora, sem nenhuma ameaça mais séria certamente haverá um único prejudicado com o entendimento diverso: o trabalhador, o mais fraco novamente pagará a conta...

Na hipótese que se examina, as decisões do Excelso Pretório foram elevadas efetivamente à súmula vinculante (art. 103-A da Constituição), representando, portanto, a posição do Alto Colegiado, sem dúvida obrigatória para todos os magistrados inferiores.

Antes, não havia sequer o reconhecimento da repercussão geral para matéria trabalhista. Conforme se constata, isso ocorreu apenas e exclusivamente com relação à alienação fiduciária, como identifiquei acima, e que, diga-se, sempre foi muito estranho se admitir a prisão de depositário infiel nessa hipótese, porque não prevista na Constituição. Agora, porém, mais que a repercussão geral que não existia anteriormente, a Súmula Vinculante n. 25 afasta qualquer possibilidade de ser efetuada a prisão.

Com efeito, e observando o comando do § 3º do art. 5º da Lei Maior, constato que, até junho de 2009, apenas uma, e não mais que uma, Convenção Internacional foi aprovada pelo Congresso Nacional com o *quorum* especial. Trata-se da Convenção sobre os Direitos das Pessoas com Deficiência e de seu Protocolo Facultativo, assinada em Nova Iorque, em 30 de março de 2007, aprovada pelo Decreto Legislativo n. 186, de 9 de julho de 2008, promulgada pelo Decreto n. 6.949, de 25 de agosto de 2009.[4] Todas as demais continuam a ser aplicadas em consonância com a regra pretérita e a ter hierarquia similar à lei federal, devendo observar os critérios cronológico ou da especialidade, conforme a hipótese, como bem apontado pelo Ministro Celso de Mello, no julgamento da ADIn n. 1.480-3-DF, acerca da então recém denunciada Convenção n. 158, da Organização Internacional do Trabalho.[5] Por esse primeiro critério, *lex posterior derogat legi priori*, o que não é o caso do Tratado

---

(4) Disponível em: <http://www.planalto.gov.br/ccivil_03/_Ato2007-2010/2009/Decreto/D6949.htm> Acesso em: 20.12.2009.
(5) V. o meu *Direito do trabalho no STF (5)*. São Paulo: LTr, 2002. p. 15-22.

americano, que, embora cronologicamente tenha sido objeto de adesão posteriormente à Carta de 1988, não é específico, esbarrando, então, no outro critério, *lex especialis derogat lex generalis.*

Conclusão

Firmadas essas considerações, penso que possa apontar algumas conclusões:

1. O Tratado Americano de Direitos Humanos (Pacto de San José da Costa Rica) não é equivalente à Emenda Constitucional, para os fins de que trata o art. 5º, § 3º, da Constituição, porque não observado seu *quorum*, quando autorizada a adesão brasileira;

2. O crédito trabalhista é privilegiadíssimo, de natureza alimentar, conforme consagra a Constituição da República (art. 100);

3. Admitir como norma *supralegal*, a teor do art. 5º, § 2º, da Constituição, a regra inserta no Pacto de San José da Costa Rica, resulta necessário considerar assim também a prevalência da norma mais favorável ao trabalhador (art. 19, 8, da Constituição da OIT), detentor de crédito privilegiado, de natureza alimentar;

4. Cabe a prisão de depositário infiel em processo na Justiça do Trabalho (art. 5º, LXVII, c/c com art. 114, IV, da Constituição);

5. Se for o caso, poderá ser requerida ordem de *habeas corpus* ao Tribunal trabalhista competente em caso de irregularidade na prisão ou ameaça de prisão de depositário;

6. A Súmula Vinculante n. 25, aprovada *sem discussões*, por certo dificulta demasiadamente o andamento das execuções trabalhistas no Brasil, ante a ilegalidade declarada da prisão de depositário na Justiça brasileira, especialmente na Justiça do Trabalho, e que deve ser cumprida por todo Judiciário trabalhista brasileiro.

O tema, apesar da Súmula Vinculante, não está encerrado e, acredito, muitas dúvidas e debates ainda serão suscitados.

Por fim, assinalo que, no dia 5 de outubro de 2009, antes da aprovação da Súmula Vinculante n. 25, o Min. Carlos Ayres Britto, apreciando o HC n. 100.888, concedeu o remédio por entender que o Pacto de San José da Costa Rica, ratificado pelo Brasil, prevalece como norma supralegal na norma jurídica interna e, assim, proíbe a prisão civil por dívida. De acordo com o decisório, não é norma constitucional, mas a sua hierarquia intermediária de norma supralegal autoriza afastar regra ordinária brasileira que possibilite a prisão civil por dívida.[6] Este foi o primeiro caso de exame do tema em matéria trabalhista. E a ementa do HC n. 95.170, base desta decisão, é a mesma do HC n. 94.013, citado acima, e, o tema era

---

(6) Disponível em: <http://www.stf.jus.br/portal/cms/verNoticiaDetalhe.asp?idConteudo=114181;caixaBusca=N> Acesso em: 10.10.2009.

de depositário infiel em processo de execução de título extrajudicial na Justiça estadual comum do Rio Grande do Sul, evidentemente sem qualquer ligação com crédito trabalhista e decisão proferida em processo oriundo da Justiça do Trabalho ou crédito trabalhista. A Súmula Vinculante n. 25 segue a esteira desse julgado.

Insisto: o tema precisa ser examinado pormenorizadamente, a fim de não se consagrar a injustiça e as inúmeras possibilidades de demora ainda mais a efetiva entrega da prestação jurisdicional.

Capítulo 4

AÇÃO CAUTELAR: O PROBLEMA DO REQUERENTE PELAS MEDIDAS INFUNDADAS[*]

4.1. Aspecto geral do tema

O tema cuida do *problema do requerente pelas medidas infundadas em ação cautelar*. A regra pertinente está inserida no art. 811 do CPC, que cuida da responsabilidade civil do requerente pelos prejuízos às partes contrárias, consignando:

Art. 811. Sem prejuízo do disposto no art. 16, o requerente do procedimento cautelar responde ao requerido pelo prejuízo que lhe causar a execução da medida.

Em seguida, elenca as quatro hipóteses de responsabilização, às quais irei referir-me adiante.

O requerente é responsável objetivamente por providências infundadas[1], arcando pelo prejuízo que causar ao requerido com a execução da medida. A responsabilidade pela medida cautelar é fixada de ofício pelo juiz, em caso de dolo e de culpa, mas a litigância de má-fé, prevista no art. 16 da lei processual, depende de pedido do requerido na contestação. Advindo sucumbência, o requerente arcará com custas e demais despesas processuais e honorários periciais, se for o caso.

Para garantir a reparação do dano que causar o requerente com as providências infundadas que pretendeu, existe a caução do art. 804 do CPC. Esta é a garantia que criou o legislador para prevenir a incidência de medidas infundadas.

4.2. As hipóteses de medidas infundadas

Os quatro casos em que o requerente responde são os do art. 811 do CPC, a saber:

1. sentença no processo principal lhe for desfavorável;
2. obtida liminar, deixa de promover a citação do requerido em cinco dias;

(*) Exposição apresentada como membro do 2º Painel do 46º Congresso Brasileiro de Direito do Trabalho, promovido pela LTr Editora, em São Paulo, a 26 de junho de 2006.
(1) BATALHA, Wilson de Souza Campos. *Cautelares e liminares*. 3. ed. São Paulo: LTr, 1996. p. 180.

3. cessação da eficácia da medida, em decorrência do art. 808; e

4. acolhimento de decadência ou prescrição, conforme o art. 810, *in fine*.

A primeira hipótese não apresenta maior dificuldade. Ao sucumbente, responde o requerente pela cautelar infundadamente pretendida.

No segundo caso, cuida-se da liminar a que se refere o art. 804, e o que tenciona o preceito é que a execução da cautelar ocorra antes da citação do réu, mas geralmente esta ocorre no mesmo mandado. No processo do trabalho, como a citação é, regra geral, efetuada pelo correio, pode não ocorrer em 5 dias sua efetivação, o que não iria descaracterizar a regra processual. Demais disso, lembre-se que o dispositivo cuida de *promover* a citação, que é igual a *providenciar*, mas não é *realizar*.[2]

O terceiro caso é de cessação da eficácia da medida, em decorrência do art. 808. São três as hipóteses: se o requerente não intentar a ação principal em 30 dias; se não for a medida executada em 30 dias; ou, se no processo principal o magistrado extinguir o processo com ou sem resolução do mérito. Ora, *data venia* dos que pensam diferentemente, não há dano a ressarcir, porque não foi executada a medida.[3]

A derradeira hipótese cuida de existência de decadência ou de prescrição. Duas observações: *primus*, não cabe a declaração de ofício da prescrição, pelo que não se aplica à hipótese a recente Lei n. 11.280, de 16.2.2006, porque a lei processual fala em *acolher*, donde impõe que seja alegada pela parte; *secundo*, não cabe indenizar, porque, proclamada a decadência ou a prescrição, não existe dano a reparar.[4] Afinal, negada a cautelar, não haverá dano, logo, inexistindo este, não há falar em indenização.

4.3. A aplicação no processo do trabalho e o quesito formulado

A questão relevante que se costuma colocar é saber se a caução do art. 804 do CPC é compatível com processo do trabalho, mesmo tratando-se de uma faculdade do juiz, logo atribuída ao seu prudente arbítrio.

A tendência majoritária da doutrina é no sentido de essa regra da caução ser inaplicável ao processo do trabalho, donde o próprio art. 811 seria com ele incompatível.[5]

Tenho que, aplicar o art. 811 do CPC ao processo do trabalho, é inadequado. Conquanto omissa a CLT nesse aspecto, e apesar da regra da subsidiariedade do art. 769 consolidado, o caráter tuitivo do Direito do Trabalho não pode ser afastado[6], mesmo considerando tratar-se de uma faculdade do julgador, posto não se poder exigir caução do trabalhador nem lhe atribuir responsabilidade civil pelos prejuízos que a medida gerar para o empregador ou tomador de seu serviço.

---

(2) TEIXEIRA FILHO, Manoel Antonio. *As ações cautelares no processo do trabalho*. 2. ed. São Paulo: LTr, 1989. p. 262.
(3) No mesmo sentido: TEIXEIRA FILHO, M. A. *Ibidem*, p. 263.
(4) No mesmo sentido: TEIXEIRA FILHO, M. A. *Idem, loc. cit.*
(5) TEIXEIRA FILHO, M. A. *Ibidem*, p. 261.
(6) No mesmo sentido: TEIXEIRA FILHO, M. A. *Ibidem*, p. 264.

Assim considerando, passo a responder ao quesito formulado pela Comissão Organizadora deste 46º Congresso Brasileiro de Direito do Trabalho, que é o seguinte: *tem fundamento legal responsabilizar o requerente que formular pedido de medidas infundadas?*

A resposta deve ser dada em dois tempos.

Primeiro: o fundamento legal encontra-se no CPC, quando o requerente, independentemente de vir a ser declarado litigante de má-fé (art. 16), deve responder pelos prejuízos que causar (art. 811), não fosse também porque medidas infundadas violam o art. 5º, LXXVIII da Constituição, retardando a entrega da prestação jurisdicional e prejudicando a celeridade processual.

Segundo: a regra é incompatível com o processo trabalhista porque viola comezinhos princípios de Direito do Trabalho, considerando seu caráter protetor, pelo que não pode ser aplicada se a cautelar for intentada pelo trabalhador.

Se ao cabo o que se procura é a rápida solução do conflito e a entrega da prestação da jurisdição integral, a fim de tornar realidade o art. 5º, LXXVIII, da Constituição, com certeza não serão *cautelares* que irão resolver essas dificuldades. Proveja-se o Judiciário de meios adequados, reforme-se a legislação processual, abrevie-se o excesso abusivo de recursos e, realmente célere o processo, cautelares não serão necessárias, porque o mérito da causa, que é o que verdadeiramente importa, terá sido decidido.

Capítulo 5

REENGENHARIA DO PROCESSO:
PRODUTIVIDADE E CELERIDADE[(*)]

5.1. Momento de descomplicar

Quando o Presidente do E. Tribunal de Justiça do Estado do Pará, meu amigo desembargador Milton Augusto de Brito Nobre, telefonou-me convidando-me a falar aos magistrados paraenses sobre este tema, demorei-me pensando entre agradecer-lhe a oportunidade de expor meus pensamentos aos colegas de meu Estado ou romper relações com ele por colocar-me em posição que poderia ser incômoda, porquanto teria que apontar alguns equívocos que, geralmente, todos cometemos.

Optei por juntar as duas consequências e uni-las em um único agradecimento a Milton Nobre: por poder dizer o que penso e por poder apontar talvez minhas próprias dúvidas, embora, pense, não sejam exclusivamente minhas.

Chamei a este início de exposição de *momento de descomplicar*, porque penso que é preciso encontrar formas de gerir o processo para agilizar sua conclusão, isto é, proporcionar rapidez no atendimento do jurisdicionado.

Penso que é preciso criar formas de simplificação de procedimento, de usar todos os instrumentos que são colocados à disposição do julgador para que ele possa entregar, com a maior brevidade, o provimento jurisdicional que a sociedade reclama.

Imagino o Juiz desencastelado, descendo do seu trono para alcançar o povo, ou, o que talvez seja mais correto, subindo do seu esconderijo no porão do poder para atender o principal responsável por sua existência mesma: o povo...

Suponho estar certo em afirmar que juiz gosta de papel. Quanto mais papel melhor. Quanto mais volumosos os autos de determinado processo, mais interessante pode ser a causa. Quanto mais as partes falarem, mais temas serão discutidos. Quanto mais se juntarem documentos, mais questionamentos surgirão. Quanto mais ocorrerem todas essas

---

(*) Conferência na 2ª Reunião Anual da Magistratura Paraense, promovida pelo Tribunal de Justiça do Estado do Pará, em Belém, a 10 de fevereiro de 2006.

mazelas processuais e quanto mais disserem uns e outros, no lamentável sistema do *ao ao*[1], mais demorada será a entrega da jurisdição e mais criticado será o Poder Judiciário.

O primeiro passo, então, seria acabar com papel, ou, pelo menos, com o exagero de papel e restringir ao máximo o *ao ao*, que motiva uns, mas complica para a maioria.

5.2. Os problemas detectáveis

Hodiernamente, fala-se em *reengenharia*, que seria o repensar e reestruturar processos e procedimentos do Judiciário para melhorar seus indicadores de desempenho, que são basicamente quatro: custo, qualidade, celeridade e quantidade, adaptando a definição de Hammer & Champy.[2]

Produtividade, a seu turno, é a junção de quatro fatores diversos: maior quantidade, com maior complexidade, com real chance de resolutividade, no prazo mais célere.[3]

O que fazer, então, para não atrapalhar o aumento de produtividade? Como fazer a reengenharia do Poder Judiciário brasileiro, quando sabemos que, em nosso país, há uma incrível preferência pela solução judicial dos conflitos, e os mecanismos extrajudiciais são colocados de lado?

Ninguém duvida que existe uma incrível incapacidade do Judiciário responder à demanda[4] e, o que importa, ao cabo, é quantidade e não qualidade, mesmo porque as estatísticas não valorizam a complexidade das causas, cuja aferição é induvidosamente subjetiva e, por corolário, difícil demais de ser efetuada.

O que a realidade evidencia atualmente é que o único fator de motivação para elevação da produtividade do juiz é sua consciência[5], à medida em que sabe de sua responsabilidade e de seu poder.

Existe limite temporal para o magistrado finalizar o processo[6], da mesma forma como a informática permite ampliar a quantidade dos julgados, mesmo porque inúmeros deles são apenas repetição de outros tantos. Mas não mudam os prazos, que continuam variados e múltiplos (com partes, em diligências, etc.).[7]

5.3. Formas de atuação da Justiça do Trabalho

Sou Juiz do Trabalho há mais de 25 anos e posso testemunhar as muitas modificações que foram ocorrendo nesses anos todos na Justiça do Trabalho. Algumas para melhor. Outras, no entanto, não trouxeram benefícios.

---

(1) Por sistema *ao ao*, entenda-se a sucessão de despachos mandando que se manifestem as partes sem que o Juiz decida o tema.
(2) *Apud* LIMA, George Marmelstein. Organização e administração dos juízados federais especiais. In: *Administração da justiça federal*: concurso de monografias (10). Brasília: CJF, 2005. p. 127.
(3) HADDAD, Carlos Henrique Berlido. Fatores de produtividade: proposta de valorização do desempenho do magistrado federal. In: *Administração da justiça federal*: concurso de monografias (10). Brasília: CJF, 2005. p. 25.
(4) *Ibidem*, p. 11.
(5) *Ibidem*, p. 20.
(6) *Ibidem*, p. 14.
(7) *Ibidem*, p. 19.

Continua, por exemplo, a existir o reexame necessário dos processos em que o Estado é condenado, por força das prerrogativas dadas pelo Decreto-Lei n. 779, de 21 de agosto de 1969. A par disso, os prazos são mais benéficos e mais elásticos. E a execução? Aí torna-se imprevisível seu final, mercê das regras do art. 100 da Constituição da República e dos precatórios que muito ente público esquece de cumprir.

Foi calcado no modelo da Justiça do Trabalho que surgiram os Juizados Especiais, tratados na Lei n. 9.099, de 26.9.1995, rápidos, simples e descomplicados. Buscou o legislador de então inspiração no Judiciário Trabalhista que, depois de ser a fonte, esqueceu-se e foi ele, o mesmo Judiciário Trabalhista, que passou a se complicar.

Durante muito tempo, não se falava em pedidos iniciais que percorrem todas as letras do alfabeto, e ainda alcançam à duplicidade de letras, em longas contestações escritas, em petições desnecessariamente extensas, em exceções, preliminares, prejudiciais, etc., naquilo que o saudoso Ministro Orlando Teixeira da Costa chamava de *defesas indiretas*, esquecendo-se, muita vez, do essencial: a procedência ou não da pretensão.

Se a Justiça do Trabalho serviu de fonte modelar para os Juizados Especiais, a legislação processual comum prestou-se a retirar-lhe justo os traços que lhe conferiram projeção como célere, direta, objetiva e simples.

Atualmente, fora o procedimento regulado pela CLT, lamentavelmente com alta influência do processo civil comum, existem dois tipos de procedimento razoavelmente rápidos. Um é o procedimento sumaríssimo, instituído pela Lei n. 9.957, de 12.1.2000, que introduziu os arts. 852-A a 852-I na CLT, destinado a processos cujo valor seja inferior a quarenta salários mínimos. O outro é relativo aos chamados *processos de alçada*, cujo valor não excede a dois salários mínimos (Lei n. 5.584, de 26.6.1970), e de cujas decisões não se admite recurso.

Há na Justiça do Trabalho hoje, mais nos processos de rito sumaríssimo, embora formalmente conservados para todos os processos, alguns princípios peculiares: a *oralidade* (arts. 840 e 847, da CLT), em que a própria contestação deve ser oralmente produzida; a *conciliação* (arts. 845 e 852, da CLT), que pode ocorrer em qualquer fase do processo; a *concentração*, representada pela unicidade da audiência (arts. 849 e 852-C, da CLT), evitando a fragmentação da prova. E, mais: o registro, em ata, apenas do que for essencial (arts. 851 e 852-C, da CLT), dispensando-se os exageros de palavras; o pronunciamento judicial, através de sentença objetiva e direta (arts. 832 e 832-I, da CLT), poupando que se escreva tratados jurídicos ou teses infindáveis, temas que os magistrados podem reservar para apresentar em congressos e colóquios, ou publicar em alentados artigos doutrinários. E os erros materiais devem ser corrigidos de ofício (arts. 833 e 897-A, parágrafo único, da CLT), o que torna despiciendo o pedido das partes.

Acrescente-se que a citação é sempre postal (art. 774, da CLT), diverso do processo civil, que criou exceções para a citação pelos correios (art. 222, do CPC), e as testemunhas comparecem em juízo sem intimação (art. 825, da CLT). Na Justiça do Trabalho inexiste arrolamento prévio, contemplado no art. 407 da Lei Adjetiva comum. Tão pouco existe despacho saneador, que figura nos arts. 502 e 538, do CPC), não havendo qualquer recurso contra decisões interlocutórias (Súmula n. 214, do C. TST), contra as quais cabe agravo retido para o CPC (art. 522).

Esses princípios, se aplicados correta e permanentemente, por certo facilitarão no futuro, como facilitaram no passado, a rapidez na entrega da jurisdição.

Por outro lado, relevante a inexistência da vinculação do juiz ao processo, porque o juiz é o próprio Estado e o princípio da inindentidade física do magistrado deveria ser estendido a todo o Judiciário. Entendo, de igual maneira, importante o uso de prova emprestada, inclusive como forma de dispensar diligências, inspeções judiciais e perícias desnecessárias.

Fruto de convênio, as execuções na Justiça do Trabalho, que já são simplificadas, ganharam mais agilidade com a adoção do SISBACEN, que permite o bloqueio *on line*, mediante simples comunicação ao Banco Central do Brasil, das contas do devedor trabalhista em qualquer lugar do país.

Destaco, ainda, que, pouco a pouco, sobretudo nas Regiões Trabalhistas maiores (São Paulo, Rio de Janeiro, Minas Gerais, *v. g.*), vem, gradualmente, sendo extinto o *jus postulandi*, consagrado no art. 791 da CLT, mas que está cedendo lugar às ações nas quais o trabalhador, principal usuário da postulação pessoal, comparece assistido de advogado. Com isso, passa a ganhar nova leitura o art. 133 da Constituição da República, acerca da indispensabilidade do advogado na Justiça. Isto é importantíssimo. Hodiernamente, as causas trabalhistas, antes simples, tornaram-se complexas demais, e o obreiro, geralmente desinformado de todos os seus direitos, necessita de uma assistência jurídica adequada. Com efeito, os setores de atermação ou tomada de reclamações estão, pouco a pouco, sendo desativados, seus servidores lotados em outros setores do Judiciário Trabalhista, e, nas audiências de 1º grau, os debates jurídicos tornam-se mais interessantes, embora, é verdade, as instruções processuais, por vezes, passem a ser mais demoradas.

Nesse ponto, desejo ressaltar a importância do bom relacionamento que deve existir entre magistrados e advogados. Uns e outros não vivem isoladamente. O respeito entre ambos é indispensável, e não deve existir distanciamento entre eles, porque têm a mesma formação jurídica e não se pode falar em Poder Judiciário sem que os dois estejam presentes. Da proximidade entre os Tribunais e a Ordem dos Advogados do Brasil, certamente, o único que terá a lucrar será o próprio jurisdicionado.

São algumas formas de agilização do processo que a Justiça do Trabalho, exitosamente, tem adotado.

5.4. O que fazer para maior celeridade

Questiona-se quem pode ser juiz. A Constituição da República, a partir da Emenda Constitucional n. 45, de dezembro de 2004, cuidou de celeridade, como direito fundamental, inserindo-a no inciso LXXVIII do art. 5º, e prevê que só pode ser magistrado de carreira quem já tiver mais de três anos de atividade jurídica (art. 93, I).[8]

---

(8) A mesma regra aplica-se para os concursos no âmbito do Ministério Público, *ex vi* do art. 129, § 3º, da Constituição. Especificamente para o Ministério Público, exigência similar havia, de dois anos de Bacharelado em Direito, conforme o art. 183 da Lei Complementar n. 75, de 20.5.1993, derrogado pelo art. 129, § 3º, da Constituição de 1988 (Emenda Constitucional n. 45/04).

Acerca do triênio, manifestei-me em artigo escrito antes da edição da Resolução n. 11, do Conselho Nacional de Justiça, e com ela não concordo, porquanto não considera o tempo que o bacharel em Direito atuou como estagiário. Adotou o CNJ regra que predomina no Supremo Tribunal Federal, qual a do princípio da razoabilidade, a entender, *mutadis mutandis*, que, com três anos de exercício de atividade jurídica, não privativa, o Bacharel em Direito esteja bastante amadurecido para ser magistrado ou membro do Ministério Público. Penso que maturidade não se adquire com três anos de formado, ou com três anos de exercício de atividade jurídica, ou com três anos de qualquer coisa. Maturidade a dquire-se com estudo, com seriedade, com ética, com empenho, com dedicação, com sensibilidade. O que é certo é que se torna cada vez mais imperioso rever os processos seletivos de ingresso na Magistratura, estes, sim, que realmente devem avaliar as condições dos pretendentes.

Ingressando na carreira, o Juiz Substituto poderá lograr promoção por merecimento ou por antiguidade. Por esta via, basta aguardar o tempo e chegará sua hora. Quanto ao mérito, tenta-se, na Justiça do Trabalho, encontrar mecanismos concretos para avaliar o Magistrado Substituto, e, depois, o Titular de Vara do Trabalho, a fim de permitir que, por merecimento, alcance o grau superior. Ressalto, no particular, que não sou favorável a esse tipo de promoção enquanto não forem encontrados mecanismos e instrumentos realmente objetivos para aferição dessa qualidade.

Alguns estão sendo, gradualmente, tentados implementar. Um deles é a participação em cursos específicos nas Escolas de Magistratura, importante para a formação e o aperfeiçoamento dos juízes. Deles participando, o jovem juiz — ou o juiz jovem — estará sendo preparado para seu relevante mister, reciclado e atualizado.

Demais disso, celeridade não é só fixar metas mínimas de produtividade[9], porque continuaremos a ter quantidade, com dificuldade para avaliar a complexidade e a qualidade dos julgados.

Busquem-se as formas extrajudiciais, autônomas e heterônomas. Elas estão disponíveis a todos. É importante a conciliação que extingue o processo sem julgamento do mérito, e, por isso mesmo, deve ser incrementada.

Permita-se a criação de autos virtuais, facilmente acessáveis via *internet*. Evita-se o deslocamento de advogados e partes aos *fori*, com o que se reduz o consumo de combustível, os níveis de poluição e a incidência do *stress* nas pessoas. Afinal, o Poder Judiciário também é responsável pela conservação de um meio ambiente sadio.

Urge que se eliminem os desperdícios, com a racionalização dos expedientes forenses, reduzindo ao máximo o excesso de carimbos, certidões, protocolos, juntadas, conclusões, que, em resumo, representam apenas mais papel desnecessário e o crescimento descontrolado dos autos.

É preciso, então, que se adote uma *administração científica*, na qual os atos inúteis sejam eliminados.[10] Por outro lado, deve existir contato direto e permanente do juiz com

---

(9) HADDAD, C. H. B. *Op. cit.*, p. 23.
(10) LIMA, G. M. *Op. cit.*, p. 121.

a mídia para esclarecer as posições dos tribunais superiores, em respeito ao princípio da disciplina judiciária que deve nortear todo magistrado.

Na sede da Justiça do Trabalho em Belém, graças a colaboração de uma grande instituição bancária brasileira, estão disponibilizados para os jurisdicionais dois painéis com pautas virtuais, nos quais os interessados podem obter informações imediatas sobre os julgamentos e as audiências que estão se processando, sem necessidade de deslocamento aos locais onde tais atos estão sendo praticados. A esses painéis, penso que criar *call centers* seria outro fator de modernização do Judiciário. Se não pode obter informações sobre o processo de seu interesse via *internet*, pode obtê-las pelo telefone.

Outro ponto a meu ver de grande importância é o relacionamento amistoso que deve existir entre o Juiz e os servidores que estão sob suas ordens. É necessário que se adote um clima organizacional adequado, no qual exista democracia, participação, criatividade, estímulo, motivação e treinamento. No qual sejam premiados os melhores para que os demais neles tenham inspiração. A esse fim, criei, quando Presidente do TRT da 8ª Região, a Medalha do Mérito Funcional para agraciar os servidores de maior destaque da Justiça do Trabalho.

As facilidades da informática permitem, ademais, a realização de videoconferências com a participação de juízes e servidores, trocando experiências, minimizando custos e maximizando resultados. Note-se, nesse aspecto, que tem sido incentivado o ensino à distância no Brasil, através da UVB — Universidade Virtual Brasileira. E, nessa linha, têm sido criados muitos *e-groups* para intercâmbio de informações entre magistrados brasileiros das mais diferentes regiões, especialmente em nível de associações de classe.

Certamente, muito ainda pode e deve ser feito, mas tudo dependerá da capacidade de administrar dos Magistrados; por isso mesmo é importante o uso de técnicas de gerenciamento.[11] Não esqueçamos que, em 2003, somente na Justiça Comum e na Justiça do Trabalho, foram ajuizadas 12.375.960 ações, das quais 8.595.939 foram julgadas.[12] São números pelo menos assustadores que revelam a necessidade de o Judiciário precisar ser dotado de muitos recursos, especialmente de pessoal e tecnologia de ponta, para que seja acelerada a entrega da prestação.

Temos, além do mais, um corpo legislativo muito grande, muito complexo, que enseja uma infindável onda de recursos. Tudo, no Brasil, pode ser levado ao Supremo Tribunal Federal, como a querer que nossa Corte Maior seja transformada apenas num simples juízo revisional. Note-se que, em 2005, somente até o mês de abril, o Excelso Pretório já havia examinado, absurdamente, 26.129 ações.[13] Uma das razões é a própria Constituição em vigor que, por ser demasiadamente analítica, permite que se alegue em tudo e por tudo sua violação. Ferido qualquer direito constitucional da pessoa, abre-se a ela a possibilidade de ter seu caso apreciado pelo Excelso Pretório. Até ontem, *v. g.*, com a edição da Emenda Constitucional n. 49, somava-se um total de 55 Emendas, incluídas as seis de revisão, na Carta de outubro de 1988. Significa dizer: 208 meses de vigência, nossa Lei Fundamental é emendada, em média, a cada período inferior a quatro meses.

---

(11) LIMA, G. M. *Ibidem*, p. 111.
(12) Disponível em: <http://www.stf.gov.br/bndpj/movimento/Movimento6B.asp> Acesso em: 8.2.2006.
(13) Disponível em: <http://www.stf.gov.br/bndpj/stf/MovProcessos.asp> Acesso em: 8.2.2006.

Não é só. Na Justiça do Trabalho mesmo, outros meios existem que permitem atrasar mais ainda o cumprimento do julgado, de que são exemplos os embargos de declaração, que se prestam para sanar omissão, obscuridade ou contradição do *decisum*, mas que têm sido usados para manifestar mera inconformação e ganhar mais prazo para o recurso que verdadeiramente se quer interpor; o agravo de instrumento, destinado a rever a decisão que denegou seguimento ao recurso, e que amplia o tempo de tornar a efeito o julgado; o agravo regimental, para manifestar contrariedade contra despacho que denega alguma medida liminar requerida... E por aí segue.

Se formos considerar todos os recursos que existem no Direito Processual brasileiro, certamente iremos superar a casa de uma centena. Só na Suprema Corte, considerando pelo menos um embargo de declaração de cada decisão proferida, poderemos ter mais de cinquenta recursos, e ninguém saiu do mesmo Tribunal...

Para tentar coibir esse verdadeiro furor recursal, criou-se a súmula vinculante (art. 103-A, introduzido pela Emenda Constitucional n. 45). Sua finalidade é clara. Ficam obstados os recursos quando o STF já possuir posição sedimentada, sumulada, a respeito. E, nesse ponto, não vejo em nada qualquer óbice à liberdade do juiz de grau inferior, ou ao seu poder criador. Ao contrário, trata-se de disciplina judiciária que é dever de todo Magistrado. Almejo que não se retarde sua adoção, sobretudo com referência às matérias de entendimento pacificado no Excelso Pretório.

No momento, encontram-se em tramitação no Parlamento brasileiro mais de uma dezena de Projetos de lei cuidando de formas de se conseguir a sonhada celeridade processual que o inciso LXXVIII do art. 5º da Lei Fundamental preconiza, visando à uniformização de jurisprudência no âmbito dos Juizados Especiais Cíveis e Criminais (PL n. 4.723/04); possibilitando a realização do inventário, partilha, separação consensual e divórcio consensual por via administrativa (PL n. 4.725/04); tratando de incompetência relativa, meios eletrônicos, prescrição, distribuição por dependência, exceção de incompetência, revelia, carta precatória e rogatória, ação rescisória e vista dos autos (PL n. 4.726/04); racionalizando o julgamento de processos repetitivos (PL n. 4.728/04); relativo ao julgamento de agravos (PL n. 4.729/04); e introduzindo modificações na CLT, de modo a conferir celeridade à tramitação dos processos trabalhistas (PLs ns. 4.730/04, 4.731/04, 4.732/04, 4.733/04, 4.734/04 e 4.735/04)[14], já tendo o PL n. 4.724/04, que trata da forma de interposição de recursos, saneamento de nulidades processuais e recurso de apelação, sido sancionado como Lei n. 11.276, de 7 de fevereiro deste ano, que vai vigorar dentro de 90 dias, da mesma forma como o PL n. 4.728.04, agora Lei n. 11.277, da mesma data e com vigência similar, prevendo que, já havendo o juiz proferido sentença pela total improcedência versando sobre matéria controvertida de direito, basta ser repetido o julgado, dispensada a citação, o que está me assemelhando, em uma primeira leitura, possível violadora do art. 5º, n. LV, da Constituição. E, ainda, o PL n. 4.727/04, sobre agravos retido e de instrumento, sido transformado na Lei n. 11.187, de 19.10.2005, que começou a viger a 19 de janeiro deste

---

(14) Foi negado mandado de injunção por não ter sido caracterizada omissão do legislador infraconstitucional em regular o inciso LXXVIII do art. 5º da Carta de 1988 (MI 615-2-DF, de 25.2.2005 (João Bosco Maciel Júnior *vs.* Congresso Nacional, Câmara dos Deputados, Senado Federal e União). Relator: Min. Celso de Mello. (DJ n. 43, Seção 1, de 4.3.2005. p. 40-1).

ano, modificando a redação dos arts. 522, 523 e 537, do CPC, e restringindo o uso de recursos contra decisões interlocutórias no âmbito da Justiça comum.

Todos transformados em lei, proporcionarão agilidade razoável ao processo, mas é preciso que se incentive a busca de soluções autônomas ou heterônomas, mas sempre extrajudiciais (conciliação, mediação ou arbitragem), que são, a meu ver, as formas ideais de resolver conflitos. Nesse particular, a Lei n. 9.307, de 29.6.1996, que cuida de arbitragem no Brasil, está em vigor, necessitando apenas de incentivo para ser verdadeira e corretamente implementada.

Estou bastante convicto de que simplicidade, informalidade, oralidade, concentração, imediatidade são mecanismos que precisam ser utilizados pelos Juízes brasileiros para dar celeridade ao processo. Leis podem surgir. Novas regras podem ser criadas. Novas tentativas podem ser feitas. Novos concursos podem ser promovidos. De nada adiantará tudo isso, enquanto não forem removidos os entulhos burocráticos[15], que atravancam o Judiciário, as formalidades desnecessárias, o excesso de recursos, a obsolescência das regras processuais, os privilégios existentes para os entes públicos internos, os carimbos, os protocolos, as conclusões, as juntadas, o *ao ao* interminável.

5.5. O bom juiz bom

Penso que a reforma introduzida pela Emenda Constitucional n. 45 na Constituição da República, na parte que visou melhorar a atividade do Poder Judiciário foi muito aquém do que se esperava, mas, foi melhor do que se nada tivesse sido feito.

A obra, é certo, não está concluída. Muita coisa deve ser feita. E deve ser feita com urgência.

Ninguém duvida, porém, que não é dos Juízes do Brasil a culpa pela demora na entrega da prestação jurisdicional. Eles não fazem as leis, eles não as concebem, eles não as sancionam, nem as publicam. Eles apenas as aplicam ou, constatando sua violação, punem o ofensor e restabelecem o Estado Democrático de Direito. Aplicar não é criar, fazer, sancionar, publicar. Cabe aos criadores das leis a tarefa de corrigir as imperfeições existentes na ordem jurídica estabelecida, a fim de que inciso LXXVIII do art. 5º da Carta Magna, que tanta esperança trouxe ao brasileiro carente de justiça, seja realidade, e não apenas uma simples previsão programática.

A *reengenharia do processo*, que se sintetiza nas expressões *produtividade* e *celeridade*, somente se alcançará em nosso país quando os desvios existentes forem corrigidos. Tanto o Judiciário, por todos os seus integrantes de todos os níveis, da mesma forma como as associações de classe da Magistratura, imagino-os a postos para ajudar nessa luta incessante pela garantia do acesso rápido e completo à Justiça. A tarefa não é fácil, mas os Juízes brasileiros estamos acostumados às dificuldades e saberemos enfrentá-las, porque esse o nosso sacerdócio e essa a nossa vocação.

Em junho de 2004, a convite da LTr Editora, proferi, em São Paulo, a palestra de encerramento do 44º Congresso Brasileiro de Direito do Trabalho. Discorri sobre o tema *O Juiz do Trabalho e as transformações do nosso tempo* e iniciei falando do principal personagem

---

(15) LIMA, G. M. *Op. cit.*, p. 124-5.

do romance *A virgem da macumba*, de autoria de um brasileiro, hoje praticamente esquecido, chamado Benjamin Costallat. Trata-se do *bom Patrú*, e, em determinado trecho, dele é dito: *o bom Patrú! Ele tinha sido para todos o bom Patrú! Aquele que ajuda e que desaparece! O bom, o trouxa do Patrú!*

Pois bem! Volto a valer-me do mesmo personagem. Depois de tudo o que lhes considerei, da mesma forma como em São Paulo, ainda "entendo que, se ontem havia dificuldades de comunicação e acesso à Justiça, pouco a pouco, foram sendo superadas, e, hoje, as facilidades proporcionadas pela tecnologia importam em uma necessária adaptação, para, amanhã, com um Juiz verdadeiramente inserido no cotidiano, termos decisões rápidas, diretas, pragmáticas, concisas, e certamente mais justas".

Sem perder a altivez e a serenidade, procurando ser sábio sem ser arrogante, desejando ser generoso sem ser injusto, é o Juiz a peça que não pode dispensar a sociedade para a solução de suas pendências. Isento e imparcial, a ele o Estado transfere o poder de decidir sobre o bem e o mal, o certo e o errado, no processo dialético que pretende alcançar o bem comum na sua acepção mais lata.

Quero ir um pouco mais além. Imagino um palco — a vida é um palco onde se representa todo o nosso destino — e, se os atores — aqueles com quem convivemos — são importantes, há, como em toda a peça teatral, uma pequena e escondida figura, que ninguém vê e raros sabem da existência. Só sabem quando procuram indagar a perfeição das falas dos atores que, ocupando o proscênio, ganham os aplausos. A escondida figura fica abaixo do palco, coberta por uma mínima concha, imperceptível aos olhos comuns, mas fundamental. É o *ponto*. O *bom Patrú* dos atores que ganham o Oscar do cinema e aparecem na mídia. Mas, quem lhes ajudou, quem foi fundamental para eles, quem não deixou que esquecessem as falas, e quem fez com que tudo corresse perfeito, foi *o ponto*.

Na vida fora do palco, no encontro da solução dos conflitos, nos momentos de litigiosidade mais exacerbada, nos instantes em que se busca incessantemente a paz, o *ponto* é o juiz, a peça parcimoniosamente indispensável no difícil jogo de xadrez da vida. Por isso, sem esse *ponto*, sem esse prumo de equilíbrio, ausente esse fiel da balança, termina o Estado Democrático de Direito, finda-se a sociedade e a raça humana passa a ser desnecessária a ela mesma.

O juiz é o *ponto* que não procura aplausos, não deseja a fama, não almeja os prêmios, não está à cata de holofotes ou refletores, dispensa a ribalta, aquele que ajuda e desaparece, como o *bom Patrú*, mas que quer ser justo, digno, respeitado e bom, para, ao final da sua jornada, poder dizer *combati o bom combate, terminei a jornada, guardei a fé. Resta-me agora receber a coroa da justiça, que o Senhor, justo Juiz, me dará naquele dia* (II Tim, 4,7-8). E aí, trocando de endereço, alça à Pasárgada, e lá, amigo do Rei, colhe os louros celestes de ter feito justiça de acordo com a sua vontade, de ter restabelecido a paz e com a esperança de ter servido à sociedade.[16]

Assim sejam os Juízes brasileiros. Assim seja a Justiça do Brasil.

---

(16) FRANCO FILHO, Georgenor de Sousa. *Ética, direito, justiça*. São Paulo: LTr, 2004. p. 194-5.

Capítulo 6

A Prescrição do Dano Moral Trabalhista[*]

Introdução

Embora superado o tema relativo à competência para apreciar ações versando sobre dano moral decorrente de relação de trabalho, que, induvidosamente, é da Justiça do Trabalho, como, aliás, há quase uma década, sustentei em voto proferido no E. TRT da 8ª Região (Proc. TRT 8ª Região, 4ª T., RO 3795/96), vez por outra retorna ao debate. Todavia, um outro aspecto tem gerado dificuldades para os chamados *operadores do direito*, uma das mais tormentosas questões acerca desse tema, aquela relativa à prescrição.

Dois pontos devem ser esclarecidos, desde o início. Primeiro, por dano moral entenda-se uma lesão que viole o patrimônio moral da pessoa, maculando-lhe a honra ou a boa fama. O dano moral trabalhista é o que decorre de relação de trabalho, no geral as oriundas das previsões dos arts. 482 e 483 da CLT. Segundo, a prescrição é a perda do direito de ação pela inércia do titular por um determinado período.

O dano moral trabalhista não é novidade no Direito brasileiro. Ao contrário, existe na legislação obreira desde os primórdios da CLT. Orlando Teixeira da Costa, que foi um dos maiores juslaboralistas brasileiros, ensinou "enquanto se discutia no direito comum a possibilidade de reparação econômica do dano exclusivamente moral, a Consolidação das Leis do Trabalho, desde a sua promulgação, já contemplava o dano moral e sua reparação pelo empregado ou pelo empregador, em decorrência da ruptura do contrato de trabalho pela prática de ato lesivo da honra ou da boa fama (arts. 482, letras *j* e *k*, e 483, letra *e*), mediante o pagamento ou desoneração de pagamento das indenizações correspondentes ao distrato do pacto laboral motivado por essa justa causa".[1]

De plano, e de início, já se poderia demonstrar que são inconfundíveis um e outro danos, especialmente para fins de fixação de prazo prescricional. Mas, antes de tratar da prescrição do dano moral trabalhista, importa em breve comentário acerca da competência

---

(*) Assinalo especial agradecimento à colaboração prestada por meu Assessor no TRT da 8ª Região, dr. Paulo Carvalho da Silva, na pesquisa bibliográfica e jurisprudencial deste estudo.
(1) COSTA, Orlando Teixeira da. Da ação trabalhista sobre dano moral. In: *Trabalho; Doutrina*, São Paulo, (10):65-6, set. 1996.

da Justiça do Trabalho, inclusive face à Emenda Constitucional n. 45, de 8 de dezembro de 2004, ressaltando, desde logo, que a *novidade* do inciso VI do art. 114 é, a rigor, o que já existe desde o advento da CLT.[2]

6.1. Competência da Justiça do Trabalho

Há, é certo, os que ainda insistem na incompetência da Justiça do Trabalho para julgar ações dessa espécie. Argumentam, por exemplo, assinalando que dano ocorrido antes da Carta de 1988 resultaria em ajuizamento de ação de indenização por perdas e danos na Justiça Comum. Felizmente são poucos e raros; esta corrente que se chamaria de *negativista* encontra-se completamente superada pela jurisprudência prevalente no Brasil.

Ora, os danos morais e materiais advêm de relação de trabalho. Se é assim, a base legal que autoriza esta Justiça a apreciar e julgar o presente feito está no art. 114 da Constituição da República, que lhe confere competência para dirimir questões oriundas da relação de trabalho, e, mais ainda, já estava desde o advento da CLT, como assinalado acima e voltaremos adiante. A Emenda Constitucional n. 45/04 nenhuma alteração apresentou nesse particular, conservando-se inalterada a competência da Justiça do Trabalho para apreciar temas relativos a danos morais trabalhistas.

A jurisprudência de nossos Tribunais, inclusive do Tribunal Superior do Trabalho, quanto à competência da Justiça do Trabalho para apreciar e julgar questões relativas a danos morais e materiais oriundos da relação de emprego é pacífica e copiosos julgados apontam nesse caminho.[3] As controvérsias do passado ao passado foram relegadas. Inexistem mais hodiernamente.

---

(2) O art. 114 da Constituição cuida da competência da Justiça do Trabalho e o inciso VI dispõe: *as ações de indenização por dano moral ou patrimonial, decorrentes da relação de trabalho.*

(3) "DANO MORAL — COMPETÊNCIA DA JUSTIÇA DO TRABALHO. É possível que o dano moral decorra da relação de trabalho, quando o empregador lesar o empregado em sua intimidade, honra e imagem (CF, art. 5º, V e X; CLT, art. 483, *a*, *b* e *e*), de forma que se encontra inserida na regra de competência preconizada pelo art. 114 da Carta da República, a sua apreciação, conforme jurisprudência já pacificada desta Corte e do STF. Ressalte-se que a hipótese dos autos não está ligada à descaracterização da falta grave referente à propalada emissão de cheques sem fundo, mas na atribuição denegritória de envolvimento do Reclamante no assalto ao Banco, inserida em 'comunicado de ocorrência' policial e divulgada em rádio como suspeito. Por outro lado, a discussão quanto à ocorrência do dano e sua valoração implica reexame de prova, esbarrando no óbice da Súmula n. 126 do TST. Recurso de revista conhecido e não provido. (TST — 4ª T. — RR n. 791354/2001 — Relator: Ministro Ives Gandra Martins Filho — DJ 12.12.2003).
COMPETÊNCIA DA JUSTIÇA DO TRABALHO — DANO MORAL. Ex-professor que é ofendido por preposto da Reclamada em sala de aula. A obrigação de indenizar decorre diretamente da relação empregatícia, donde se conclui que a Justiça do Trabalho é competente para conhecer e julgar ação contendo pedido indenizatório, nos termos do art. 114 da Constituição, desde que haja nexo de causalidade com a relação de emprego, como na hipótese dos autos. Embargos conhecidos e desprovidos. (TST — SBDI-1 — ERR n. 790162/2001 — Relatora: Ministra Maria Cristina Irigoyen Peduzzi — DJ 5.12.2003).
DANO MORAL. COMPETÊNCIA DA JUSTIÇA DO TRABALHO. Quanto à incompetência da Justiça do Trabalho em relação ao dano moral, a Constituição Federal, em seu art. 114, empreendeu à mesma a competência de 'conciliar e julgar os dissídios individuais e coletivos entre trabalhadores e empregadores' e, na forma da lei, 'outras controvérsias decorrentes da relação de trabalho...'. Assim, no supracitado artigo, o fundamental é que o litígio derive da relação de emprego. Considerando que não existe qualquer norma que afaste dessas outras controvérsias a questão do dano moral, bem como que este ramo especializado do Judiciário está afeto às questões do direito da personalidade tão presentes na relação de emprego, entendemos que a Justiça do Trabalho é o caminho correto e seguro para o trabalhador pleitear referido prejuízo moral. Some-se a isso, o fato de que a jurisprudência, que na expressão de Carlos Maximiliano 'desenvolve e aperfeiçoa o direito', assegura, de forma induvidosa, que a solução do conflito compete à Justiça do Trabalho, no exercício de sua competência constitucional. O próprio Supremo Tribunal Federal, em decisão de extraordinária importância, firmou entendimento, declinando

Não resta dúvida de que a competência é mesmo da Justiça do Trabalho para dirimir essa matéria. Até aqui, deixaram de existir divergências a esse respeito.

6.2. Prescrição do dano moral trabalhista

Controvertido, porém, o tema relativo à prescrição. Com efeito, no que tange à sua incidência para ajuizamento de ação visando haver indenização decorrente de dano moral trabalhista, qual a aplicável, a do Código Civil (vinte anos, do art. 177 do Código de 1916, ou três anos, do art. 206, § 3º, do Código de 2002), ou a bienal, do art. 7º, XXIX, da Constituição? E, a partir de quando começou fluir o prazo prescricional?

Admitamos que um contrato de trabalho tenha sido extinto em março de 1982, seguindo-se ação penal imediatamente movida pelo empregador, que, em outubro de 1991, foi julgada pela Justiça penal e considerou o trabalhador-réu inocente. Em fevereiro de 1996, propõe ele ação perante a Justiça Comum a fim de indenizar-se por dano moral, tendo, em setembro de 2004, o Juiz estadual se declarado incompetente, remetendo o feito à Justiça do Trabalho.

Ora, o contrato de trabalho foi extinto em 1982. Àquela época, a competência para apreciar ação por dano moral e material era, segundo entendia a jurisprudência dominante, da Justiça Cível. A Justiça do Trabalho não tinha, para os tribunais brasileiros, competência para julgar casos que tais e nem se questionava, à ocasião, acerca da natureza primeira do dano. Importava tão só sua existência e, de plano, reconhecia-se a Justiça Comum como a competente, certamente porque não havia sido feita uma adequada e atualizada leitura dos

---

pela competência da Justiça do Trabalho para julgar ação de indenização, por danos materiais e morais, movida pelo empregado contra seu empregador, fundada em fatos ocorridos durante a relação de emprego (STF-1ª T. — RE n. 238.737-4) (TRT 2ª Região — 6ª T. — RO 02341/2002 — Relator: Juiz Valdir Florindo — DJ 16.7.04).
DANO MORAL. Tornou-se ociosa a discussão em torno da competência desta Especializada para apreciar pedido de indenização por dano moral, após a chancela do Supremo Tribunal Federal" (TRT 3ª Região — 2ª T. — RO n. 4534/99 — Relatora: Juíza Maria José C. B. de Oliveira — DJMG 5.4.00).
Inscreve-se na competência material da Justiça do Trabalho o equacionamento do litígio entre empregado e empregador, agindo nesta condição, por indenização decorrente de dano moral. Trata-se de dissídio concernente à cláusula acessória do contrato de emprego (CLT, art. 652, IV), pela qual se obrigam empregado e empregador a respeitarem-se a dignidade, a reputação, a honra, o bom nome e, enfim, o valioso e inestimável patrimônio moral de que cada pessoa é titular. Precedente específico do STF (Recurso Extraordinário n. 238.737-4 — Rel. Min. Sepúlveda Pertence, unânime, julgado em 17.11.1998 — DJU 5.2.1998) (TST, 1ª T. — RR 450.338/98.0 — Relator: Min. João Oreste Dalazen).
DANOS MORAIS — COMPETÊNCIA DA JUSTIÇA DO TRABALHO. O e. STF apreciou a questão, conforme consta do RE n. 238737-SP, sendo Relator o Exmo. Sr. Ministro Sepúlveda Pertence, emitindo pronunciamento no sentido da competência da Justiça do Trabalho para apreciar e julgar as ações em que se pede indenização por danos morais e físicos, decorrentes da lesão pela prática de ilicitude imputada a empregado, na constância da relação de emprego. Dessa forma, segundo o entendimento hodierno mais abalizado, concerne a esta Especializada o exame do cabimento de reparação por dano moral, causado pelo empregador ao empregado, na constância da relação de emprego, por imputação de conduta ilícita a este último. Recurso de revista conhecido e provido. (TST — 2ª T. — RR n. 441190/98-6 — Relator: Min. José Alberto Rossi — DJ 13.8.99).
DANO MORAL. Tornou-se ociosa a discussão em torno da competência desta Especializada para apreciar pedido de indenização por dano moral, após a chancela do Supremo Tribunal Federal (Precedente: RE n. 238.737-4-SP, DJU 5.2.99). (TRT 3ª Região — 2ª T. — RO n. 4534/99 — Relatora: Juíza Mª José C. B. de Oliveira — DJMG 5.4.2000).
DANO MORAL E MATERIAL. COMPETÊNCIA DA JUSTIÇA DO TRABALHO. A Justiça do Trabalho é competente para apreciar e julgar dano moral e material ocorrido antes, durante ou depois de extinto o contrato, desde que decorrente da relação de emprego. Inteligência do art. 114, da CF/88." (TRT 8ª Região — 1ª T. — RO 00703-2002-009-8-00-1 — Relatora: Juíza Suzy Elizabeth Cavalcante Koury).

arts. 482, *j* e *k*, e 483, *e*, do texto consolidado, como será apontado adiante. Se era essa a compreensão, a prescrição aplicável, então, era a vintenária, de acordo com o art. 177 do Código Civil de 1916.

A partir do instante em que nova postura foi assumida e passou-se a admitir o dano moral trabalhista, ocorreu uma profunda modificação no que tange à aplicação da prescrição. Ao contrário do que se poderia acreditar, nem toda a indenização por perdas e danos é nítida, exclusiva ou eminentemente de natureza civil. Não é não. Dano moral decorrente de relação de trabalho, isto é, causado durante a vigência de um contrato de emprego ou de uma prestação de trabalho de qualquer natureza, é de natureza trabalhista e não civil. Não se confunda o geral com o especial. Perdas e danos gerais são os de natureza civil. São o gênero. Perdas e danos especiais ou específicos são os decorrentes de relação de trabalho *lato sensu*, que inclui a de emprego. São a espécie. É assim, porque é assim que evolui o direito. No dano moral trabalhista, a natureza da pretensão não é civil, é trabalhista, e trabalhista são seus efeitos, e não poderia ser de outra forma. O trabalhador, *v.g.*, que obtém ressarcimento de dano moral na Justiça do Trabalho encontra-se em condições amplas para obter nova colocação no mercado de trabalho sem qualquer nódua na sua vida de obreiro.

A prescrição em situação que tal é a trabalhista, não obstante estarmos diante de instituto originalmente do Direito Civil, mas que, *in casu*, é de natureza trabalhista, porquanto decorrente da relação laboral.

Nessa linha, Jorge Pinheiro Castelo acentua que o dano moral trabalhista é diferente do dano moral civil. Este funda-se na igualdade das partes; na relação de emprego há a subordinação.[4] A subordinação é traço caracterizador do liame empregatício, todavia, encontra-se presente em outras relações de trabalho, de forma mais ou menos acentuada.

No campo jurisprudencial, majoritariamente, tem sido firmado entendimento no sentido de que a prescrição aplicável é a trabalhista, entretanto, apenas se tem costumado definir essa prescrição em face da competência da Justiça do Trabalho, não estando, a rigor, sedimentado esse entendimento. Porém, não é apenas pela competência que se define a prescrição. Ao contrário, esta tem sido definida, embora não tenha sido assim claramente expresso, pela natureza mesma do dano questionado.

Francisco Ferreira Jorge Neto e Jouberto de Quadros Pessoa Cavalcante, ao se referirem aos defensores da competência da Justiça do Trabalho para apreciar dano moral trabalhista, corrente com a qual ambos não comungam[5], distinguem o dano moral na esfera civil e na trabalhista. Tomando por exemplo a regra prevista na alínea *a* do art. 482 da CLT, que cuida de prática do ato de improbidade como causa de dissolução motivada de contrato de trabalho, quando o empregado vem à Justiça do Trabalho pleitear indenização por danos morais porque injusta a dispensa, lembram que os positivistas entendem que, desta forma,

---

(4) CASTELO, Jorge Pinheiro. Dano moral trabalhista. Competência. In: *Trabalho; Doutrina*, São Paulo, (10):44, set. 1966. No mesmo sentido: SANTOS, Enoque Ribeiro dos. *O dano moral na dispensa do empregado*. 3. ed. São Paulo: LTr, 2002. p. 123.

(5) JORGE NETO, Francisco Ferreira; CAVALCANTE, Jouberto de Quadros Pessoa. *Responsabilidade e as relações do trabalho*. São Paulo: LTr, 1998. p. 93.

"a imputação ofensiva originou-se na esfera trabalhista. Ainda que possua reflexos na esfera da pessoa civil, é uma ofensa em decorrência de seu relacionamento trabalhista e não civil".[6]

Euclides Alcides Rocha acentua que, "as ações propostas perante a Justiça do Trabalho não se vinculam, necessariamente, a parcelas tipicamente trabalhistas, pois com frequência a demanda envolve questões de natureza possessória, indenizações fundadas em legislação civil ou previdenciária. Por isso mesmo, o art. 652, inciso IV, da CLT confere competência à Justiça do Trabalho para 'os demais dissídios concernentes ao contrato de trabalho', disposição essa que se encontra em sintonia com o art. 114 da Constituição Federal".[7] Isto não quer significar que se aplique a prescrição civil. Apenas quer demonstrar o alcance da Justiça do Trabalho.

Um dos mais importantes aspectos desse quadro, certamente, é o que consta dos arts. 482, *j* e *k*, e 483, *e*, do texto consolidado. É que esses dispositivos contém o dano moral trabalhista de matéria muito clara.

Sabiamente, Orlando Teixeira da Costa ensinou que, "se formos pesquisar, no entanto, os verbetes dos índices alfabéticos-remissivos dos livros de Direito do Trabalho, dificilmente encontraremos relacionada a expressão 'dano moral'. Por que dificilmente encontraremos? *Porque essa matéria só passou a adquirir relevância a partir da Constituição de 5 de outubro de 1988, em face do registro feito nos incisos V e X do seu art. 5º*, que enumerou, entre os direitos e garantias fundamentais, 'o direito de reposta, proporcional ao agravo, além da indenização por dano material, moral ou à imagem' e declarou serem invioláveis 'a intimidade, a vida privada, a honra e a imagem das pessoas', assegurado o direito à indenização pelo dano material ou moral decorrente de sua violação".[8]

Beatriz Della Guistina escreveu que, "a Consolidação das Leis do Trabalho, assim nascida, desde há muito, não é omissa acerca da reparação do dano moral. Basta ver que, quando ocorrer ao empregado prejuízo em razão de uma violação a direitos à sua honra e boa fama, este pode requerer uma indenização. É o que se depreende do disposto no art. 483, letra *e*: 'O empregado poderá considerar rescindido o contrato e pleitear a devida indenização quando: e) praticar o empregador, ou seus prepostos, contra ele ou pessoa de sua família, ato lesivo de honra e boa fama'".[9]

Os arts. 482, *j* e *k*, e 483, *e*, da CLT, contemplam, desde há muito, o direito de o trabalhador haver do empregador indenização por dano moral trabalhista. A leitura que era feita do dispositivo direcionava apenas para a possibilidade de dispensa motivada do empregado, ou de sua dispensa indireta. Raros viam, ali, o dano moral implícito. É porque não havia a *relevância* para o Direito do Trabalho, como mencionado pelo insígne Orlando

---

(6) JORGE NETO, F. F.; CAVALCANTE, J. de Q. P. *Ibidem*, p. 66.
(7) *Apud* JORGE NETO, F. F.; CAVALCANTE, J. Q. P. *Ibidem*, p. 74.
(8) COSTA, O. T. da. *Op. cit.*, p. 66. Os grifos são meus.
(9) GIUSTINA, Beatriz Della. A reparação do dano moral decorrente da relação de emprego. In: *Revista LTr*, São Paulo, 59(10):1.335, out. 1995. No mesmo sentido: CASTELO, J. P. *Op. cit.*, p. 43, acentuando que a indenização objeto do art. 483 da CLT é tratada em termos genéricos: *trata-se, pois, de preceito que estabelece conceito aberto* (p. 43), buscando fundamentos inclusive em outros dispositivos constitucionais (arts. 1º, III, e 5º, XXXIV e XXXV) (p. 44).

Teixeira da Costa. As preocupações eram outras. Os direitos humanos fundamentais ainda não haviam evoluído o bastante.

O fato indisfarçável, que ganhou relevo a partir da promulgação da Carta de 1988, é que o dano moral trabalhista, desde pelo menos o advento da CLT, a 1º de maio de 1943, existe. Em outros termos, ele preexistia à Constituição em vigor.

Com efeito, é impossível pretender aplicar-se a prescrição do direito civil para a hipótese de dano moral trabalhista. Nada, absolutamente nada, justifica esse procedimento. E mais: é uma interferência legislativa irregular, porque não é omissa a CLT nesse aspecto.

Resulta induvidoso que a prescrição para ajuizamento de ação por dano moral decorrente de relação de trabalho é mesmo a trabalhista, por duas razões que se completam. A uma, a natureza da parcela é trabalhista, decorrente de contrato de trabalho; a duas, se a competência é da Justiça do Trabalho, não há razoabilidade em se aplicar norma civil, por não haver omissão na esfera trabalhista, considerando as regras contidas nos arts. 482, *j* e *k*, e 483, *e*, da CLT. No último, *v. g.*, onde está dito que o trabalhador fará jus à *indenização* quando o empregador praticar ato lesivo à sua *honra e boa fama*. Ora, cabe a aplicação do direito comum apenas na hipótese do parágrafo único do art. 8º consolidado. E, no art. 483, *e*, da CLT, resulta implícita a possibilidade da indenização por dano moral que é justo o que viola a honra e boa fama da pessoa. Ou seja, como referi acima, desde há muito, o dano moral trabalhista já existia. Apenas não era tratado como tal.

Não cabe invocar a regra geral de prescrição para quaisquer ações cíveis, aplicando-se aos casos omissos da CLT, porque inexiste omissão na legislação trabalhista. Ao contrário, o art. 7º, XXIX, da Constituição da República, cuida claramente de prescrição trabalhista.

Se o dano moral é oriundo de contrato de trabalho, a prescrição aplicável é mesmo a trabalhista (bienal), nos termos do mencionado art. 7º, XXIX, da *Lex Mater* de 1988. Não se acene com o princípio da norma mais favorável porque este princípio não é absoluto, mas deve ser examinado de acordo com as regras básicas, segundo as quais deve haver garantia de tranquilidade na ordem jurídica posta e a inércia do titular do direito de ação por certo tempo resulta em prescrição, que é uma garantia para o *ex adverso*.

Momento ocorreu em que o Tribunal Superior do Trabalho, através da SBDI-1, entendeu dever ser aplicada a prescrição do direito civil.[10] Logo em seguida, a Alta Corte reviu sua posição. A SBDI-2, em decisão de agosto de 2004, entendeu pela aplicação da

---

(10) "INDENIZAÇÃO POR DANOS MORAIS. PRESCRIÇÃO. Observada a natureza civil do pedido de reparação por danos morais, pode-se concluir que a indenização deferida a tal título em lide cujo trâmite se deu na Justiça do Trabalho, não constitui crédito trabalhista, mas crédito de natureza civil resultante de ato praticado no curso da relação de trabalho. Assim, ainda que justificada a competência desta Especializada para processar a lide não resulta daí, automaticamente, a incidência da prescrição trabalhista. A circunstância de o fato gerador do crédito de natureza civil ter ocorrido na vigência do contrato de trabalho, e decorrer da prática de ato calunioso ou desonroso praticado por empregador contra trabalhador não transmuda a natureza do direito, uma vez que o dano moral se caracteriza pela projeção de um gravame na esfera da honra e da imagem do indivíduo, transcendendo os limites da condição de trabalhador do ofendido. Dessa forma, aplica--se, na hipótese, o prazo prescricional de 20 anos previsto no art. 177 do Código Civil, em observância ao art. 2.028 do novo Código Civil Brasileiro, e não o previsto no ordenamento jurídico-trabalhista, consagrado no art. 7º, XXIX, da Constituição Federal. Embargos conhecidos e providos." (TST, SBDI I, E RR 08871/2002-900-02-00.4 — Relator: Min. Lélio Bentes Corrêa — DJ 5.3.2004).

prescrição trabalhista em casos de indenização por danos morais e materiais[11], a 2ª Turma do TST também nesse sentido se manifestou[12], e, recentemente, nesse mesmo sentido decidiu a 5ª Turma da Alta Corte[13]. Nos Tribunais Regionais do Trabalho brasileiros, também assim tem sido o entendimento dominante.[14]

Como visto, o prazo prescricional é o do art. 7º, XXIX, da Constituição, assinalando-se a indispensável atualidade para questionar o dano, o que vem em reforço do abandono da prescrição civilista. Imagine-se, por absurdo, que o autor da ação viesse a pretender reparação de dano por fato ocorrido em 1986, somente em 2005, a teor do art. 2.028, do Código Civil atual. No mínimo, seria gracioso ter-se por ofendida uma pessoa que esperou dezenove anos para sentir-se como tal, decorrente de um contrato de trabalho, igualmente extinto há dezenove anos.

---

(11) "AÇÃO RESCISÓRIA. DANO MORAL. ACIDENTE DE TRABALHO. PRESCRIÇÃO. Tratando-se de pedido de indenização por danos morais e materiais feito perante a Justiça do Trabalho, sob o fundamento de que a lesão decorreu da relação de trabalho, não há como se entender aplicável ao caso o prazo prescricional de 20 anos previsto no Código Civil, porquanto o ordenamento jurídica trabalhista possui previsão específica para a prescrição, cujo prazo, que é unificado, é de dois anos do dano decorrente do acidente de trabalho, conforme estabelece o art. 7º, inciso XXIX, da Constituição Federal e o art. 11 da Consolidação das Leis do Trabalho. Desse modo, correto o acórdão recorrido ao julgar improcedente o pedido de corte rescisório fulcrado no inciso V do art. 485 do Código de Processo Civil, em face da não ocorrência de ofensa à literalidade do art. 177 do Código Civil." (TST — SBDI II — RO-AR 794/2002-000-03-00 — Relator: Min. Emmanuel Pereira — DJ 22.10.2004).
(12) "AGRAVO DE INSTRUMENTO. INDENIZAÇÃO POR DANO MORAL. COMPETÊNCIA DA JUSTIÇA DO TRABALHO. A Justiça do Trabalho é competente para julgar lide por meio da qual se busca indenização decorrente de relação de emprego, conforme o art. 114 da CF. Consequentemente, aplica-se ao caso em tela a prescrição do art. 7º, XXIX, da Constituição Federal, Agravo de Instrumento não provido" (TST-AIRR-5167/2002-900-03-00.4 — Relator: Min. José Simpliciano Fontes de F. Fernandes — DJ 4.3.2005).
(13) No julgamento do Proc. RR 518/2004-002-03-00.1 (Ronaldo Baptista Berger vs. MIP Engenharia S/A e Companhia Brasileira Carbureto de Cálcio), Relator: Min. João Batista Brito Pereira, julgado em 9.3.2005.
(14) "INDENIZAÇÃO POR DANOS MORAIS. PRESCRIÇÃO. Não há no inciso XXIX do art. 7º da CF/88 distinção, quanto à natureza dos créditos, para efeito de prescrição, que é de cinco anos para todos os 'resultantes das relações de trabalho', até o limite de dois anos após a extinção do contrato." (TRT 3ª Região — 5ª Turma — RO 15196/02 — Relatora: Juíza Gisele de Cássia Vieira Dias Macedo — DJMG 22.2.2003).
"I. PEDIDO DE INDENIZAÇÃO POR DANO MORAL E MATERIAL DECORRENTE DA RELAÇÃO DE EMPREGO. PRESCRIÇÃO. O prazo prescricional para reclamar indenização por dano moral e material decorrente da relação de emprego é o prazo comum utilizado para todos os créditos resultantes das relações de trabalho estabelecido no art. 7º, XXIX, da CF/88 e não o prazo vintenário do art. 177, do Código Civil" (TRT 8ª Região — 1ª T. — RO 3422/2002 — Relatora: Juíza Suzy Elizabeth Cavalcante Koury — julgado em 15.10.2002).
"DANO MORAL. PRESCRIÇÃO. Se o reclamante recorre a este Poder Judiciário para postular reparação por dano moral que imputa ao empregador pela prática de ato culposo, a matéria terá que ser dirimida à luz da legislação trabalhista, cuja prescrição é a regida por regra específica do Direito Constitucional (art. 7º, inciso XXIX da Constituição Federal) e do Trabalho (art. 11 da CLT)" (TRT 8ª Região — 3ª T. — RO 2046/2002 — Relator: Juiz José Maria Quadros de Alencar — julgado em 22.5.2002).
"DANO MORAL. PRESCRIÇÃO. Se o pedido de dano moral decorre da relação de emprego, deve seguir todos os dispositivos legais pertinentes à matéria, entre eles, o que rege a prescrição dos direitos trabalhistas, qual seja, o inciso XXIX, do art. 7º, da Constituição Federal." (TRT 8ª Região — 4ª T. — RO 3740/2002 — Relatora: Juíza Maria Luíza Nobre de Brito — julgado em 24.9.2002).
"DANOS MORAIS. INDENIZAÇÃO. PRESCRIÇÃO TRABALHISTA. Tratando-se de ação que visa obter reparação de dano moral decorrente da relação de emprego, a natureza trabalhista da pretensão atrai não só a competência específica prevista no art. 114 da CF, como também a incidência do prazo prescricional previsto no art. 7º, XXIX, da referida Carta. Inviável a contagem do prazo genérico de 20 anos estabelecido no art. 177 do CC. A fundamentação jurídica do pleito não afasta o caráter trabalhista do crédito, nem justifica tratamento diferenciado em relação aos demais títulos advindos do vínculo empregatício." (TRT 15ª Região — 2ª Turma — RO 8070/02 — Relator: Juiz Dagoberto Nishina de Azevedo — DOE 22.11.2002).

Tendo por bienal a prescrição, outra questão se enfrenta: a partir de quando temos o início da contagem do prazo? Da data da dispensa do obreiro? Da data em que se concretizou a lesão?

Embora a Constituição preveja o biênio a contar da ruptura do liame empregatício, há situações que necessitam de um exame diferenciado. Se, desde a extinção do contrato de trabalho, por exemplo, na hipótese figurada ao norte, o trabalhador respondeu a ação penal por fato delituoso que teria praticado no trabalho, e, somente a partir da absolvição é que restou provada que a imputação que lhe foi imposta era falsa, essa absolvição criminal é que é o motivo justificador da ação de reparação de danos morais trabalhistas, cujo deferimento dependerá da demonstração inequívoca da existência dos elementos caracterizadores do dano pleiteado. O art. 200 do atual Código Civil deve ser aplicado, em face da omissão da CLT (art. 8º). Consigna a norma civil:

Art. 200. Quando a ação se originar de fato que deva ser apurado no juízo criminal, não correrá a prescrição antes da respectiva sentença definitiva.

A contagem do prazo prescricional estará suspensa. A admitir que essa contagem inicia-se imediatamente após a extinção do contrato de trabalho, se, nessa oportunidade, for ajuizada uma ação penal visando a provar a atitude delituosa do obreiro, não correrá a prescrição trabalhista até que se solucione a ação penal.

É verdade que o Tribunal Superior do Trabalho, examinando caso de dano moral trabalhista pendente ação penal, entendeu que o início do prazo prescricional começou na data da ruptura do liame empregatício, mas também é verdade que não foi considerada a regra do art. 200 do Código Civil em vigor.[15]

Ora, aplicando-se o art. 200 do Código Civil resulta incontroverso que foi suspensa a prescrição com o ajuizamento da ação penal e, em sendo absolvido o trabalhador-réu, começará, da data do trânsito em julgado da sentença criminal, a contagem do prazo prescricional para o ajuizamento da ação de indenização de dano moral trabalhista na Justiça do Trabalho.

Situação diversa é aquela em que se cuida de dano moral trabalhista em decorrência de alguma deficiência física. Em recurso examinado pelo TRT da 3ª Região, a hipótese era de perda auditiva.[16] Tratava-se de um dano físico gerador de um dano moral ao trabalhador. Nesse caso, o prazo prescricional tem seu dia de início a partir da data da lesão, isto é, a

---

(15) "PRESCRIÇÃO — DANO MORAL — AÇÃO PENAL — O prazo prescricional para ação quanto a crédito resultante das relações de trabalho é de dois anos, contados da extinção do contrato de trabalho, na forma do art. 7º, XXIX, da Constituição Federal. Deixando o reclamante de observar o referido prazo, para aguardar o desfecho de ação de improbidade, na esfera criminal, por certo que se encontra prescrito o seu direito de ação. A hipótese não se identifica como de interrupção ou suspensão do prazo prescricional, nos termos dos arts. 168 a 172 do Código Civil de 1916." (TST — 4ª T. — RR n. 377-2001-005-13-40 — Relator: Min. Milton de Moura França — DJ 13.2.04).
(16) "PRESCRIÇÃO. MARCO INICIAL. INDENIZAÇÃO POR DANO MORAL. PERDA AUDITIVA. Admitida a competência desta Justiça para julgar pedido de indenização decorrente de doença ou acidente do trabalho, há que se aplicar os prazos de prescrição pertinentes aos créditos trabalhistas (art. 7º, XXIX, da Constituição Federal). O início da contagem do prazo da prescrição coincide com a data da lesão, quando, então, já seria exercitável a ação. Tratando-se de perda auditiva, cuja caracterização possa resultar da submissão a condições nocivas de trabalho prolongadas no tempo, deve-se buscar o marco temporal inequívoco do aparecimento do mal, para fins de contagem da prescrição." (TRT 3ª Região — 6ª T. — RO 0105/2003 — Relatora: Juíza Lucilde D'Ajuda L. de Almeida — DOE 18.9.2003).

partir do dia em que ficou provado que o obreiro perdeu parte ou toda a audição em decorrência de contrato de trabalho.

Ademais, vigente o contrato de trabalho, o prazo prescricional será de cinco anos, nos termos do art. 7º, XXIX, da Carta Republicana.

Conclusão

Em março de 2005, apresentei justificativa de voto vencido no julgamento do Proc. TRT 8ª Região, 1ª T., RO 01574-2004-011-08-00-7 (Norberto Silva Lobato *vs.* Telemar Norte Leste S/A), seguindo a linha de raciocínio que demonstrei acima. Ementei aquela justificativa da forma a seguir:

I. DANOS MORAIS E MATERIAIS. COMPETÊNCIA DA JUSTIÇA DO TRABALHO. O art. 114 da Constituição da República confere competência à Justiça do Trabalho para apreciar questões oriundas da relação de trabalho. Logo, se os danos morais e materiais pleiteados pelo recorrente advêm do contrato de trabalho havido com a recorrida, é desta Justiça Especializada a competência para dirimir a lide.

II. PRESCRIÇÃO. DANOS MORAIS E MATERIAIS. MARCO INICIAL. A contagem do prazo da prescrição começa a fluir da data do trânsito em julgado da sentença que absolveu o recorrente do crime de furto, porque a partir daí é que restou provada que a imputação que lhe foi imposta era falsa, caracterizando a ofensa à honra alheia, possível justificadora da ação de indenização por danos morais e materiais.

III. DANOS MORAIS E MATERIAIS. PRESCRIÇÃO APLICÁVEL. Em se tratando de ação objetivando reparação de dano moral e material decorrente de relação de trabalho, a prescrição aplicável é a bienal do art. 7º, inciso XXIX, da Constituição da República, afastando-se, no particular, a prescrição vintenária do Código Civil de 1916.

O que pretendi demonstrar àquela ocasião é que temos regra própria para atender à prescrição em matéria trabalhista. E, após a Emenda Constitucional n. 45/04, que promoveu algumas mudanças no Poder Judiciário brasileiro, a prescrição permaneceu a mesma para as ações que vierem a ser ajuizadas na Justiça do Trabalho decorrentes da competência que lhe reconheceu a Constituição. Qualquer ação aforada na Justiça do Trabalho tem apenas uma prescrição: a trabalhista de dois anos, conforme o art. 7º, n. XXIX, da Carta Magna, ressalvados apenas os casos específicos de naturezas fiscal para a cobrança de multas impostas pela DRT, e previdenciária, de contribuições devidas à Previdência Social.

Todos os demais, inclusive que versem sobre exercício de direito do direito de greve, representatividade sindical, ações inter e intrassindicais e todas as outras devem se sujeitar às regras prescricionais fixadas na Constituição.

São questões trabalhistas, que cuidam de matéria trabalhista, de natureza trabalhista, e não se deve querer pretender alterar essa realidade, ao argumento falacioso de que o dano moral trabalhista, *v.g.*, seria de natureza civil, porque não se enquadraria nos direitos rigorosamente previstos na CLT. Enquadra-se, sim, e perfeitamente (arts. 482, *j* e *k*, e 483, *e*, da CLT). Hoje, há, induvidosamente, a *relevância* que doutrinou Orlando Teixeira da Costa no passado.

De todas as razões expendidas é possível firmar os seguintes pontos conclusivos:

1. é competente a Justiça do Trabalho para apreciar demandas versando sobre dano moral decorrente de relação de trabalho;

2. o prazo prescricional para ajuizamento de ação de indenização por dano moral decorrente de relação de trabalho é o trabalhista, de dois anos, do art. 7º, XXIX, da Constituição da República;

3. descabe aplicar no processo do trabalho o prazo prescricional do Código Civil (anterior ou atual) porque não se trata de omissão da CLT a respeito (art. 8º da CLT);

4. o marco inicial para contagem da prescrição para ajuizamento de ação de dano moral trabalhista, em caso de existência de ação penal, é o do trânsito em julgado da respectiva sentença definitiva (aplicação subsidiária do art. 200 do atual Código Civil, combinado com o art. 8º da CLT);

5. em o dano sendo decorrente de prejuízo físico ou de qualquer outra natureza, o início da contagem será o do dia da ocorrência do evento ofensivo.

O tema tratado, como se verifica, é polêmico e ainda bastante controvertido. Muito debate doutrinário e jurisprudencial ainda vai ser travado até que se tenha definida uma posição. Uma coisa é induvidosa: acima de tudo, a Justiça do Trabalho continuará sua missão relevante de consolidar a tranquilidade entre os interlocutores sociais.

Bibliografia

CASTELO, Jorge Pinheiro. Dano moral trabalhista. Competência. In: *Trabalho & Doutrina,* São Paulo, (10):44, set. 1966.

COSTA, Orlando Teixeira da. Da ação trabalhista sobre dano moral. In: *Trabalho & Doutrina,* São Paulo, (10):65-6, set. 1996.

GIUSTINA, Beatriz Della. A reparação do dano moral decorrente da relação de emprego. In: *Revista LTr,* São Paulo, 59(10):1.335, out. 1995.

JORGE NETO, Francisco Ferreira; CAVALCANTE, Jouberto de Quadros Pessoa. *Responsabilidade e as relações do trabalho.* São Paulo: LTr, 1998.

SANTOS, Enoque Ribeiro dos. *O dano moral na dispensa do empregado.* 3. ed. São Paulo: LTr, 2002.

Capítulo 7

RELAÇÕES DE TRABALHO PASSÍVEIS DE APRECIAÇÃO PELA JUSTIÇA DO TRABALHO[*]

7.1. Aspecto geral do tema

O tema que me foi atribuído deve ser examinado em dois aspectos. Primeiro, à luz do Código Civil. Segundo, pelas regras do Código de Defesa do Consumidor.

Antes, porém, importante situar o novo panorama que envolve o Direito e a Justiça do Trabalho em nosso país. A Justiça do Trabalho não é mais a Justiça do *empregado*, ou, mais corretamente, do *desempregado*. Passou a cuidar do *trabalhador* em geral, de todo o trabalhador, de todo aquele que, pessoa física, empresta seu esforço (físico ou mental) em favor de outrem mediante contra prestação *in pecunia*.[1]

É o que se extrai do art. 114 da Constituição de 1988, a partir da Emenda Constitucional n. 45/04, porque, agora, compete-lhe processar e julgar as ações oriundas da relação de trabalho, e não apenas os dissídios individuais e coletivos entre trabalhadores e empregadores do texto original, o que se reforça com o inciso IX: *outras controvérsias decorrentes da relação de trabalho, na forma da lei.*

É certo que muda seu caráter e sua natureza original. Não se trata mais da Justiça do trabalhador hipossuficiente. Passa a ser mais que isso. Atinge outras relações, antes tidas como nitidamente de natureza civil ou de natureza consumerista, ambas por longo tempo da competência da Justiça estadual comum. Passa a haver uma manifestação volitiva que é um relevante ponto distintivo da nova competência da Justiça do Trabalho. Antes, basicamente, dedicava-se às relações de emprego subordinado. Agora, alcança outras, sem subordinação, e onde prevalece a escolha daquele a quem se prestará o serviço.

(*) Exposição apresentada como membro do 2º Painel do II Simpósio Nacional de Direito do Trabalho, promovido pela Academia Nacional de Direito do Trabalho, Centro de Extensão Universitária de São Paulo e ABERT, em Angra dos Reis (RJ), a 18 de agosto de 2006.
(1) No mesmo sentido: MALLET, Estêvão. Apontamentos sobre a competência da Justiça do Trabalho após a Emenda Constitucional n. 45. In: COUTINHO, Grijalbo F.; FAVA, MARCOS N. *Justiça do trabalho*: competência ampliada. São Paulo: LTr, 2005. p. 74.

Tempos novos e ventos novos na Justiça do Trabalho, e já não é sem tempo... Teremos, os que nela atuamos, que mudar até mesmo os rumos da bússola do nosso cotidiano.

A relação de emprego exige subordinação. Na relação de trabalho, não se quer isso, mas necessariamente a presença do caráter personalíssimo da prestação do serviço. Na relação de Direito Civil, encontramos o tomador e o prestador, com a atividade caracteristicamente *intuitu personae*. Na relação de consumo, em que estão presentes consumidor e fornecedor, pode ocorrer uma situação híbrida que enseje a se ter uma relação trabalhista-consumerista, com a característica *intuitu personae* presente.

Situados esses parâmetros mínimos, devemos considerar o teor do art. 114 da Constituição em vigor.

Um dispositivo longo, extenso como a própria Constituição, analítica em demasia, frágil em demasia, emendada em demasia, que poderia ser sintética, como a japonesa ou a francesa, e sólida e duradoura, como a norte-americana. E o art. 114 poderia estar resumido aos incisos I e IX e neles estariam — e, na verdade, estão — todos os demais incisos, tópicos e pontuais, abrindo oportunidade a questionamentos sobre quem tem competência para o que no Brasil, quando o único interessado, que é o jurisdicionado, fica sem saber como sair da Justiça, porque o grande problema brasileiro não é o do *acesso* à Justiça, no sentido de *entrar na*, como costumeiramente se decanta, mas *sair* dela, como tive oportunidade de assinalar alhures.[2]

Feitas essas considerações preambulares, vejamos os temas a examinar.

7.2. Relações do Código Civil na Justiça do Trabalho

O primeiro quesito apresentado é o seguinte: *Quais os contratos previstos no Código Civil que geram relação de trabalho?*

O art. 421, do Código Civil em vigor (Lei n. 10.406, de 10.1.2002), dispõe que:

Art. 421. A liberdade de contratar será exercida em razão e nos limites da função social do contrato.

Temos, então, que o contrato depende da vontade das partes, que atuam livremente, condicionando sua motivação e seus limites à sua função social.

Para fins de definição de competência jurisdicional, as pendências que envolverem contratos celebrados à luz do Código Civil serão da Justiça do Trabalho, desde que tais ajustes seja celebrados *intuitu personae*, aproximando, no particular, as regras civilistas com a do art. 652, *a*, III, da CLT, que cuida do pequeno empreiteiro.

Os contratos que estão nesse nível são os que passarei a examinar, *en passant*.

---

(2) V., a respeito, meu artigo Reengenharia do processo: produtividade e celeridade. In: *Revista do Direito Trabalhista*, Brasília, 12(4):26-9, abr. 2006; *Revista LTr*, São Paulo, 70(4):396-401, abr. 2006; *Jornal Trabalhista*, Brasília, 23(1126):4-7, jul. 2006; *Revista do TRT da 8ª Região*, Belém, 39(76):39-48, jan./jun. 2006.

Prestação de serviço de autônomo

Está regulado nos arts. 593 a 599, do Código Civil. É aquele no qual se contrata médico, advogado, dentista, engenheiro, profissionais liberais de modo geral. A esses contratos, aos quais não se aplica a CLT, nem existe lei especial (art. 593)[3], mas apenas o próprio CCB, temos a prestação típica de serviço de autônomo (art. 594).[4]

Arnaldo Süssekind entende que a competência para dirimir questões em torno de contrato dessa natureza é da Justiça do Trabalho.[5] João Oreste Dalazen destaca que a relação é de direito civil entre o advogado e o cliente, e de consumo, entre o cliente e o advogado[6], ambas, na hipótese, são da competência da Justiça do Trabalho.

Empreitada

O tema é tratado nos arts. 610 a 626 do Código Civil. Pode ser de duas espécies: a de labor, na qual é empreitado apenas o trabalho; e a mista, em que empreita-se o trabalho e o fornecimento de material (art. 610).[7]

As pendências estabelecidas entre o empreiteiro e o dono da obra, quando em litígio, devem ser solucionadas na Justiça do Trabalho, desde que o empreiteiro seja pessoa física, não havendo falar em empreiteiro pessoa jurídica para fins dessa competência.[8] O dono da obra é obrigado a recebê-la (art. 615[9]), e aqui deve-se incluir o direito de ação que possui contra o empreiteiro, como, *v.g.*, quando este suspende a obra (art. 624).[10]

Depósito

A matéria é objeto dos arts. 627 a 628, do Código Civil, e as questões decorrentes das relações entre depositário e depositante, devem ser resolvidas na Justiça do Trabalho, a teor do art. 628[11], ainda que graciosas, porque a Constituição não distingue o acesso à Justiça, oneroso ou não.

---

(3) "Art. 593. A prestação de serviço, que não estiver sujeita às leis trabalhistas ou a lei especial, reger-se-á pelas disposições deste Capítulo."
(4) "Art. 594. Toda a espécie de serviço ou trabalho lícito, material ou imaterial, pode ser contratada mediante retribuição."
(5) SÜSSEKIND, Arnaldo Lopes. As relações individuais e coletivas de trabalho na reforma do poder judiciário. In: *Revista do TST*, Brasília, 71(1): 22-3, jan./abr. 2003.
(6) DALAZEN, João Oreste. A reforma do judiciário e os novos rumos da competência material da justiça do trabalho. In: *Revista do TST*, Brasília, 71(1):48, jan./abr. 2005.
(7) "Art. 610. O empreiteiro de uma obra pode contribuir para ela só com seu trabalho ou com ele e os materiais.
§ 1º A obrigação de fornecer os materiais não se presume; resulta da lei ou da vontade das partes.
§ 2º O contrato para elaboração de um projeto não implica a obrigação de executá-lo, ou de fiscalizar-lhe a execução."
(8) N. sentido: DALAZEN, J. O. *Op. cit.*, p. 47.
(9) "Art. 615. Concluída a obra de acordo com o ajuste, ou o costume do lugar, o dono é obrigado a recebê-la. Poderá, porém, rejeitá-la, se o empreiteiro se afastou das instruções recebidas e dos planos dados, ou das regras técnicas em trabalhos de tal natureza."
(10) "Art. 624. Suspensa a execução da empreitada sem justa causa, responde o empreiteiro por perdas e danos."
(11) "Art. 628. O contrato de depósito é gratuito, exceto se houver convenção em contrário, se resultante de atividade negocial ou se o depositário o praticar por profissão.
Parágrafo único. Se o depósito for oneroso e a retribuição do depositário não constar de lei, nem resultar de ajuste, será determinada pelos usos do lugar, e, na falta destes, por arbitramento."

Mandato

Tema dos arts. 653 a 654 do Código Civil[12], a principal preocupação é quanto ao mandato oneroso, cujas divergências devem ser dirimidas na Justiça do Trabalho. O mandatário será sempre pessoa física e o contrato deve ser sempre *intuitu personae* em relação a este.

Comissão

O contrato de comissão é tratado nos arts. 693 a 696, do CCB. O caráter *intuitu personae* deve atingir o comissário, nesse contrato que tem por objeto a aquisição ou a venda de bens pelo comissário, em seu próprio nome, à conta do comitente (art. 693).[13] Cause o comissário algum prejuízo ao comitente, este poderá acioná-lo na Justiça do Trabalho (art. 696, parágrafo único).[14]

Agência e distribuição

Este é o contrato de representação comercial autônoma. Cuida dele o Código Civil nos arts. 710 a 716. Tendo que "uma pessoa assume, em caráter não eventual e sem vínculos de dependência, a obrigação de promover, à conta de outra, mediante retribuição, a realização de certos negócios, em zona determinada, caracterizando-se a distribuição quando o agente tiver à sua disposição a coisa a ser negociada" (art. 710), deve ser realizado pessoalmente pelo agente, e as divergências nesse contrato serão dirimidas pela Justiça do Trabalho.

Corretagem

A corretagem está regulada nos arts. 722 a 725 do Código Civil. Cuida-se da relação entre o corretor de seguros e o tomador de seus serviços. Não é a relação entre o corretor e o titular da apólice do seguro, o *cliente*, mas daquele com a própria seguradora. Estas (corretor

---

(12) "Art. 653. Opera-se o mandato quando alguém recebe de outrem poderes para, em seu nome, praticar atos ou administrar interesses. A procuração é o instrumento do mandato."
"Art. 654. Todas as pessoas capazes são aptas para dar procuração mediante instrumento particular, que valerá desde que tenha a assinatura do outorgante.
§ 1º O instrumento particular deve conter a indicação do lugar onde foi passado, a qualificação do outorgante e do outorgado, a data e o objetivo da outorga com a designação e a extensão dos poderes conferidos.
§ 2º O terceiro com quem o mandatário tratar poderá exigir que a procuração traga a firma reconhecida."
(13) "Art. 693. O contrato de comissão tem por objeto a aquisição ou a venda de bens pelo comissário, em seu próprio nome, à conta do comitente."
(14) "Art. 696. No desempenho das suas incumbências o comissário é obrigado a agir com cuidado e diligência, não só para evitar qualquer prejuízo ao comitente, mas ainda para lhe proporcionar o lucro que razoavelmente se podia esperar do negócio.
Parágrafo único. Responderá o comissário, salvo motivo de força maior, por qualquer prejuízo que, por ação ou omissão, ocasionar ao comitente."

e seguradora) são da competência da Justiça do Trabalho. As questões entre corretor e cliente, que são as do art. 723 do CCB[15], devem ser resolvidas na Justiça comum.

Transporte

O art. 730 do Código dispõe que: *Pelo contrato de transporte alguém se obriga, mediante retribuição, a transportar, de um lugar para outro, pessoas ou coisas.* O que se cuida é de transportador autônomo, e não de empresas transportadoras.

Existem em dois tipos de contrato dessa natureza: transporte de pessoas e transporte de coisas. Pelo primeiro, o transportador responde pelos danos causados às pessoas transportadas e suas bagagens, salvo motivo de força maior, sendo nula qualquer cláusula excludente da responsabilidade (art. 734). No segundo, a coisa, entregue ao transportador, deve estar caracterizada pela sua natureza, valor, peso e quantidade, e o mais que for necessário para que não se confunda com outras, devendo o destinatário ser indicado ao menos pelo nome e endereço (art. 743). Em ambos, temos que deve ser prestado por transportador autônomo, que o transporte deve ser efetuado pelo próprio.

Tratando-se de transportadora pessoa jurídica, as questões entre o condutor e esta serão resolvidas na Justiça do Trabalho. Mas, as pendências entre a transportadora e o tomador do serviço serão da competência da Justiça Comum, porque aí se trata de relação de consumo.

Cooperativa

A Sociedade Cooperativa, de que cuidam os arts. 1.093 e seguintes do Código Civil, seja de trabalho ou de mão de obra, leva para a Justiça do Trabalho as divergências com seus associados.

7.3. As relações de consumo e a justiça do trabalho

O quesito a ser respondido é o seguinte: *a relação de trabalho atrai para a Justiça do Trabalho a conexa relação de consumo?*

O tema é atual e preocupante, e, inicialmente, deve-se distinguir *consumidor* e *fornecedor*, sujeitos tipos da relação de consumo. De acordo com o Código de Defesa do Consumidor (CDC — Lei n. 8.078, de 11.9.1990), consumidor é toda pessoa física ou jurídica que adquire ou utiliza produto ou serviço como destinatário final para sua própria necessidade e uso (art. 2º, do CDC), equiparando-se a ele também a coletividade de pessoas, ainda que indetermináveis, que haja intervindo nas relações de consumo (parágrafo único).

---

(15) "Art. 723. O corretor é obrigado a executar a mediação com a diligência e prudência que o negócio requer, prestando ao cliente, espontaneamente, todas as informações sobre o andamento dos negócios; deve, ainda, sob pena de responder por perdas e danos, prestar ao cliente todos os esclarecimentos que estiverem ao seu alcance, acerca da segurança ou risco do negócio, das alterações de valores e do mais que possa influir nos resultados da incumbência."

Fornecedor é toda pessoa física ou jurídica, pública ou privada, nacional ou estrangeira, bem como os entes despersonalizados, que desenvolvem atividade de produção, montagem, criação, construção, transformação, importação, exportação, distribuição ou comercialização de produtos ou prestação de serviços (art. 3º).

Outra distinção indispensável é entre produto e serviço. O próprio CDC indica que *produto é qualquer bem, móvel ou imóvel, material ou imaterial* (art. 3º, § 1º), e *serviço é qualquer atividade fornecida no mercado de consumo, mediante remuneração, inclusive as de natureza bancária, financeira, de crédito e securitária, salvo as decorrentes das relações de caráter trabalhista* (art. 3º, § 2º).

Como Ives Gandra da Silva Martins Filho acentua, relação de trabalho não se confunde com relação de consumo (regida pela Lei n. 8.078/90), que reúne dois sujeitos: fornecedor e consumidor, e o objeto não é o trabalho realizado, mas o produto ou serviço consumível.[16] Note-se, aqui, um aspecto distintivo da relação de trabalho pura. Em ambos, há inversão do ônus da prova. No entanto, na relação de trabalho, a inversão é para beneficiar o hipossuficiente, que é o trabalhador. Na relação trabalhista-consumerista, a inversão é para beneficiar o consumidor, que é considerado hipossuficiente.

O traço caracterizador para atribuir competência à Justiça do Trabalho para apreciar uma relação sob a proteção do CDC é que seja prestada *intuitu personae*, por parte do fornecedor.[17] Com efeito, note-se que, na relação de consumo, a venda de produto em uma determinada loja por determinado vendedor não irá induzir relação de dependência trabalhista entre o comprador do produto e o vendedor ou o proprietário da loja. A relação é de consumo entre o comprador e o proprietário e de emprego entre o vendedor e o proprietário. Se se tratar de fornecedor pessoa física e for pessoal a prestação, será ela de trabalho e as divergências serão dirimidas na Justiça do Trabalho.

Como acentua João Oreste Dalazen, relação de consumo não é relação de trabalho porque aquela visa à proteção do consumidor.[18]

Conclusão

A meu ver, os contratos regidos pelo Código Civil nos quais a prestação é *intuitu personae*, onde procura-se o prestador do serviço por ele próprio, e as relações regidas pelo CDC, onde o caráter *intuiu personae* esteja igualmente presente, ou seja, que o fornecedor do bem ou serviço seja pessoa física e desenvolva a atividade pessoalmente, em ambos, as divergências surgidas devem ser dirimidas na Justiça do Trabalho. Em síntese é o que penso.

Com efeito, respondendo aos quesitos formulados, tenho o que segue:

Ao 1º: quais os contratos previstos no Código Civil que geram relação de trabalho? São aqueles em que existe prestação de serviço *intuitu personae*.

---

(16) MARTINS FILHO, Ives Gandra da Silva. A reforma do poder judiciário e seus desdobramentos na justiça do trabalho. In: *Revista LTr*, São Paulo, 69(1):34, jan. 2005.
(17) MELO FILHO, Hugo Cavalcante. Nova competência da justiça do trabalho: contra a interpretação reacionária da Emenda n. 45/04. In: COUTINHO, G. F.; FAVA, M. N. *Op. cit.*, p. 179.
(18) DALAZEN, J. O. *Op. cit.*, p. 64.

Ao 2º: a relação de trabalho atrai para a Justiça do Trabalho a conexa relação de consumo? Não atrai, salvo aquelas *intuitu personae* em relação ao prestador do serviço ou fornecedor do bem.

As divergências jurisprudenciais existentes, questionando, em muito momento, se é ou não da competência da Justiça do Trabalho o exame de determinado tema, mercê de uma possível interpretação restritiva do texto constitucional, devem ser espancadas com indispensável brevidade.

Não se deve atribuir a outros segmentos do Judiciário o exame de matéria que envolva relação de trabalho *lato sensu*. Nesta se enquadram os servidores públicos, em que pese a decisão da Suprema Corte na ADIn n. 3.395-6-DF. De igual modo, deve também se ter como abrangidas todas as questões previdenciárias, porquanto a Previdência Social originou--se da relação de trabalho, e o próprio Direito Previdenciário, antes um ramo do Direito do Trabalho, só mais tarde ganhou autonomia científica.

E continuo insistindo em ir muito mais além e para além da simples regra constitucional, que indica o norte, e permite interpretações ampliativas que se destinem à melhor e mais adequada e célere distribuição da Justiça: deve a Justiça do Trabalho ser competente para apreciar crimes contra a organização do trabalho. Não se trata, aqui, de condenações por prática de trabalho forçado, cujas indenizações, lamentavelmente, são endereçadas ao Fundo de Amparo ao Trabalhador e o trabalhador mesmo (o chamado *escravo*) nada recebe, o que deveria ser alterado para *dar a César o que é de César* (e *César*, aqui, é o trabalhador). Trata-se, sim, de reconhecer competência ao juiz do trabalho para conhecer, instruir e julgar a prática de crimes contra a organização do trabalho. E estariam incluídos os que tomam o trabalho infantil, os que praticam o *aviamento*, os que exploram a mulher, especialmente a gestante.

Imagino que o C. Tribunal Superior do Trabalho, como Corte Suprema do Judiciário Trabalhista brasileiro, tem a missão de indicar, às instâncias inferiores, os caminhos que devem ser tomados pela jurisprudência regional. Penso que podem ser editadas súmulas ou mesmo orientações jurisprudenciais. Ou ainda resoluções interpretativas, nas quais o TST demonstre o entendimento superior no sentido de reconhecer competência à Justiça do Trabalho para temas que estão polemizando os graus inferiores ou gerando conflitos de competência entre segmentos do Poder Judiciário. Assim interpretando, o TST estará, comandante da Justiça do Trabalho que é, dizendo qual o comportamento que devem assumir os juízes regionais nesses temas.

Fique uma coisa patente e firme: matéria trabalhista ou correlata (e aqui se inclui relações de consumo, temas penais trabalhistas e assuntos de natureza previdenciária) somente deve ser dirimida pela Justiça do Trabalho.

O mundo mudou. Os homens mudaram. As relações jurídicas também mudaram. A Justiça do Trabalho seguiu e segue a mesma trilha e não vai esmorecer, nem seus magistrados e servidores desistirão de servir a este país.

Afinal, todos somos responsáveis pela tranquilidade das relações e pela paz social. Está é a verdadeira obra da Justiça.

Quanto ao tema central deste painel, concluo reconhecendo que o que importa, ao cabo, é que a Justiça do Trabalho teve ampliada sua competência pela Emenda n. 45. Embora pudesse ter ido muito mais além, para incluir, como acabei de mencionar, também crimes contra a organização do trabalho, todas as questões previdenciárias e, de forma mais clara ainda, os temas relativos aos servidores públicos, em que pese a decisão da Suprema Corte retirando-lhe parte do que consta do texto publicado no Diário Oficial, o que tem não pode abrir mão, pela necessidade de quem deve servir a este país e pela capacidade de seus magistrados.

Bibliografia

COUTINHO, Grijalbo F.; FAVA, Marcos N. *Justiça do trabalho:* competência ampliada. São Paulo: LTr, 2005.

DALAZEN, João Oreste. A reforma do Judiciário e os novos rumos da competência material da justiça do trabalho. In: *Revista do TST,* Brasília, 71(1):41-67, jan./abr. 2005.

DALLEGRAVE NETO, José Affonso. A nova competência trabalhista para julgar ações oriundas da relação de trabalho. In: *Revista do TST,* Brasília, 71(1):240-52, jan./abr. 2005.

LIMA, Taísa Maria Macena. O sentido e o alcance da expressão 'relação de trabalho' no art. 114, inciso I, da Constituição da República (Emenda Constitucional n. 45, de 8.12.2004). In: *Revista do TST,* Brasília, 71(1):282-95, jan./abr. 2005.

MALLET, Estêvão. Apontamentos sobre a competência da Justiça do Trabalho após a Emenda Constitucional n. 45. In: COUTINHO, Grijalbo F.; FAVA, Marcos N. *Justiça do trabalho:* competência ampliada. São Paulo: LTr, 2005.

MARTINS FILHO, Ives Gandra da Silva. A reforma do Poder Judiciário e seus desdobramentos na Justiça do Trabalho. In: *Revista LTr,* São Paulo, 69(1):30-9, jan. 2005.

MELO FILHO, Hugo Cavalcante. Nova competência da justiça do trabalho: contra a interpretação reacionária da Emenda n. 45/2004. In: COUTINHO, Grijalbo F.; FAVA, Marcos N. *Justiça do trabalho:* competência ampliada. São Paulo: LTr, 2005.

SÜSSEKIND, Arnaldo Lopes. As relações individuais e coletivas de trabalho na reforma do poder judiciário. In: *Revista do TST,* Brasília, 71(1):17-30, jan./abr. 2005.

Capítulo 8

A ATUAL DIMENSÃO DO DEBATE SOBRE O AJUIZAMENTO DO DISSÍDIO COLETIVO DE COMUM ACORDO[*]

8.1. Os conflitos coletivos e o poder normativo

Existem conflitos no mundo. Também conflitos nas relações de trabalho. Aos conflitos existem soluções. Aos trabalhistas, também. Elas podem ser extrajudiciais e judiciais, autônomas e heterônomas.

Autônomas são negociação coletiva direta, conciliação e mediação. Heterônomas, a arbitragem e a solução jurisdicional, representada pelo dissídio coletivo.

A Emenda Constitucional n. 45/04 excluiu a negociação, a conciliação e mediação como formas indispensáveis. Manteve facultativa a arbitragem. Conservou, com alterações, o dissídio coletivo.

Aos conflitos coletivos do trabalho, a Constituição, que, nos incisos II e III do art. 114, cuidou de greve e representação sindical, dedica os §§ 1º a 3º.

A meu ver, significam grave restrição ao poder normativo da Justiça do Trabalho, visando, mesmo, a acabar com esse poder excepcional do Judiciário Trabalhista.

Podem ser apontados pelo menos três grandes fatores que favorecem extinguir o poder normativo: 1. enfraquecimento do sindicalismo brasileiro; 2. demora na elaboração de leis que disciplinem as relações de trabalho; e 3. tranquilidade social.

8.2. O *dissídio coletivo* de comum acordo

É certo que o constituinte derivado manteve dissídio coletivo de natureza jurídica incólume, mas este é de natureza interpretativa, sem grandes repercussões nas questões econômicas.

Já o dissídio coletivo de natureza econômica, visando, geralmente, à alteração salarial e melhores condições de trabalho, ganhou um estranhíssimo *de comum acordo* para o seu ajuizamento.

(*) Palestra proferida no 6º Seminário Sul-Baiano de Direito do Trabalho, em Porto Seguro (BA), a 3 de outubro de 2009.

Importa em admitir que, se não houver esse *de comum acordo* das partes litigantes, impossível ao Tribunal (Regional ou Superior, conforme o caso) examiná-lo, devendo o processo ser *extinto sem julgamento do mérito*.

A dicção completa e induvidosa registra: *é facultado às mesmas* [partes], *de comum acordo, ajuizar dissídio coletivo de natureza econômica* (art. 114, § 2º).

Ninguém vai brigar judicialmente *de comum acordo*. É brincadeira de mal gosto, ou possui mesmo é a intenção clara de acabar com o poder normativo da Justiça do Trabalho.

8.3. O enfrentamento do de comum acordo e a sobrevivência do poder normativo

O tema que se examina apresenta três hipóteses:

— a tese da inconstitucionalidade da exigência de ação de impulso bilateral,

— a tese da concordância tácita, e,

— a exigibilidade do "comum acordo".

Penso que devo seguir o que adotei em 2007, examinando as três questões.

a. A da inconstitucionalidade = considerar violado o art. 5º, inciso XXXV, da Constituição, declarando inconstitucional a famigerada dicção, porque viola cláusula pétrea da Carta, qual a negação do acesso ao juízo natural.

Nesse sentido, Arnaldo Süssekind observa que a locução *de comum acordo* viola os arts. 5º, XXXV, e 8º, III, da Constituição, e a Emenda n. 45/04 (oriunda de constituinte derivado) *não poderia suprimir direito consagrado em cláusula pétrea* (de constituinte original).[1]

b. A da concordância tácita = considerar superada a matéria, se o demandado apenas se limitar a impugnar as cláusulas apresentadas pelo demandante, na proposta-base.

Examinando esse ponto, o Ministro José Luciano, à época integrando o TST, assinalou que o "de comum acordo não precisa ser prévio, e, ajuizado o Dissídio Coletivo pelo sindicato dos empregados, sem o acordo expresso da parte contrária, deve o juiz mandar citar o suscitado e apenas na hipótese de recusa formal ao Dissídio Coletivo, a inicial será indeferida".[2]

c. A da exigibilidade = negado o de comum acordo, *pura e simplesmente extingue-se o processo de dissídio coletivo sem resolução do mérito.*

Trata-se da interpretação literal do novo preceito: a inicial deve ser subscrita por todos os interessados, pena de extinção do processo sem julgamento do mérito.

---

(1) SÜSSEKIND, Arnaldo Lopes. Do ajuizamento dos dissídios coletivos. In: *Revista LTr*, São Paulo, 69(9):1.032, set. 2005.
(2) PEREIRA, José Luciano de Castilho. A reforma do poder judiciário — o dissídio coletivo e o direito de greve. In: COUTINHO, Grijalbo F.; FAVA, Marcos N. (coords.). *Justiça do trabalho*: competência ampliada. São Paulo: LTr, 2005. p. 247.

A meu ver, as duas primeiras posições são mais adequadas, aplicadas simultaneamente (inconstitucionalidade e concordância tácita). O sindicato suscitante pode arguir a inconstitucionalidade da locução, violadora de cláusula pétrea (art. 5º, XXXV, da Constituição), na peça de ingresso, matéria que estará superada se o suscitado concordar com o dissídio coletivo ao se manifestar. Havendo contrariedade, prosseguirá a instrução regular do processo que será levada a julgamento, examinando a Corte, inicialmente, a inconstitucionalidade arguida.

Conclusão

Penso não haver maiores dúvidas de que exigir o prévio *de comum acordo* importa em acabar poder normativo, desaparecer dissídio coletivo de natureza econômica ajuizado por sindicato de trabalhadores quando não obtém êxito na negociação coletiva direta, ou na mediação facultativa da Superintendência Regional do Trabalho e Emprego, que deixou de ser obrigatória.

Algumas consequências podem advir: 1) enfraquecimento do poder normativo da Justiça do Trabalho, e dela mesma; 2) prejuízo para os trabalhadores, diante da pulverização dos sindicatos no Brasil; 3) processo neoliberal de flexibilização, reduzindo gradualmente as normas protetoras do trabalhador; 4) desregulamentação, com a absoluta e utópica liberdade de negociar e a consagração da autonomia absoluta de vontade, que não deu certo no passado e não dará certo no futuro novamente.

O que deve é precisa ser feito é: 1) não exigir o *de comum acordo*; 2) não aplicar *ex officio* o dispositivo constitucional; 3) por se tratar de privilégio de uma das partes, se não for invocado no primeiro momento em que estiver em juízo, deverá ser considerado preclusão esse direito.

Agindo assim, penso, pelo menos o mal maior, que é acabar com o poder normativo da Justiça do Trabalho, neste momento de fraqueza sindical, ficará superado. Caberá, mais uma vez, ao Poder Judiciário, sobretudo aos Tribunais Regionais e ao Tribunal Superior do Trabalho, desempenhar esse papel. Sem medo e sem admitir qualquer forma de redução da competência do Judiciário Trabalhista nessa matéria.

Capítulo 9

DOS RECURSOS TRABALHISTAS[*]

9.1. Considerações gerais

Considerando o objetivo predominantemente didático desta obra, dedica-se esta Parte especificamente a cuidar dos recursos trabalhistas, isto é, dos diversos meios que o legislador coloca à disposição do jurisdicionado que, contrariado, deseja ter a decisão que lhe foi adversa revista por órgão superior.

A inconformação com decisão judicial que não lhe é favorável ou que, de alguma forma, o atinge ou a seu patrimônio, leva a pessoa, física ou jurídica, a buscar, em instância superior, a mudança do julgado que lhe foi prejudicial, total ou parcialmente, a fim de repor aquilo que entende ser seu direito.

Trata-se de garantia constitucional, qual seja a do princípio do duplo grau de jurisdição, consagrado no art. 5º, XXXV e LV, da Constituição de 5 de outubro de 1988, a sétima do Brasil.

Cabe de decisões proferidas pelas Varas e Tribunais, a fim de obtenção de novo exame, objetivando sua reforma total ou parcial.

Existem elementos que devem ser necessariamente cumpridos, os chamados requisitos extrínsecos ou pressupostos objetivos. São eles, especialmente, os seguintes: 1) observância do prazo recursal; 2) recolhimento das custas processuais; 3) depósito do valor da condenação, a fim de garantir o juízo *a quo*, medida que deve ser tomada pelo reclamado (obviamente em se tratando de recurso trabalhista), observando limites e condições fixados em instruções do Tribunal Superior do Trabalho. Atualmente, três Instruções Normativas cuidam do tema: n. 15, sobre depósito recursal[1]; n. 18, sobre comprovação desse depósito[2]; e n. 20, sobre procedimentos para recolhimento de custas e emolumentos devidos à União.[3]

Existe, por igual, o requisito intrínseco ou pressuposto subjetivo, representado, sobretudo, pela lesividade que atingiu os interesses do recorrente.

(*) Elaborado como Parte III da obra coletiva *Curso de direito processual do trabalho*, merecida homenagem ao eminente prof. Pedro Paulo Teixeira Manus. Livre Docente e Titular da PUC-São Paulo e Ministro do Tribunal Superior do Trabalho.
(1) Resolução n. 88/98, DJ 15.10.1998.
(2) Resolução n. 92/99, DJ 12.1.2000.
(3) Resolução n. 902/02, DJs 13.11.2002, 21.11.2002 e 27.11.2002.

Observe-se que, no processo do trabalho, descabe recurso de decisão interlocutória, que é aquela que resolve incidente no processo (art. 162, do CPC)[4], consoante dispõe o art. 893, § 1º, da CLT. Distingue-se de decisão definitiva e de decisão terminativa que são aquelas que colocam fim ao processo (com ou sem resolução do mérito, respectivamente). Por exemplo, ao extinguir um processo por inépcia da inicial, essa decisão é terminativa e, conquanto possa ser concisa, dela caberá o recurso adequado.

9.2. Modalidades recursais

Existem diversos tipos de recursos no processo do trabalho. Alguns cabem tanto do 1º grau para os tribunais regionais, como destes ao Tribunal Superior do Trabalho. Vejamos, de forma mais objetiva possível, um a um esses meios de se ter revista uma decisão de instância inferior.

Recurso ordinário

É o recurso ordinário, para o processo do trabalho, o mesmo que a apelação para o processo comum. Sua interposição deve ocorrer no prazo de oito dias da ciência da decisão proferida pela Vara para o Tribunal Regional do Trabalho correspondente, e das decisões desses Tribunais nos processos de sua competência originária, dirigido ao Tribunal Superior do Trabalho.

O art. 895 da CLT contempla a seguinte redação:

Art. 895. Cabe recurso ordinário para a instância superior:

a) das decisões definitivas das Varas e Juízos, no prazo de 8 (oito) dias;

b) das decisões definitivas dos Tribunais Regionais, em processos de sua competência originária, no prazo de 8 (oito) dias, quer nos dissídios individuais, quer nos dissídios coletivos.

§ 1º Nas reclamações sujeitas ao procedimento sumaríssimo, o recurso ordinário:

I — (VETADO).

II — será imediatamente distribuído, uma vez recebido no Tribunal, devendo o relator liberá-lo no prazo máximo de dez dias, e a Secretaria do Tribunal ou Turma colocá-lo imediatamente em pauta para julgamento, sem revisor;

III — terá parecer oral do representante do Ministério Público presente à sessão de julgamento, se este entender necessário o parecer, com registro na certidão;

IV — terá acórdão consistente unicamente na certidão de julgamento, com a indicação suficiente do processo e parte dispositiva, e das razões de decidir do voto prevalente. Se a sentença for confirmada pelos próprios fundamentos, a certidão de julgamento, registrando tal circunstância, servirá de acórdão.

---

(4) No processo comum, a regra referente às decisões interlocutórias sofreu grande modificação, pela Lei n. 11.187, de 2005, que alterou em parte os arts. 522 e seguintes do CPC.

§ 2º Os Tribunais Regionais, divididos em Turmas, poderão designar Turma para o julgamento dos recursos ordinários interpostos das sentenças prolatadas nas demandas sujeitas ao procedimento sumaríssimo.

Como se constata, ao longo dos anos, a modificação mais significativa pretendida, com o fim de agilizar o julgamento dos recursos ordinários foi a introduzida pela Lei n. 9.957, de 12.1.2000, que criou o chamado *procedimento sumaríssimo* na Justiça do Trabalho.

Relativamente ao art. 895, *b*, da CLT, são de competência originária dos Tribunais Regionais os processos de dissídio coletivo, mandado de segurança, ação rescisória e *habeas corpus*. Das decisões neles proferidas, cabe recurso ordinário para o TST.

Existem, ademais, processos irrecorríveis. São os chamados *processos de alçada*. Deles cuida a Lei n. 5.584, de 26.6.1970. Os §§ 3º e 4º do art. 2º dessa lei preveem que, quando a causa tiver seu valor fixado em até 2 (dois) salários mínimos, sintetiza-se o termo de audiência e, em casos desses chamados dissídios de alçada, não cabe recurso, salvo se versar sobre matéria constitucional.

Recurso de revista

Das decisões proferidas pelos Tribunais Regionais do Trabalho (em composição plena ou, se for o caso, de uma de suas Turmas) cabe recurso de revista para uma das Turmas do Tribunal Superior do Trabalho.

O art. 896 da CLT regula a matéria, tendo sido recomendada rigidez na admissibilidade desse tipo de recurso por parte do juízo de admissibilidade inferior, a fim de evitar o assustador aumento de processo na Corte Superior.

A admissibilidade do recurso de revista dá-se em duas hipóteses: por violação literal de norma ou por divergência jurisprudencial. É a regra do art. 896, *caput*, da CLT, *verbis*:

> **Art. 896**. Cabe Recurso de Revista para Turma do Tribunal Superior do Trabalho das decisões proferidas em grau de recurso ordinário, em dissídio individual, pelos Tribunais Regionais do Trabalho, quando:
>
> a) derem ao mesmo dispositivo de lei federal interpretação diversa da que lhe houver dado outro Tribunal Regional, no seu Pleno ou Turma, ou a Seção de Dissídios Individuais do Tribunal Superior do Trabalho, ou a Súmula de Jurisprudência Uniforme dessa Corte;
>
> b) derem ao mesmo dispositivo de lei estadual, Convenção Coletiva de Trabalho, Acordo Coletivo, sentença normativa ou regulamento empresarial de observância obrigatória em área territorial que exceda a jurisdição do Tribunal Regional prolator da decisão recorrida, interpretação divergente, na forma da alínea a;
>
> c) proferidas com violação literal de disposição de lei federal ou afronta direta e literal à Constituição Federal.

Seu efeito é meramente devolutivo, cabendo ao Presidente do Tribunal Regional ou o Magistrado a quem for delegada essa competência, pelo Regimento Interno da Corte, proferir o despacho admitindo ou trancando o apelo (art. 896, § 1º).

Excepcionalmente, admite-se o recurso de revista na execução da sentença. Em casos que tais, é indispensável exista demonstração inequívoca, literal e direta, de norma inserta na Constituição da República (art. 896, § 2º).

No que refere às causas sujeitas ao procedimento sumaríssimo, somente cabe recurso de revista em caso de contratiedade à súmula da jurisprudência uniforme do TST e de violação à Constituição da República (art. 896, § 6º).

A Medida Provisória n. 2.226, de 4.9.2001, acrescentou o art. 896-A à CLT, cuidando do princípio da transcendência. O dispositivo tem a seguinte redação:

Art. 896-A. O Tribunal Superior do Trabalho, no recurso de revista, examinará previamente se a causa oferece transcendência com relação aos reflexos gerais de natureza econômica, política, social ou jurídica.

Caberá ao TST regulamentar a matéria, mas o tema está submetido à apreciação do STF, através da ADIn n. 2.527-9-DF, tendo sido suspenso, por cautelar, apenas o art. 3º da Medida Provisória n. 2.226/01.

Uma das principais e maiores críticas sofridas pelo princípio da transcendência, é ofensa ao princípio do contraditório, ultrapassando o interesse e direito das partes de ter o recurso apreciado, dado os critérios criados. Outra crítica é relativa à subjetividade dos mecanismos para a aplicação do instrumento.

Acredito que essa subjetividade vai violar tudo o que se tem como pressuposto recursal atualmente. Os requisitos do art. 896 da CLT irão cair por terra.

A meu ver, a Medida Provisória já veio violando o art. 62 da Constituição da República, porque não se pode identificar como de urgência ou de relevância seu conteúdo, e o que criou, alfim, foi um critério de transcendência que se apresenta em quatro espécies (econômica, política, social ou jurídica), e que o TST terá que deixar bastante explícito para que a sociedade, destinatária final da norma, possa entender seu real significado.

Certamente que *transcendência* recursal não quer significar nada de divino, de sagrado. Temo que seja uma experiência que pode resultar em fracasso, mesmo porque é verdadeiramente impossível, em meio a tantas relações conflitivas, querer encontrar transcendência para admitir ou não um recurso.

Apesar de o Excelso Pretório não ter determinado, ainda em sede de cautelar, a suspensão do dispositivo que acrescentou o art. 896-A à CLT, penso que, no julgamento final, essa declaração deverá ocorrer para fim de tranquilizar o jurisdicionado que precisa ter concretos balizamentos da posição dominante nas Cortes Superiores.

Embargos de declaração

As regras principais acerca de embargos de declaração constam do CPC (arts. 535 e segs.). A existente na CLT é apenas o art. 897-A, donde aplicam-se as do processo comum, subsidiariamente, por força do art. 769 consolidado. A Lei n. 7.701, de 21.12.1988, que cuidou da especialização das seções e turmas do TST, tratou, igualmente dos embargos declaratórios.

Parte da doutrina brasileira entende que não se trata propriamente de um recurso.[5] Outros tantos interpretam como tal, inclusive por assim estar disposto no CPC.[6] Cabe este remédio recursal em qualquer instância, desde que exista omissão, obscuridade ou contradição no *decisum* (art. 535, CPC). Havia, a meu ver, *data venia*, necessidade de ser coibida a prática do uso indevido dos embargos declaratórios. É que, no mais das vezes, a parte embargante pretende *ganhar tempo* para protelar o trânsito em julgado da sentença.

Deve ser interposto em cinco dias (art. 536, CPC), ocorrendo interrupção do prazo recursal (art. 538, CPC), cabendo multa de 1% em caso de embargos protelatórios, que se elevará para 10% se reincidente, sendo necessário seu depósito em caso de interposição de outro recurso (art. 538, parágrafo único, CPC).

No TST, cabe aos acórdãos da Seção de Dissídios Coletivos, das Seções de Dissídios Individuais I e II e das Turmas (art. 2º, II, *d*, 3º, III, *d*, e 5º, *d*, da Lei n. 7.701, de 21.12.1998).

Regra específica sobre embargos declaratórios é a do art. 897-A da CLT, introduzido pela Lei n. 9.957, de 12.1.2000, *verbis*:

> **Art. 897-A.** Caberão embargos de declaração da sentença ou acórdão, no prazo de cinco dias, devendo seu julgamento ocorrer na primeira audiência ou sessão subsequente a sua apresentação, registrada na certidão, admitido efeito modificativo da decisão nos casos de omissão e contradição no julgado e manifesto equívoco no exame dos pressupostos extrínsecos do recurso.
>
> Parágrafo único. Os erros materiais poderão ser corrigidos de ofício ou a requerimento de qualquer das partes.

Por esse dispositivo, temos que só cabe esse recurso em caso de omissão e contradição e para reexame dos pressupostos recursais extrínsecos. Não caberia em caso de obscuridade. Todavia, deve-se entender por sua admissibilidade nessa hipótese face a expressa previsão do art. 535, I, do CPC, aplicável subsidiariamente. Ademais disso, cabem os declaratórios para corrigir erro material (parágrafo único do art. 897-A, CLT).

Não cabe em caso de dúvida da parte, conquanto exista previsão dessa natureza na legislação brasileira, qual seja o art. 30, II, da Lei n. 9.307, de 23.9.1996, que cuida de arbitragem, e cuja aplicação, à arbitragem trabalhista, tem sido admitida sem maiores controvérsias, à falta de outra norma.[7]

Agravo de petição

Este recurso é específico do 1º para o 2º graus, e somente cabe em processos em fase de execução. Igualmente é o recurso adequado em caso de embargos de terceiro.

---

(5) Entre outros, MANUS, Pedro Paulo Teixeira; GONÇALVES, Odonel Urbano. *Recursos no processo do trabalho*. São Paulo: LTr, 1997. p. 137; TEIXEIRA FILHO, Manoel Antônio. *Sistema dos recursos trabalhistas*. 5. ed. São Paulo: LTr, 1991. p. 314 *passim*.
(6) N. sentido: RODRIGUES PINTO, José Augusto. *A modernização do CPC e o processo do trabalho*. São Paulo: LTr, 1996. p. 212 *passim*; NASCIMENTO, Amauri Mascaro. *Curso de direito processual do trabalho*. 10. ed. São Paulo: Saraiva, 1989. p. 254 *passim*.
(7) N. sentido: o meu *A nova lei de arbitragem e as relações de trabalho*. São Paulo: LTr, 1997.

Recebido sempre no efeito meramente devolutivo, como de resto os demais recursos trabalhistas (art. 899, caput, da CLT), o prazo para sua interposição é de 8 dias (art. 897, a, da CLT), e, para coibir os excessos, o legislador tratou de criar mecanismos restritivos para a interposição do agravo de petição.

Com efeito, a falta de delimitação justificada da matéria recorrida (art. 897, § 1º, da CLT) leva a não ser examinado o pedido, Da mesma forma, não cabe da sentença homologatória dos cálculos de liquidação, mas apenas da sentença que julgar os embargos à penhora (art. 884, §§ 3º e 4º, da CLT).

Agravo regimental

Não há, na CLT, previsão para esse tipo de recurso, salvo no art. 709, § 1º.[8] No mais, a legislação extravagante cuida em alguns raros momentos (Lei n. 7.701/88, arts. 2º, II, d, in fine, 3º, III, f, e 5º, c).

Cabe esse recurso contra decisão monocrática. Nunca contra decisão colegiada, em hipóteses previstas nos Regimentos Internos dos Tribunais, no prazo de oito dias.

No TST, cabe nos seguintes casos: I — do despacho do Presidente do Tribunal que denegar seguimento aos embargos infringentes; II — do despacho do Presidente do Tribunal que suspender execução de liminares ou de decisão concessiva de mandado de segurança; III — do despacho do Presidente do Tribunal que conceder ou negar suspensão da execução de liminar ou da sentença em cautelar; IV — do despacho do Presidente do Tribunal concessivo de liminar em mandado de segurança ou em ação cautelar; V — do despacho do Presidente do Tribunal proferido em efeito suspensivo; VI — das decisões e despachos proferidos pelo Corregedor-Geral; VII — do despacho do Relator que negar prosseguimento a recurso, exceção feita ao disposto no art. 245; VIII — do despacho do Relator que indeferir inicial de ação de competência originária do Tribunal; e IX — do despacho ou da decisão do Presidente do Tribunal, de Presidente de Turma, do Corregedor-Geral ou Relator que causar prejuízo ao direito da parte, ressalvados aqueles contra os quais haja recursos próprios previstos na legislação ou neste Regimento.[9]

Nos Tribunais Regionais, também os Regimentos Internos regulam o agravo regimental. Na 8ª Região (Pará/Amapá), por exemplo, cabe nas seguintes hipóteses: I — das decisões proferidas pelo Corregedor Regional, em reclamações correicionais; II — das decisões que indeferir liminarmente a petição inicial de ação de competência originária do Tribunal; III — das decisões do Desembargador Relator que negar seguimento a recurso; IV — das decisões do Presidente que, em definitivo, resolver pedido de requisição de pagamento das importâncias devidas pela Fazenda Pública, acerca de precatório; V — das decisões que concederem ou denegarem medida liminar (art. 285).

---

(8) "§ 1º Das decisões proferidas pelo Corregedor, nos casos do artigo, caberá o agravo regimental, para o Tribunal Pleno."
(9) Art. 243, caput, do Regimento Interno do TST (Aprovado pela Resolução Administrativa n. 908/02, publicado no Diário da Justiça da União de 27.11.2002. p. 434, atualizado até o Ato Regimental n. 10/06 e a Emenda Regimental n. 10/07 e a Resolução Administrativa n. 1.265/07).

Agravo de instrumento

De despacho denegatório de admissibilidade de qualquer recurso, o remédio cabível é o agravo de instrumento (art. 897, b, CLT).

O prazo para sua interposição é de oito dias, processados em autos separados com as cópias das principais peças do processo. É recebido no efeito meramente devolutivo, salvo se o juízo de admissibilidade ou o relator no Tribunal admiti-lo também no efeito suspensivo (art. 527, III, do CPC).

Geralmente, ao examinar o recurso interposto, o juízo de admissibilidade, verificando os pressupostos extrínsecos, pode negar-lhe seguimento. Ou seja, apelo subscrito por profissional não habilitado, irregularidade do depósito recursal e do recolhimento das custas processuais, tempestividade. Vai daí que o remédio usado é o agravo de instrumento.

Trata-se, *data venia*, de mais uma lamentável forma de atravancar o Poder Judiciário. Dezenas de milhares de agravos de instrumento estão lotando prédios inteiros dos Tribunais brasileiros. Anos atrás, de uma só assentada, e com apenas duas palavras (*não conheço*), dez juízes convocados do Tribunal Superior do Trabalho relataram, e as respectivas cinco Turmas de então julgaram 10.000 agravos de instrumento mal formados.

É porque a formação do instrumento é essencial para seu conhecimento regular. Nos termos do art. 525, inciso I, do CPC, existem documentos que obrigatoriamente devem instruir a petição: cópias da decisão agravada, da certidão da respectiva intimação e das procurações outorgadas aos advogados do agravante e do agravado, afora os comprovantes do preparo (§ 1º do mesmo artigo). Outras peças poderão ser juntadas, a critério da parte que as deverá indicar (art. 535, II, do CPC).

Entendo que, quanto à juntada das peças obrigatórias, a tarefa é da Secretaria da Vara do Trabalho, porquanto expressamente prevista em lei, devendo o Relator, no Tribunal, verificando sua ausência, determinar o retorno dos autos para essa complementação indispensável. Completo, o instrumento retornará à Corte *ad quem* para apreciação.

Embargos para SDI e SDC

Tratam-se, os interpostos na Seção de Dissídios Coletivos, de recurso cabível das decisões proferidas em dissídios coletivos de competência originária do TST (art. 2º, II, c, da Lei n. 7.701/88), chamados de *embargos infringentes*.

Das Turmas da C. Corte, em dissídios individuais, desde que exista divergência jurisprudencial ou violação de lei federal, cabem embargos para a Seção de Dissídios Individuais (art. 3º, III, b, da Lei n. 7.701/88).

O prazo para a interposição de ambos é de oito dias (art. 894, CLT).

Recurso extraordinário

O recurso extraordinário é o último tipo de recurso admitido no Direito brasileiro. Cabe das decisões dos Tribunais Superiores que violem a Constituição da República ao

Supremo Tribunal Federal. Presta-se, com efeito, apenas para examinar matéria constitucional. É certo que, dada a condição extremamente analítica da Carta de 1988, tem esse remédio extremo se prestado para deixar o Excelso Pretório extremamente ocupado com teses já sedimentadas e de entendimento cristalino, ao invés de se ater às questões realmente relevantes dos grandes temas ligados à Constituição.

Tratando-se de matéria trabalhista, cabe o recurso extraordinário das decisões proferidas pelo TST, quando contrárias à Constituição (art. 119, III, da Constituição). Note-se que a ofensa à Carta deverá ser direta, explícita, clara, insofismável. A violação indireta não enseja sua interposição. Por corolário, tem-se que reexame de prova não enseja seu uso (Súmula n. 279, do STF).

Existe uma única referência, na CLT, acerca desse recurso, que é o art. 893, § 2º, prevendo que a sua interposição não prejudicará a execução do julgado, donde, admitido sempre no efeito meramente devolutivo, permite a execução do julgado em caráter definitivo.

Recurso adesivo

O recurso adesivo é previsto no art. 500, do CPC, *verbis*:

Art. 500. Cada parte interporá o recurso, independentemente, no prazo e observadas as exigências legais. Sendo, porém, vencidos autor e réu, ao recurso interposto por qualquer deles poderá aderir a outra parte. O recurso adesivo fica subordinado ao recurso principal e se rege pelas disposições seguintes:

I — será interposto perante a autoridade competente para admitir o recurso principal, no prazo de que a parte dispõe para responder;

II — será admissível na apelação, nos embargos infringentes, no recurso extraordinário e no recurso especial;

III — não será conhecido, se houver desistência do recurso principal, ou se for ele declarado inadmissível ou deserto.

Parágrafo único. Ao recurso adesivo se aplicam as mesmas regras do recurso independente, quanto às condições de admissibilidade, preparo e julgamento no tribunal superior.

Durante longo tempo, foi questionada a possibilidade de sua interposição no processo do trabalho. Atualmente, a matéria não suscita mais controvérsias. A solução está na Súmula n. 283 do TST, nos seguintes termos:

RECURSO ADESIVO. PERTINÊNCIA NO PROCESSO DO TRABALHO. CORRELAÇÃO DE MATÉRIAS — O recurso adesivo é compatível com o processo do trabalho e cabe, no prazo de 8 (oito) dias, nas hipóteses de interposição de recurso ordinário, de agravo de petição, de revista e de embargos, sendo desnecessário que a matéria nele veiculada esteja relacionada com a do recurso interposto pela parte contrária.

Cabe o adesivo das decisões recorridas por uma parte e que a outra, parcialmente vencedora, recorre, após vencido o seu regular prazo. São os seus pressupostos específicos: 1) existência de recurso da parte adversa; 2) sucumbência parcial do recorrente adesivo; 3) sujeito a preparo (recolhimento de custas e depósito *ad recursum*, se for o caso).

O cerne da questão está em que, não conhecido o apelo principal, o adesivo tem o mesmo destino, não chegando a Corte recorrente a examinar o mérito do pedido.

Remessa *ex officio*

Este tipo de recurso é específico para beneficiar entes de direito público interno (União, Estados, Distrito Federal, Municípios e autarquias e fundações de direito público federais, estaduais ou municipais que não explorem atividade econômica), consoante previsto no Decreto-Lei n. 779, de 21.8.1969.

Os privilégios recursais são, basicamente, quatro: 1) prazo em dobro para recorrer; 2) dispensa de depósito recursal; 3) recurso ordinário *ex officio* de decisões total ou parcialmente contrárias, hoje denominado de "remessa *ex officio*"; 4) isenção de custas para a União Federal e recolhimento a final para os demais entes.

Essa imposição legislativa é perfeitamente desnecessária, afora servir, atualmente, de mais um instrumento para atravancar as pautas extremamente extensas dos Tribunais Regionais do Trabalho.

A obsolescência dessa revisão necessária está no fato de que todos os entes públicos que são contemplados com esse privilégio possuem suas procuradorias judiciais, com servidores concursados e habilitados para, no cumprimento de seu mister legal, recorrerem ordinariamente para defender os interesses do Estado.

Seria de bom alvitre que o legislador infraconstitucional cuidasse de rever essa norma e, por meio de meio legislativo adequado, fosse revogado esse Decreto-lei e abolido esse desnecessário e lamentável privilégio. Seria, penso, mais uma forma efetiva de o Estado, antes de seus vários graus administrativos, demonstrar que também tem verdadeiro interesse em promover a celeridade da Justiça.

Correição parcial

Não se trata, a rigor, de recurso judicial. Cuida-se, sim, de corrigir erro grosseiro de procedimento (*error in procedendo*) de Juiz de grau inferior por decisão superior. O tema é, geralmente, cuidado nos Regimentos internos dos Tribunais, mediante provocação ao Corregedor Geral (no caso de o ato tumultuário ter sido praticado por Juiz de TRT) ou ao Corregedor Regional (na hipótese de essa prática ter sido de Juiz de 1º grau).

Geralmente, o prazo fixado é de oito dias da ciência do ato pela parte prejudicada, formalizado por petição ao Corregedor (Geral ou Regional, conforme o caso).

A CLT assinala, no art. 709, § 1º, que, da decisão em reclamação correicional proferida pelo Corregedor Geral da Justiça do Trabalho cabe agravo regimental para o Tribunal Pleno. Essa regra, que igualmente se destina às correições parciais, aplica-se, a meu ver, igualmente para os Tribunais Regionais.

Conclusão

De tudo o que, *en passant*, se escreveu sobre os recursos admissíveis no processo do trabalho, resta uma coisa bastante provada: há, no Direito brasileiro, um incrível excesso de remédios para demonstrar a inconformação da parte com uma determinada decisão.

Incríveis 159.522 acórdãos foram proferidos pelo Excelso Pretório em 2007.[10] O número excessivo de recursos autuados pelo TST ate 14.12.2007 é assustador: 117.072. Até setembro de 2007, o TRT da 2ª Região (São Paulo) apresentou o maior número de processos julgados no Brasil (90.828), e os 24 TRTs brasileiros julgaram, no mesmo período, 451.561 processos. Os números, certamente, assustam e suscitam buscar meios alternativos, máxime se considerarmos que, na 1ª instância, na mesma época, as 1.370 Varas do Trabalho instaladas no Brasil julgaram 1.379.093 ações.[11] Absurdo? Não! Cruel realidade de um país que despreza mecanismos alternativos, extrajudiciais, usados em abundância no chamado primeiro mundo, e que, aqui, são relegados a plano inferior. Prefere-se, no mais das vezes, que o Estado, paternal e assistencialista, resolva o problema. É mais fácil, afinal, culpar o Estado pelo resultado infrutífero de uma demanda do que obter parcial êxito mediante o encontro de solução extrajudicial. O Juiz, alfim, é o responsável... Pronto!

Os mecanismos têm sido tentados para solucionar esse problema grave. São vários: ampliação do valor das custas processuais, exigência de depósito integral do montante da condenação, limitação de prazo, incentivo à solução extrajudicial de controvérsias. De pouco ou de nada isso têm adiantado.

A Emenda Constitucional n. 45/04 introduziu o inciso LXXVIII ao art. 5º da Constituição. Pretendeu imprimir maior agilidade ao processo judicial: *razoável duração do processo* e *celeridade de sua tramitação*. Penso que a via encontrada não foi a adequada. De que adianta, ao cabo, previsão constitucional de durabilidade reduzida e celeridade nos trâmites, se, na verdade, não existem os mecanismos processuais necessários a esse fim? Uma legislação extensa e esparsa, fora da realidade, com infinitas oportunidades de eternização de demandas é o que está disponibilizado para a sociedade. A prova maior está na própria Constituição, extremamente analítica, rica em reconhecer direitos, mas, lamentavelmente, pobre em torná-los efetivos. Regras estão ali inseridas, desde sua promulgação, e para nada servem (veja-se, por exemplo, o aviso prévio proporcional, o adicional de atividades penosas, ou a licença-paternidade, até hoje regulada por disposição chamada de transitória, que é o art. 10, do ADCT).

Precisa a sociedade toda unir-se na busca de soluções mais rápidas e pacíficas de seus conflitos. Uso de instrumentos extrajudiciais pode ser um deles. Tem sido exitoso noutros países. Certamente, poderá ser no Brasil, também. A composição, judicial ou não, é, ainda, o melhor meio para resolver problemas, sobretudo o desafogamento do Judiciário.

---

(10) Disponível em: <http://www.stf.gov.br/portal/cms/verTexto.asp?servico=estatistica;pagina=movimentoProcessual> Acesso em: 13.12.2008.
(11) Disponível em: <http://www.tst.gov.br/> Acesso em: 13.12.2008.

Para tanto, o mais importante não é criar mais leis, ou mudar as que existem. Recordo que, há alguns anos, o Ministro Wagner Pimenta, então Presidente da mais Alta Corte da Justiça do Trabalho do Brasil, disse: *o homem já fez milhões de leis, mas não conseguiu mudar os dez mandamentos*. A frase de então está atualíssima hoje. Ademais, *as leis não bastam, os lírios não nascem das leis*, escreveu o poeta Drummond. Reflexões que precisamos, teluricamente, fazer, porque o importante mesmo é mudar o raciocínio das pessoas e, evitando disputas infindáveis, buscar a paz. Afinal, *a obra da Justiça é a paz*, que é o dístico da Bandeira do TST.

Capítulo 10

UM CURSO DE FORMAÇÃO PARA A INFORMAÇÃO DO MAGISTRADO[*]

10.1. Algumas considerações preliminares

Quando a profa. Rosita de Nazaré Sidrim Nassar presidiu o TRT da 8ª Região, atribuiu-me a tarefa de dirigir esta Escola que ela, em boa hora, criara. Era o ano 2001. Na época, tínhamos apenas um embrião e pouco era feito. Isoladamente, uma ou outra palestra, um ou outro pequeno curso, e, anualmente, grandes congressos jurídicos, com a chancela da Escola. Não tínhamos grade curricular, nem havia escola nacional. Tampouco fazíamos cursos preparatórios para concurso de juiz, tarefa geralmente afeita à AMATRA, como forma de obter melhor arrecadação.

Aos dois primeiros anos da Escola, seguiram-se dois outros, ainda com a minha direção, acumulando com a Presidência do Tribunal. Foi quando, em uma das reformas nos imóveis da Justiça do Trabalho que efetuei, surgiu a sede da Escola, junto com as instalações do Memorial, onde, originariamente, existia o auditório da Corte.

Depois, sucederam-me as profas. Rosita Nassar e Suzy Koury, que imprimiram gestões altamente eficazes para a Escola, seguidas pela profa. Sulamir Monassa de Almeida, nossa diretora atual.

Quando a profa. Sulamir mandou que lhes falasse, pedi a ela a programação deste módulo regional, considerando que me dera liberdade na escolha do meu tema.

Uma das piores coisas para um palestrante é falar sobre o que ele quiser. Geralmente, quer tudo e não diz nada. Quando me chamam para me manifestar em algum evento, peço ao anfitrião que me indique o tema. É menos mal...

Aqui não houve jeito. O remédio foi ver o que ainda não falaram. Assim, verifiquei o conteúdo de todo o módulo, iniciado em outubro do ano passado. Trataram de processo civil e trabalhista, de fase de conhecimento e da execução, cuidaram de inter-relacionamento, de meio ambiente, de saúde, de comunicação, de finanças, de atividade correicional, previdência social, tecnologia da informação, direitos humanos, técnicas e práticas de

---

[*] Palestra proferida no encerramento do Módulo Regional do 5º Curso de Formação Inicial de Justiça, promovido pela Escola Judicial do TRT da 8ª Região, em Belém (PA), a 8.1.2010.

audiências, terceirização, cálculos, linguagem jurídica, deontologia, filosofia do Direito. Enfim, acho que andaram por mares por onde há muito nem sonhavam em navegar. Mas isso é bom...

Ai, coloquei-me a pensar. O que devo falar para esses jovens magistrados, eu, aqui, no meu canto, talvez com mais tempo de judicatura que alguns deles de vida?

Imaginei, então, chamar a esta exposição de *um curso de formação para a informação do magistrado*. É que, na minha concepção, os cursos formam profissionais transmitindo-lhes informações técnico-científicas sobre o cotidiano, sobre o antes e sobre o que pode vir-a-ser. O mais será aprendido por cada pessoa ao longo de sua vida.

Escolhi, então, três pontos para abordar.

10.2. Por um verdadeiro processo do trabalho

O primeiro é tema que, em parte, já foi objeto de comentário durante este módulo por alguns professores, e que tratarei, *en passant*, na conferência que abrirá o ano judiciário de 2010 no nosso Regional.

Trata-se da necessidade de um Código de Processo do Trabalho.

Sou juiz do tempo em que se usava a CLT. O processo civil, aquele do CPC, era subsidiário. Era assim que se lia o art. 769 consolidado. Tempos depois, as coisas foram mudando. Eu voltava de São Paulo, onde fiz meu doutoramento, e me deparei com contestações escritas, com preliminares infindáveis, com audiências sumariamente adiadas, com volumes e volumes de um único e antes singelo processo. Informaram-me, então, que, *agora as coisas são assim...*

São nada! Não são e nunca serão assim, salvo se revogarem a CLT. Há coisa de dez anos, escrevi criticando o que a doutrina achou por bem chamar de *rito sumaríssimo*, e que, na minha visão, considerando a realidade de algumas regiões trabalhistas brasileiras, não passa de um *mito ordinaríssimo*.

É que foi amplamente divulgado, no início deste milênio, que a Lei n. 9.957, de 12.1.2000, teria criado *novos* princípios que passariam a informar o processo do trabalho.

Escrevi, então, que:

> Um seria a oralidade, mas já o temos, nos arts. 840 e 847, da CLT, desde 1943. É certo, no particular, que, de uns tempos para adiante, esse princípio foi esquecido nos foros trabalhistas. As contestações, que deveriam ser deduzidas em 20 minutos (art. 847), passaram a ser apresentadas em longas, eruditas e bem redigidas peças, juntadas aos autos e fornecida cópia à parte adversa. A oralidade desapareceu na prática, embora continue a existir na lei. Não foi, então, ressuscitada pela Lei n. 9.957, porque não se ressuscita quem não morreu...

O outro princípio é o da simplicidade, mas ele também não é novo, bastando que sejam relidos os arts. 837 e seguintes da CLT. O dia a dia forense é o responsável pela sua ausência. Com o abeberamento do processo civil pelo processo do trabalho, o que era simples ficou complexo. As defesas diretas passaram a ser indiretas, e, como já referi, complicaram o que era simples e formalizaram em excesso o que sempre foi caracteristicamente informal, sem ser ilegal.

Finalmente, teria sido criado o princípio da concentração, mas ele também está presente na CLT, desde 1943, nos arts. 845 e 852, dentre outros, quando é prevista a apresentação imediata das provas (art. 845, CLT), com a instrução e a decisão do feito ocorrendo de uma só e única assentada, salvo motivo de força maior (art. 849, CLT).

No entanto, nesse passo, teria a Lei n. 9.957 introduzido um novo procedimento àquele que se vinha adotando na Justiça do Trabalho. A audiência agora seria única (art. 852-C), mas sempre foi una, conforme o art. 849, CLT. Caberia, nesse novo momento, ao Juiz a direção do processo (art. 852-C), todavia esse comando está no art. 659, I, da CLT, desde 1943. Tornar-se-ia necessária a tentativa de conciliação (art. 852-E), embora os arts. 846 e 850, da CLT, também desde 1943, prevejam duas obrigatórias tentativas de conciliação, além de ser dever do juiz usar dos meios de persuasão para levar as partes a uma solução autônoma do conflito (art. 764, § 1º). O art. 852-F, introduzido pela nova lei, recomenda que a ata da audiência registre apenas o essencial, e o art. 852-I, *caput*, prevê que a sentença dispensa relatório e deve ser simplificada. As regras mencionadas, *data venia*, igualmente não são novas. Ambas existem desde 1943. As atas devem registrar apenas o indispensável, como determina o art. 851, e a sentença deve ser objetiva e direta, conforme o art. 832, e, se proferida em seguida à instrução processual, na mesma assentada, igualmente dispensa relatório. De outro lado, os erros materiais devem ser corrigidos *ex officio* (art. 897-A, parágrafo único). Porém, já deviam, eram e são corrigidos, de ofício ou a requerimento das partes, igualmente desde 1943, consoante o art. 833 da CLT.

Lamento dizer-lhes que, dez anos após, nada mudou. Continuamos carentes de um código de processo do trabalho e precisamos, urgentemente, colocar o CPC no seu devido e supletivo lugar.

Usemos a CLT como ela deve ser usada e apliquemos os princípios do processo do trabalho, específicos e simples, como devem ser utilizados. É falácia dizer que a CLT está superada. Tão emendada e remendada, ela está aí, atual e útil, e, visando à atualização na parte do Direito Individual Material, a Academia Nacional de Direito do Trabalho aprovou anteprojeto de Lei de Relações Individuais, elaborado por comissão que designei, presidida pelo eminente prof. Amauri Mascaro Nascimento, e que está disponível no site do Silogeu, na rede mundial de computadores.

Quanto ao Processo do Trabalho, designei, no âmbito da Academia, comissão, sob a presidência do prof. José Augusto Rodrigues Pinto, que está elaborando um anteprojeto de Código de Processo do Trabalho para ser futuramente discutido pela sociedade brasileira.

São passos efetivos que se tenciona dar para o prestígio constante do Direito que nos é comum a todos.

10.3. Necessidade de disciplina judiciária

O segundo ponto é referente à disciplina judiciária. Estou convencido que não podemos ficar nos digladiando em graus de jurisdição. A disciplina judiciária envolve, a meu juízo, não apenas a observância da jurisprudência consolidada dos graus superiores, com ressalva do ponto de vista pessoal de cada magistrado, como o sentido de ética nas nossas relações com magistrados, advogados, servidores e a comunidade. Nesse passo, evitemos o juridiquês, evitemos as *carteiradas*. Não esqueçam que, quando chega um superior, na regra espartana, o inferior vai *para o seu canto*.

Discute-se muito essa disciplina. A vida me ensinou que devemos obedecer, sem sermos subservientes. Ter disciplina, muita vez, é sinônimo até de educação. O problema é que as pessoas *se acham*. E, pensando que *são*, esquecem que os outros também *são*. E aí surge o conflito interpessoal.

Quanto se trata de magistrados, de graus diferentes, costumamos imaginar que *estão retirando nosso poder criador*. Data venia, não penso assim. O poder criador do Juiz nunca se perde. Quer criar? Crie, mas não iluda o jurisdicionado com sua elocubrações. Exponha seu pensamento, mas, ressalvando seu ponto de vista, aceita a jurisprudência superior dominante até que, um dia, sua opinião seja considerada e os andares de cima mudem o pensamento. Sabe quem vai agradecer? A sociedade, o jurisdicionado, o que bateu na porta da Justiça...

10.4. Um pouco da minha experiência na magistratura

O terceiro ponto é um relato pessoal da minha experiência de vida na magistratura, na qual apliquei a disciplina que aprendi.

Ingressei na 8ª Região como servidor, em 1974, ocupante de cargo em comissão, a convite do então Presidente, o meu maior amigo Orlando Teixeira da Costa, que é o nome deste Fórum. Fui seu Assessor da Imprensa e Relações Públicas. Em 1980, fiz concurso para a magistratura do trabalho de carreira, empossado como Juiz Substituto em fevereiro de 1981.

Como Substituto, recebi o comando da Diretora do Serviço de Pessoal do Tribunal. Ela dava as *ordens* e os Substitutos obedeciam. Foi assim que percorri todas as então Juntas de Conciliação e Julgamento de 8ª Região, dos Estados do Pará e Amapá.

Conhecendo todas, sonhei em ser promovido um dia para Macapá, onde só havia uma Junta. Macapá era *filé*. Promoção só para Junta *ruim*. Mas, meu *Santo é forte*, e para lá fui, de 31 de dezembro de 1985 a outubro de 1989, quando fui para São Paulo fazer o doutoramento. Em Macapá, defrontei-me com a administração da Justiça. É diferente de julgar.

O que quero dizer-lhes é que, quando estamos do *outro lado do balcão*, sabemos que Deus é nosso protetor, e, do lado de cá, no primeiro momento, pensamos que Deus é nosso *assessor*. Só depois constatamos que Ele continua a nos proteger.

Quando fui presidir a então única Junta de Macapá, imaginei que *agora eu mando*. Ledo engano. De administrar o processo, que é agora Titular de Vara, passa a administrar problemas domésticos: cuidar da troca da lâmpada que queimou, do capim que cresceu no jardim em lugar da grama, da aquisição de material de pronto atendimento, do ar condicionado com defeito, da água potável porque o filtro *já era*, da coleta para uma ou outra despesa, dos aniversários dos colegas de trabalho, além da representação institucional que também toca a cada qual.

E, mais que isso, fora da sede, temos que mostrar *nossa cara*. Tratei de mostrar a cara da Justiça: reuni intelectuais do Amapá e, com o apoio do Governador do então Território Federal, Dr. Jorge Nova da Costa, recriei a Academia Amapaense de Letras, e realizei o I Seminário Amapaense de Direito do Trabalho, levando pessoas de toda a região a Macapá.

Em abril de 1990, ocorrendo vaga na 4ª Junta de Belém, pedi remoção, vindo a suceder meu amigo Raimundo das Chagas, pai do meu ex-assistente Julianes Moraes das Chagas, agora meu colega de magistratura, e nunca mais voltei a Macapá para judicar. Na 4ª Junta, continuei cumprindo caladamente minha missão. Fui convocado para o Regional, sem pedir a ninguém. Nunca interrompi férias para ficar convocado. As férias afinal servem para recompor a higidez física e psíquica do trabalhador em geral. O juiz, ainda que pense que é superior, é trabalhador também.

Nessa época, a convite do meu amigo Ministro Arnaldo Süssekind, a quem chamo de *CLT viva*, ingressei na Academia Nacional de Direito do Trabalho. Comigo, na mesma época, entraram Alice Monteiro de Barros, Vantuil Abdala, Sebastião Furtado e Estêvão Mallet.

Um dia, após recusar a terceira indicação por merecimento, fui promovido, por antiguidade, para o Regional. O ano era 1995, 31 de janeiro.

Nessa altura, iniciei minha vida de viajante. Andei por todo o Brasil e por alguns países daqui e da Europa, falando sobre Direito do Trabalho e coisas semelhantes. Fui fazendo, e ainda ando fazendo, minhas pregações e minhas imprecações.

Em fevereiro de 1997, pelas mãos honradas do inesquecível Ministro Orlando Teixeira da Costa, fui levado ao Tribunal Superior do Trabalho e lá fiquei até final de 1998, quando solicitei desconvocação e voltei para Belém. Retornei a meu Regional, e fui Corregedor, Vice-Presidente e Presidente, cumprindo o *munus* que a antiguidade me impunha. Se fui bom gestor, não sei. Confesso-lhes, porém, que dediquei a essa fase administrativa da minha vida neste Tribunal, o melhor do meu empenho pela instituição que adotei.

Hoje, prestes a concluir meu segundo biênio na presidência da Academia Nacional de Direito do Trabalho, atividade que desenvolvo ao lado da Judicatura e do Magistério, penso que estou prestes a deixar a vida pública e recolher-me.

Todos devemos saber a hora de *tirar o time de campo*. Não tardará a minha hora. O que não significa dizer que os mais afoitos já devem contar nos dedos dias ou meses que faltam para abrir nova vaga na Corte. Evitem os afobados essa perda de tempo. Garanto aos que sonham com antecipação dos fatos que o tempo ainda vai chegar. Mas não está nem nas vizinhanças do meu pensamento.

10.5. Tentando concluir

De tudo, tenho aprendido uma lição que espero poder transmitir aos jovens juízes: nós só sabemos mesmo que temos que estudar todos os dias. O Juiz do Trabalho não é meio juiz. Ele é inteiro. Não precisamos impor nossa autoridade a ninguém. Todos sabemos os nossos lugares. Não devemos tratar com descortesia os circunstantes. Não devemos pensar que somos superiores, porque alguém superior pode estar a nosso lado e perceber, e nós, na nossa pseuda grandeza, nem notarmos sua presença. Não devemos impor nossa vontade nem nosso entendimento sobre dada coisa ou determinado instituto. Basta que demonstremos nosso ponto de vista.

Sejam diligentes, cuidadosos, atenciosos. Aos advogados, tratem como colegas, porque, ao cabo, todos temos a mesma formação acadêmica. Aos servidores, tratem como companheiros, porque eles são as nossas pernas e os nossos braços e nos ajudam a pensar. Aos jurisdicionados, como estamos com partes em conflito, devemos tratá-los com serenidade, respeito e sobriedade. Não importa o valor da ação. Os montantes não são relevantes, porque a situação é a mesma dos grandes perfumes, que às vezes estão nos pequenos frascos.

Não sejam assistentes sociais de qualquer das partes. Sejam imparciais mesmo. E, quando sentirem que podem fraquejar, não se constranjam de declarar imediata suspeição. A suspeição, para o magistrado, é a garantia da imparcialidade do Poder que integra.

Acho que posso me firmar por aqui. Já vão longas as minhas considerações sobre esses três tópicos que pretendi lhes falar. Penso que, ao final de um módulo, como no concluir de um curso de graduação, costumamos ter a *aula da saudade*. Proferi uma, no ano passado, na UNAMA, e a dividi em cinco atos, um para cada ano do Curso de Direito. Aqui a situação é diversa: nem é graduação, nem foram cinco anos, nem o curso está sendo concluído. Mas, permitam-me que assim considere já que, conforme me mandou fazer a profa. Sulamir Monassa de Almeida, esta é a última aula, logo, a da saudade, que eu resolvi aproveitar para lembrar um pouco das minhas reminiscências.

Felicidades a todos!

ÍNDICE GERAL

Sumário 7

Explicação necessária 11

PARTE I — DIREITO MATERIAL
(INDIVIDUAL E COLETIVO) DO TRABALHO

Capítulo 1. Os tratados sobre direitos humanos e a regra do art. 5º, § 3º, da Constituição do Brasil 15

    Introdução 15

    1.1. Buscando reidentificar direitos humanos 15

    1.2. A regra constitucional e seus efeitos 17

    Conclusão 20

Capítulo 2. Atuação da OIT no meio ambiente do trabalho: a Convenção n. 155 22

    2.1. A atuação da OIT 22

    2.2. A Convenção n. 155 da OIT 23

    2.3. Uma nova preocupação 28

Capítulo 3. Trabalho decente e suas implicações jurídicas 29

    3.1. Sentido de decência no trabalho 29

    3.2. Um problema sério: a Ásia indecente 30

    3.3. O problema no Brasil 31

    3.4. O que tem feito o Brasil 33

    3.5. Minhas preocupações 33

Capítulo 4. Critérios para distinguir o estagiário e o falso estagiário 36

    Introdução 36

    4.1. As regras existentes 36

4.3. Mudanças propostas 37

4.4. Realidade constatada 38

Capítulo 5. A nova lei do estágio: natureza jurídica e efeitos do recesso 40

Introdução 40

5.1. Natureza jurídica 41

5.2. Efeitos do recesso 41

5.3. Alguns questionamentos 42

Conclusão 45

Capítulo 6. A terceirização nos serviços públicos de energia elétrica e de telecomunicações 46

6.1. Sentido de terceirização 46

6.2. Terceirização em empresas de energia elétrica e de telecomunicações 47

6.3. O destino da terceirização 49

Capítulo 7. Contratos de trabalho por prazo determinado e garantia de emprego da gestante ... 51

Introdução 51

7.1. Espécies de contrato por prazo determinado e casos de garantia de emprego 52

7.2. Garantia de emprego da gestante 54

Conclusão 57

Capítulo 8. Do sonho imaginado à realidade conseguida (avaliando o Direito do Trabalho) 59

Introdução 59

8.1. O sonho imaginado 60

8.2. A realidade conseguida 61

8.3. A esperança ressuscitada 66

Capítulo 9. O trabalho intelectual na era da informação: pejotização, *blogs* de consultas e contratos de imagem 69

Introdução 69

9.1. Pejotização 69

9.2. *Blogs* de consultas 70

9.3. Contratos de imagem 71

Conclusão 73

Capítulo 10. Estado atual da reforma sindical 75

    10.1. O abridor de latas 75

    10.2. O que existe agora 76

    10.3. A Emenda Constitucional 77

    10.4. O projeto de lei 78

    Conclusão 79

Capítulo 11. O triênio de atividade jurídica exigido pela EC n. 45 80

    11.1. O alcance da exigência 80

    11.2. A interpretação que tem tido e a que poderia ter 82

    11.3. O ideal que pode ser feito 86

Capítulo 12. Mudanças na relação de trabalho doméstico 87

    12.1. Os direitos existentes 87

    12.2. As mudanças da nova lei 88

    12.3. Por uma emenda constitucional 89

Capítulo 13. A legislação trabalhista e os convênios coletivos 90

    13.1. A autonomia privada coletiva 90

    13.2. Algumas espécies de normas coletivas autônomas 92

    13.3. Condições de validade das normas coletivas autônomas 93

    Conclusão 94

Capítulo 14. Transferência de empresa no Direito do Trabalho do Brasil 96

    Introdução 96

    A sucessão e a *disregard doctrine* no Brasil 96

    Conclusão 98

    Bibliografia 98

Capítulo 15. A empreitada no Direito Brasileiro do Trabalho 100

    Introdução 100

    Aspectos gerais da empreitada 100

    Conclusão 102

PARTE II — DIREITO PROCESSUAL DO TRABALHO

Capítulo 1. Preposto sempre empregado 105

Capítulo 2. Das imunidades de jurisdição e de execução nas questões trabalhistas 107
    Introdução 107
    2.1. A competência judiciária 107
    2.2. As duas imunidades 108
    2.3. Esclarecimento necessário do STF 110
    2.4. Missões diplomáticas e repartições consulares 113
    Conclusão 114

Capítulo 3. Prisão de depositário infiel na Justiça do Trabalho 116
    Introdução 116
    3.1. O depositário infiel e o pacto da Costa Rica 117
    3.2. O depositário infiel e a Justiça do Trabalho 119
    Conclusão 122

Capítulo 4. Ação cautelar: o problema do requerente pelas medidas infundadas 124
    4.1. Aspecto geral do tema 124
    4.2. As hipóteses de medidas infundadas 124
    4.3. A aplicação no processo do trabalho e o quesito formulado ... 125

Capítulo 5. Reengenharia do processo: produtividade e celeridade 127
    5.1. Momento de descomplicar 127
    5.2. Os problemas detectáveis 128
    5.3. Formas de atuação da Justiça do Trabalho 128
    5.4. O que fazer para maior celeridade 130
    5.5. O bom juiz bom 134

Capítulo 6. A prescrição do dano moral trabalhista 136
    Introdução 136
    6.1. Competência da Justiça do Trabalho 137
    6.2. Prescrição do dano moral trabalhista 138
    Conclusão 144
    Bibliografia 145

Capítulo 7. Relações de trabalho passíveis de apreciação pela Justiça do Trabalho 146

    7.1. Aspecto geral do tema 146

    7.2. Relações do Código Civil na Justiça do Trabalho 147

    7.3. As relações de consumo e a justiça do trabalho 150

    Conclusão 151

    Bibliografia 153

Capítulo 8. A atual dimensão do debate sobre o ajuizamento do dissídio coletivo de comum acordo 154

    8.1. Conflitos coletivos e o poder normativo 154

    8.2. O dissídio coletivo *de comum acordo* 154

    8.3. O enfrentamento do *de comum acordo* e a sobrevivência do poder normativo 155

    Conclusão 156

Capítulo 9. Dos recursos trabalhistas 157

    9.1. Considerações gerais 157

    9.2. Modalidades recursais 158

    Conclusão 166

Capítulo 10. Um curso de formação para a informação do magistrado 168

    10.1. Algumas considerações preliminares 168

    10.2. Por um verdadeiro processo do trabalho 169

    10.3. Necessidade de disciplina judiciária 170

    10.4. Um pouco da minha experiência na Magistratura 171

    10.5. Tentando concluir 172

PRINCIPAIS OBRAS DO AUTOR

De autoria exclusiva

1. *Direito do mar.* Belém: Imprensa Oficial do Estado do Pará, 1974 (esgotado).

2. *A proteção internacional aos direitos humanos.* Belém: Imprensa Oficial do Estado do Pará, 1975 (esgotado).

3. *O pacto Amazônico:* ideias e conceitos. Belém: Falângola, 1979 (esgotado).

4. *Imunidade de jurisdição trabalhista dos entes de direito internacional público.* Prêmio "Oscar Saraiva" do Tribunal Superior do Trabalho. São Paulo: LTr, 1986 (esgotado).

5. *Na vivência do direito internacional.* Belém: Cejup, 1987 (esgotado).

6. *Na academia:* imortal por destino. Mosaico cultural (em colaboração). Belém: Falângola, 1987 (esgotado).

7. *Guia prático do trabalho doméstico.* Belém: Cejup, 1989.

8. *A arbitragem e os conflitos coletivos de trabalho no Brasil.* São Paulo: LTr, 1990 (esgotado).

9. *Liberdade sindical e direito de greve no direito comparado (lineamentos).* São Paulo: LTr, 1992.

10. *Relações de trabalho na Pan-Amazônia:* a circulação de trabalhadores. Tese de Doutorado na Faculdade de Direito da Universidade de São Paulo. São Paulo, LTr, 1996.

11. *A nova lei de arbitragem e as relações de trabalho.* São Paulo: LTr, 1997.

12. *Globalização & desemprego:* mudanças nas relações de trabalho. São Paulo: LTr, 1998.

13. *Direito do trabalho no STF (1).* São Paulo: LTr, 1998.

14. *Competência internacional da justiça do trabalho.* São Paulo: LTr, 1998.

15. *O servidor público e a reforma administrativa.* São Paulo: LTr, 1998.

16. *Direito do trabalho no STF (2).* São Paulo: LTr, 1999.

17. *Tratados internacionais.* São Paulo: LTr, 1999.

18. *Direito do trabalho no STF (3).* São Paulo: LTr, 2000.

19. *Globalização do trabalho:* rua sem saída. São Paulo: LTr, 2001.

20. *Direito do trabalho no STF (4).* São Paulo: LTr, 2001.

21. *Direito do trabalho no STF (5).* São Paulo: LTr, 2002.

22. *Direito do trabalho no STF (6).* São Paulo, LTr, 2003.

23. *Direito do trabalho no STF (7).* São Paulo, LTr, 2004.

24. *Ética, direito & justiça.* São Paulo: LTr, 2004.

25. *Direito do trabalho no STF (8)*. São Paulo: LTr, 2005.

26. *Direito do trabalho no STF (9)*. São Paulo: LTr, 2006.

27. *Trabalho na Amazônia:* a questão dos migrantes. Belém: Unama, 2006.

28. *Direito do trabalho no STF (10)*. São Paulo: LTr, 2007.

29. *Direito do trabalho no STF (11)*. São Paulo: LTr, 2008.

30. *Direito do trabalho no STF* (12). São Paulo: LTr, 2009.

31. *Direito do trabalho no STF* (13). São Paulo: LTr, 2010.

Obras coordenadas

1. *Direito do trabalho e a nova ordem constitucional.* São Paulo: LTr, 1991.

2. *Curso de direito coletivo do trabalho.* Estudos em homenagem ao Ministro Orlando Teixeira da Costa. São Paulo: LTr, 1998.

3. *Presente e futuro das relações de trabalho.* Estudos em homenagem ao prof. Roberto Araújo de Oliveira Santos. São Paulo: LTr, 2000.

4. *Direito e processo do trabalho em transformação* (em conjunto com os Ministros Ives Gandra da Silva Martins Filho e Maria Cristina Irigoyen Peduzzi e os drs. Ney Prado e Simone Lahorgue Nunes). São Paulo: Campus/Elsevier, 2007.

5. *Trabalho da mulher.* Estudos em homenagem à jurista Alice Monteiro de Barros. São Paulo: LTr, 2009.

Obras em coautoria

1. *Estudos de direito do trabalho* (homenagem ao prof. Júlio Malhadas) (Coordenação: prof.ª Anna Maria de Toledo Coelho). Curitiba: Juruá, 1992.

2. *Processo do trabalho* (homenagem ao prof. José Augusto Rodrigues Pinto) (Coordenação: dr. Rodolfo Pamplona Filho). São Paulo: LTr, 1997.

3. *Estudos de direito do trabalho e processo do trabalho* (homenagem ao prof. J. L. Ferreira Prunes) (Coordenação: drs. Juraci Galvão Júnior e Gelson de Azevedo). São Paulo: LTr, 1998.

4. *Manual de direito do trabalho* (homenagem ao prof. Cássio Mesquita Barros Júnior) (Coordenação: dr. Bento Herculano Duarte Neto). São Paulo: LTr, 1998.

5. *Direito internacional no Terceiro Milênio* (homenagem ao prof. Vicente Marotta Rangel) (Coordenação: profs. Luiz Olavo Baptista e J. R. Franco da Fonseca). São Paulo: LTr, 1998.

6. *Direito do trabalho* (homenagem ao prof. Luiz de Pinho Pedreira da Silva) (Coordenação: drs. Lélia Guimarães Carvalho Ribeiro e Rodolfo Pamplona Filho). São Paulo: LTr, 1998.

7. *Estudos de direito* (homenagem ao prof. Washington Luiz da Trindade) (Coordenação: drs. Antônio Carlos de Oliveira e Rodolfo Pamplona Filho). São Paulo: LTr, 1998.

8. *Direito sindical brasileiro* (homenagem ao prof. Arion Sayão Romita) (Coordenação: dr. Ney Prado). São Paulo: LTr, 1998.

9. *Ordem econômica e social* (homenagem ao prof. Ary Brandão de Oliveira) (Coordenação: dr. Fernando Facury Scaff). São Paulo: LTr, 1999.

10. *Fundamentos do direito do trabalho* (homenagem ao Ministro Milton de Moura França) (Coordenação: drs. Francisco Alberto da Motta Peixoto Giordani, Melchíades Rodrigues Martins e Tárcio José Vidotti). São Paulo: LTr, 2000.

11. *Temas relevantes de direito material e processual do trabalho* (homenagem ao prof. Pedro Paulo Teixeira Manus) (Coordenação: drs. Carla Teresa Martins Romar e Otávio Augusto Reis de Sousa). São Paulo: LTr, 2000.

12. *Os novos paradigmas do direito do trabalho* (homenagem ao prof. Valentin Carrion) (Coordenação: dr.ª Rita Maria Silvestre e Prof. Amauri Mascaro Nascimento). São Paulo: Saraiva, 2001.

13. *O direito do trabalho na sociedade contemporânea* (Coordenação: dras. Yone Frediani e Jane Granzoto Torres da Silva). São Paulo: Jurídica Brasileira, 2001.

14. *Estudos de direito constitucional* (homenagem ao prof. Paulo Bonavides) (Coordenação: dr. José Ronald Cavalcante Soares). São Paulo: LTr, 2001.

15. *O direito do trabalho na sociedade contemporânea (II)* (Coordenação: profa. Yone Frediani). São Paulo: Jurídica Brasileira, 2003.

16. *Constitucionalismo social* (homenagem ao Ministro Marco Aurélio Mendes de Farias Mello) (Coordenação: EMATRA-2ª). São Paulo: LTr, 2003.

17. *Recursos trabalhistas* (homenagem ao Ministro Vantuil Abdala) (Coordenação: drs. Armando Casimiro Costa e Irany Ferrari). São Paulo: LTr, 2003.

18. *Relações de direito coletivo Brasil-Itália* (Coodenação: Yone Frediani e Domingos Sávio Zainaghi). São Paulo: LTr, 2004.

19. *As novas faces do direito do trabalho* (em homenagem a Gilberto Gomes). (Coordenação: João Alves Neto). Salvador: Quarteto, 2006.

20. *Curso de direito processual do trabalho* (em homenagem ao Ministro Pedro Paulo Teixeira Manus, do Tribunal Superior do Trabalho) (Coordenação: Hamilton Bueno). São Paulo: LTr, 2008.

21. *Jurisdição* — crise, efetividade e plenitude institucional (volume 2) (Coordenação: Luiz Eduardo Gunther). Curitiba: Juruá, 2009.

22. *Direito internacional:* homenagem a Adherbal Meira Mattos (Coordenação: Paulo Borba Casella e André de Carvalho Ramos). São Paulo: Quartier Latin, 2009.

Prefácios

1. *Limites do* jus variandi *do empregador*, da profª Simone Crüxen Gonçalves, do Rio Grande do Sul. São Paulo: LTr, 1997.

2. *Poderes do juiz do trabalho:* direção e protecionismo processual, do Juiz do Trabalho da 21ª Região Bento Herculano Duarte Neto, do Rio Grande do Norte. São Paulo: LTr, 1999.

3. *Direito Sindical*, do Procurador do Trabalho José Cláudio Monteiro de Brito Filho, do Pará. São Paulo: LTr, 2000.

4. *As convenções da OIT e o Mercosul*, do professor Marcelo Kümmel, do Rio Grande do Sul. São Paulo: LTr, 2001.

5. *O direito à educação e as constituições brasileiras*, da professora Eliana de Souza Franco Teixeira, do Pará. Belém: Grapel, 2001.

6. *Energia elétrica:* suspensão de fornecimento, dos professores Raul Luiz Ferraz Filho e Maria do Socorro Patello de Moraes, do Pará. São Paulo: LTr, 2002.

7. *Discriminação no trabalho*, do Procurador do Trabalho José Cláudio Monteiro de Brito Filho, do Pará. São Paulo: LTr, 2002.

8. *Discriminação estética e contrato de trabalho*, da professora Christiane Marques, de São Paulo. São Paulo: LTr, 2002.

9. *O poeta e seu canto*, do professor Clóvis Silva de Moraes Rego, ex-Governador do Estado do Pará. Belém, 2003.

10. *O direito ao trabalho da pessoa portadora de deficiência e o princípio constitucional da igualdade*, do Juiz do Trabalho da 11ª Região Sandro Nahmias Mello, do Amazonas. São Paulo: LTr, 2004.

11. *A prova ilícita no processo do trabalho*, do Juiz Togado do TRT da 8ª Região Luiz José de Jesus Ribeiro, do Pará. São Paulo: LTr, 2004.

12. *Licença maternidade à mãe adotante:* aspectos constitucionais, da Juíza Togada do TRT da 2ª Região e professora Yone Frediani, de São Paulo. São Paulo: LTr, 2004.

13. *Ventos mergulhantes*, do poeta paraense Romeu Ferreira dos Santos Neto. Belém: Pakatatu, 2007.

14. *Direito sindical*. 2. ed. do Procurador do Trabalho da 8ª Região, prof. dr. José Claudio Monteiro de Brito Filho. São Paulo: LTr, 2007.

15. *A proteção ao trabalho penoso*, da profa. Christiani Marques, da PUC de São Paulo. São Paulo: LTr, 2007.

16. *Regime próprio da previdência social*, da dra. Maria Lúcia Miranda Alvares, Assessora Jurídica do TRT da 8ª Região. São Paulo: NDJ, 2007.

17. *Meninas domésticas, infâncias destruídas*, da Juíza do Trabalho da 8ª Região e profa. Maria Zuíla Lima Dutra. São Paulo: LTr, 2007.

18. *Curso de direito processual do trabalho* (em homenagem ao Ministro Pedro Paulo Teixeira Manus, do Tribunal Superior do Trabalho). (Coordenação: Hamilton Bueno). São Paulo: LTr, 2008.

19. *Competências constitucionais ambientais e a proteção da Amazônia*, da profa. dra. Luzia do Socorro Silva dos Santos, Juiza de Direito do Pará e professor da Unama. Belém: Unama, 2009.

20. *Extrajudicialização dos conflitos de trabalho*, do prof. Fábio Túlio Barroso, da Universidade Federal de Pernambuco. São Paulo: LTr, 2010.

21. *Polêmicas trabalhistas*, de Alexei Almeida Chapper, advogado no Estado do Rio Grande do Sul. São Paulo: LTr, 2010.